アルゴリズミック・デザイン

ALGORITHMIC DESIGN

建築・都市の新しい設計手法　　　　　日本建築学会 編

鹿島出版会

目次

006 はじめに………朝山秀一

第Ⅰ章 展望篇

008 アルゴリズミック・デザインとは何か 総合的直観力の解放………渡辺 誠
013 アルゴリズムを中心に描かれる新しい建築の星座………五十嵐太郎
016 アルゴリズミック・ストラクチャー………朝山秀一
018 アルゴリズミック・テクトニクス………池田靖史
020 複雑系とアルゴリズミック・デザイン………堀池秀人

第Ⅱ章 作品篇*

024 マジカル・ワークス
    充分に発達した科学技術は、魔法と見分けが付かない(A・C・クラーク)………渡辺 誠
028 都営地下鉄大江戸線飯田橋駅 WEB FRAME-I
030 AlgorithmicSpace
    [Bungalow, Beach_House, Chaos and Order]
032 都営地下鉄大江戸線飯田橋駅 WEB FRAME-Ⅱ
034 都営地下鉄大江戸線飯田橋駅 換気塔(WING)
036 新水俣門
038 芥川プロジェクト
040 証大ヒマラヤ芸術センター
042 アルゴリズミック・ウォール
044 慶應義塾大学SFC本館納品検収所
046 鴻巣市文化センター
048 神奈川工科大学KAIT工房

- 050 レ・アール国際設計競技案
- 052 台中メトロポリタンオペラハウス
- 054 ベイ・ステージ下田
- 056 積層アーチの家
- 058 I remember you
- 060 東京住宅
- 062 スペースブロック・ハノイモデル
- 064 ID-Ⅰ、ID-Ⅱ「誘導都市：INDUCTION CITIES / INDUCTION DESIGN」
- 066 AlgorithmicSpace[Hair_Salon]
- 068 つくばエクスプレス 柏の葉キャンパス駅
- 070 北京国家遊泳中心／FEDERATION SQUARE／C_Wall
  STOREY HALL／DRAGONFLY@SCI-Arc Gallery
  DESERT CITY SQUARE／MADRID CIVIL COURTS OF JUSTICE

第Ⅲ章 技術篇

- 076 マジックを可能にする手段………奥 俊信
- 078 最適化………三井和男
- 081 セルオートマトン………奥 俊信
- 084 マルチエージェントシステム………瀧澤重志＋藤井晴行
- 087 遺伝的アルゴリズム／プログラミング………瀧澤重志
- 090 ニューラルネットワーク………堤 和敏
- 093 カオス………朝山秀一
- 096 フラクタル………朝山秀一
- 099 自己組織化………瀧澤重志
- 102 生成文法………藤井晴行
- 105 AI………中島秀之

第IV章 研究篇

- 112 アルゴリズミック・デザインと研究………朝山秀一
  - ●建築・都市のデザイン
- 114 「誘導都市／INDUCTION CITIES　INDUCTION DESIGN」…………渡辺 誠
- 119 集住体………池田靖史
- 124 形のジェネレータ………池田靖史＋木村 謙
- 129 デザインの定式化とそのアルゴリズム
  かたちの構成論的シンセシスの基底………藤井晴行
  - ●建築・都市の解析とシミュレーション
- 134 建築の幾何学的解析………佐藤祐介＋新宮清志
- 139 都市現象とシミュレーション………奥 俊信
- 144 交通流動のジレンマゲーム………谷本 潤
  - ●構造形態の創生
- 149 自然の形態システムと構造………朝山秀一＋前 稔文
- 154 形と力………大崎 純
- 159 発見的最適化手法と構造形態………三井和男
- 164 感性工学とかたち………堤 和敏
  - ●アルゴリズミック・デザインと建築教育
- 169 アルゴリズミック・デザインと建築教育の状況………池田靖史＋木村 謙

- 174 参考文献
- 179 図版・写真 提供
- 180 執筆者略歴
- 182 関係委員会・編集担当者

*第Ⅱ章 作品篇担当………朝山秀一・池田靖史・堀池秀人・渡辺 誠
　協力（海外篇）…………松永直美

はじめに

本書は、日本建築学会情報システム技術委員会において、

建築家と計画・構造分野の研究者が一堂に会し、

困難な議論を乗り越えて生まれた新しい書である。

アルゴリズミック・デザインは、定型化されたものではなく、

コンピュータのアルゴリズムを形のジェネレータとして利用するものから

複雑なアルゴリズムを駆使するものまで幅広く存在し、

実現した作品との関係にも様々なスタンスが存在する。

しかし、いずれも、人間の発想力と

コンピュータの処理能力の高さを相互作用的に働かせ、

これまで実現できなかった新しい何かを含む建築をつくり出そうとする点で、

共通性を見出すことができる。

この新しい建築の潮流と当小委員会の活動成果が、

多くの方の設計や研究活動に役立てば、幸いである。

朝山秀一 *Shuichi ASAYAMA*
日本建築学会情報システム技術委員会複雑系科学応用小委員会 主査

第 I 章

展 望 篇

ALGORITHMIC DESIGN

アルゴリズミック・デザインとは何か
総合的直観力の解放

渡辺 誠 *Makoto Sei WATANABE*

アルゴリズミック・デザインの定義
―― 設計から、生成へ

　本書では「アルゴリズミック・デザイン」を、「要求される課題を解くためのアルゴリズムを用い、解答としての形態や構成を生成する、設計方法」と定義する。

　この定義のうち、「課題」は、いわゆる設計条件であり、「要求される」には、「設計者が自分で設定した」コンセプトなども含まれる。「アルゴリズムを用い」るのは手作業でももちろんかまわない。しかし手作業はすぐ限界に当たる。コンピュータプログラムは不可欠だ。

　「形態」は、狭い意味では文字どおり「かたち」であり、広い意味ではプランや配置、構造も含まれる。「生成」という言葉には、直接に成果品＝設計案を描くのではなく「アルゴリズム→プログラム」を通じて「間接的に」成果品を「生みだす」という意味を込めている。

　「デザイン」としたのは、この方法は建築にかぎらず「設計」一般に共通するからである。

　この定義をもう少し長く記すと、「設計に課せられた要求条件や設計者の意図を、解決（あるいは実現）するためのアルゴリズムを組み立て、そのアルゴリズムを実行するコンピュータプログラムを（一部あるいは全部に）用い、その課題を解決して目的をかなえた形態や構成（形態、配置、計画、構造、等）を成果品として生成する設計方法」のこととなる。

　この定義に基づき、本書の前段では、全体の展望に続いて「アルゴリズミック・デザイン」の世界的な嚆矢として90年代に開始された「誘導都市／INDUCTION DESIGN」をはじめとして、いくつかの実践作品でのプログラムの目的と使用方法を示す。次にそうしたプログラムの要素技術の概要を伝え、そして後段では最先端の研究者の活動を紹介する。

科学に近づく
―― デザインの論理を書き出すこと

　「アルゴリズミック・デザイン」の目的を一言でいえば、「目的をかなえた設計を得ること」である。しかし、どんな設計にも目的はある。快適な住まい、楽しい教室、美しい形。

　だから、「目的をかなえる設計」はあたりまえで、わざわざ言うまでもない。ではここでそれを言うことに何の意味があるのか。その意味は、「検証可能性」にある。

　普通の設計も「目的をかなえ」ようとするが、どの程度「かなったのか」はよくわ

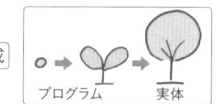

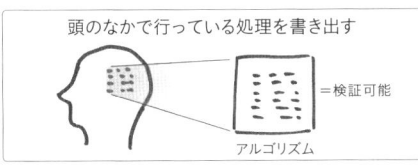

からない。おおむね良好、程度だ。しかし、「アルゴリズミック・デザイン」では、それが確かめられる。なぜなら、「目的をかなえるためには、どういう手順で何をしたらいいのか」を、ことばで書き出す、からである。その書かれたものがアルゴリズムだ。そのアルゴリズムにしたがえば、誰でも答えを得ることができるし、出た答えがどの程度、目的を充足しているかを確かめることができる。この検証可能性こそ、「科学」一般の根幹原理（のひとつ）であり、「アルゴリズミック・デザイン」が設計を「科学」に近づける、その証左なのである。

アルゴリズムとは何か
―― 求める解を導く手順

アルゴリズムとは、「ある目的遂行のための、記された手順」のこと、とされる。

たとえば、「風速30mのときは、窓を閉めて、外出しない」、というのは、高い安全度で生活を遂行するための手順であり、それはひとつの「アルゴリズム」である。アルゴリズムに記述方法の決まりはない。上記のように言葉＝自然言語でも、図を連ねたダイアグラムでも、あるいは数式でも記せる。そしてそのアルゴリズムをコンピュータで処理できるようにするための指示書が、コンピュータプログラムである。コンピュータプログラムは、複数のプログラム言語からどれかを選んで記述する。

本来、どんな設計にも手順はある。法規も構造計算もアルゴリズムがある。しかし、そうした設計手順は、課題への解答を出すという目的ではつくられていない。法規にしたがうだけであとは適当に設計したらどういうものができるかは誰も保証しない。構造計算には目的があるが、ふつうは入力に対して結果がyesかnoかを答えるだけで、求める構造を示してくれはしない。一方、本書でいう「アルゴリズミック・デザイン」は、法規でも構造でも、入力した案がyesかnoかを答えるだけではなく、「求める案」を示してくれる場合を指す。

目的 ➡ アルゴリズム ➡ プログラム ➡ 成果品

ヒューリスティクス・デザイン
―― 正解はなくても、よい解はあること

アルゴリズムをふたつに分けて、「正解があるはずという前提でそれを発見すべく組まれるもの」と、「おおむね正しい答えを見つけるように組まれるもの」とした場合、「おおむね～」の方をとくに「ヒューリスティクス」と呼ぶ。「アルゴリズム」は定義上、「ヒューリスティクス」も含む、より広義の概念／方法だ。

完全さを捨ててもとにかく解を得ようというヒューリスティクスは、むしろデザイン世界が元来持っていた仕組みに近い。設計には、絶対の正解というものはない。では何でもいいかというと、そうではなく、満たすべき条件はある。デザインに求めら

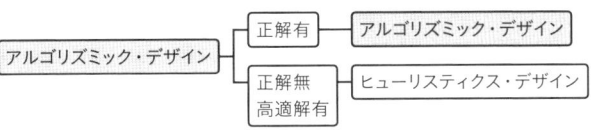

れるのは完全絶対の正解ではなく、「おおむね正しい」解、なのだ。その意味では、「アルゴリズミック・デザイン」を「ヒューリスティクス・デザイン」と呼ぶこともできる。

それは、「厳密さの追究を脱してあいまいさの許容に進む」科学と、「あいまい性を残したまま厳密性も取り込もうとする」デザインという、同一直線上の左右の動き、なのだ（直線でなく、向こう側でつながったループ上かもしれない）。

解くべき課題とは何か
——評価基準はどこに

たとえば、2個のユニットを互いの開口部の距離が最大になるよう敷地内に配置する（視線プライバシー最大化条件）という課題の正解を得るアルゴリズムは、組むことができるだろう。次にユニットの形を不定形にして数を100個にしても、手作業では無理だがコンピュータであれば答えは出る。ではユニットを100層の立体にして採光や角度の条件を加えるとどうか。答えが見つかるとは限らなくなってくるだろう。

その理由は、要素の量と相関性が増え、膨大な情報処理をしきれなくなることにある。ただしそれはコンピュータの能力が増せばいつかは解けるかもしれない。量には量だ。

それでは、条件に、気持ちのいい風が吹く、を加えてみる。するととたんに事態は困難を極める。風は物理現象の複合体であるから、まだロジックが見える。しかし、「気持ちのよい」風、となると、相手は「ひと」であり、物理法則だけでは律しえない。今度は質の問題だ。気持ちがいいかどうかは気分次第。まして、他人の気持ちなんてどうやって決められよう。決められないので、この際、「東京の8月、気温32度以上湿度70％以上で、直射光の当たる位置に、風速2mで、北方向180度以内、1/f揺らぎの風が、10秒周期で吹くと、75％の確率で、気持ちいいと感じる」、というような定義を勝手にしてしまう。暗黙の条件の見落とし（フレーム問題）や、くぼみの底に落ち着いてしまうプログラムの陥穽を脱したとして、さて、うまくゆくだろうか。

| 評価基準 | = | 良い、正しい、合理、……、好き |

気持ち、に近づく
——書き記せない評価基準も、満たすこと

ここでの問題は、とりあえず決めた「気持ちのよさ」に、疑問がついて回ることだ。構造基準や法規のように数値化ができる条件はいいが、数値化できない条件は定義しても異議を払拭できない。目的関数を確定できない。

この問題に対処する方法は3つある。ひとつは、なんとかして感性を計測可能化する方法。もうひとつは、数値化はせずに求める結果を得る方法。そして3番目は、数値化できない課題条件を解くのをあきらめる道だ。

第1の数値化の道はまだ先が長い。これも日本発の「感性工学」（英語でも kansei engineering）の今後の進展に期待することになる。感性評価法の多くは、評価に影響を与えそうな属性を対象から抽出することからはじまる。気持ちのよい風、という評価に影響を与える属性として、風速、風量、周期等を掲げるなどだ。その属性の抽出過程で、すでに既存の形態評価言語を使うことになり、その枠組みからは抜けられない。ひとの直観的総合評価が実際には何を頼り

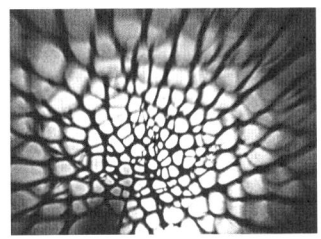
植物の設計に潜む、多様性と秩序の例

にしているのか、それがもし未知の（ことばに表せない）情報であった場合、それを検出するのが難しい。

第2の道は、プログラムの学習機能による対話評価形式などを使う。その今後はAI技術の進展にかかっている。この方法は手掛かりの要素を抽出しないので、前述の既存言語や慣習の枠組みからは逃れられるが、その分、改良案をどちらの方向に向かわせればいいのか範囲が広すぎて困惑しがちだ。では、と絞り込みを行おうとすると第1の方法と同じ問題を抱えることになる。

3番目のあきらめルートは、目下のところ多くの「アルゴリズミック・デザイン」で採用されている。課題を数値化できるものに限定して、多数の解答案を生成し、それらをならべてひとの感性で選択する、という方法である。線形計画法の適用を、抽出が容易で誤差の少ない目的関数に絞る。要するにやっかいな感性評価の迷路には踏み込まず幾何学や力学上の合理的な解を得ようとするものだ。その範囲では有効だが、避けて通っていた迷路に、いつかは踏み込まなくてはならない。

評価プログラム
――回答から、解答へ

要求される課題を書き出すと、「必要」条件になる。しかし実際は、必要条件を満たしても期待した成果品が得られることは少ない。「望む」形には、必要条件には書けなかった、そして要求する設計者も自分では気づいていない、「潜在」条件があるからだ。

形の配列や生成に、何か幾何学上のルールを敷くことは難しくない。しかし、その成果品を、たとえば「かっこいい」と思えるとは限らない。プログラムが、「言われた通りにつくったらこういうのができました」と回答するだけでなく、「これはかっこいい案でしょう」と（擬人的に表現すれば）解答してくる段階に至ることが、より高い次元のアルゴリズミック・デザインには求められる。というより、そうならないと、CADの拡張版に留まる。

| 必要条件 | ⇒ | 生成プログラム |
| 十分条件 | ⇒ | 評価プログラム |

第1段階の「アルゴリズミック・デザイン」は「指示した必要条件」を満たす成果品を生む。

次の階梯では、プログラム内部に評価過程を有し、必要条件を満たすだけではなく、「十分条件」をよりよくかなえる。そのためには、ひとつの案の適用結果をシミュレートするだけではなく、「生成＋評価のフィードバック回路」を持ち、高評価の成果品を出力できることが必須だ。要するに、「いいと思える」成果品が、解答として出てくることが求められるのだ。

生物に近づく
――自然の論理に学ぶこと

「アルゴリズミック・デザイン」を使って生成する建築は、生物に似たところを持ちはじめることが多い。設計でなく「生成」と呼ぶのもそれが理由だ。もっと直接には「発生」と言ってもいい。条件から「発生」

すること。

　生物の骨は、荷重と運動に耐えることと、その範囲でできるだけ軽いという条件等で生成される。森では、明るいところで育つタイプと暗いところで育つタイプの木々が、どちらが先かのゲームを繰り広げながら、植生を遷移させていく。要求条件（＝目的関数）と環境設定（＝制約条件）の組み合わせのなかで、やがて高適（最適）解に落ち着くという生物の仕組みは、「アルゴリズミック・デザイン」に近いといえる。もともと、初期の自己組織的なプログラムは「人工生命」と呼ばれていた。生物のつくりだす構造、たとえば微小構造体、昆虫の外骨格、クラゲの柔軟な体、などに学んだ構造形式が生まれることもあるだろう。蜂が巣をつくるとき、また、シロアリが換気システム付きの巨大な蟻塚をつくるとき、彼らは全体の形を頭に描いているのではない。ひとつの動作のサイズや角度などの部分のプログラムがあるだけだ。そして作業終了のコードがどこかに用意されている。そうした部分の規則だけで、あの見事に統合され環境に対応した全体が生成される。こうした生物の体の設計方法や生態システムは、「アルゴリズミック・デザイン」のひとつのモデルといえるだろう。

何がよくなるのか
――自由な振舞いと確かな仕事、の両立

　新しい方法を使っても、できあがった建築がいままでとたいして変わらなければ意味がない。手作業ではとてもできないもの、をできるようにしてこそ「アルゴリズミック・デザイン」の意義がある。そのひとつは、複雑多様なもの、をつくることだろう。もうひとつは、単純に思えるが何かをとて

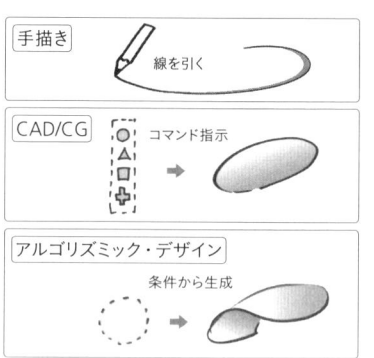

もうまく処理しているもの、だ。そしてさらに、その両方を兼ね備えた、高機能で多様なもの。勝手気ままに遊んでいるように見えながら、その実、きちんと仕事はしている、というような状態が得られたら。

　何も、設計プロセスのすべてを一気にプログラム化する必要はない。設計の様々な過程で、部分的にアルゴリズムを組み立てやすいところから、この方法が使われていくだろう（とは90年代から言っているのであるが）。デザイン、計画、環境工学、構造、と分かれてしまった設計を再び統合することもできるようになるはずだ。そしてそうした多くの実験のなかから、部分的な変化にとどまらない、いままでの常識を覆す、まったく新しい「建築」が出現するかもしれない。そのときこそ、この設計方法の真価が発揮されたときなのだ。部分の規則の作用の結果として全体が現れるという「アルゴリズミック・デザイン」の「下から」のアプローチに対して、ひとの直観は全体を一挙に「上から」捉える。両者はアプローチの点でも補完関係にある。「アルゴリズミック・デザイン」は設計の自動化ツールではない。想像力を拘束する枷を解いて、直観的総合力をより自由に発揮するための、頼もしい「協力者」なのである。

アルゴリズムを中心に描かれる
新しい建築の星座

五十嵐太郎 *Taro IGARASHI*

新しい概念が世界の見方を変える

　2008年の夏、北京オリンピックでは、ヘルツォーク＆ド・ムーロンによる鳥の巣とPTWアーキテクツのウォーター・キューブが並んで登場し、その造形が世界中の人々の記憶に刻まれた。いずれも全体のシルエットはシンプルながら、細部を見ると、標準の部位を反復するのではなく、多様な部位が組み合わされることでつくられている。ひとつのかたちが変わると、連鎖的にほかのかたちも変わらざるをえない。コンピュータを活用したアルゴリズミック・デザインの産物である。1964年の東京オリンピックで登場した、丹下健三による吊り屋根構造の代々木の競技場とは、まったく異なる時代のシンボルだ。2008年は、オリンピックという舞台を通じて、アルゴリズミック・デザインのモニュメントが世界に知られた記念的な年としても記憶されるだろう。これ以上複雑な造形を展開しても、もはや一般人にはその差が判別不能になるかもしれないという意味でも、北京は絶好のタイミングだった。

　21世紀を迎え、現代建築の可能性の中心として、アルゴリズムという言葉が急速に浮上した。むろん、90年代からデザインの現場で汎用化されたコンピュータは注目されているのだが、たとえば、『10＋1』6号（1996年）の「サイバーアーキテクチャー」特集を開いても、3次元の仮想空間、CG、ネット環境などの記述が多く、アルゴリズムをタイトルに掲げた論考はない。「進化論的デザイン」など、ジュリア・フレーザー＋ジョン・フレーザーによるそれに近い議論も収録されているのだが、少なくともこの時点では、アルゴリズムという言葉から全体を貫くという視点は未発達だった。

　日本の『建築雑誌』でも、2002年3月号の「建築の情報技術革命」特集は業界のはなしが多く、むしろ特集外の連載テキスト「建築ソフトのフロンティア」において「遺伝的アルゴリズム」をとりあげている。2004年4月号の特集「コンピュータの功罪」では、新谷眞人がアルゴリズムはまだ実際の現象における力学的な挙動をすべて完全にとらえているわけではないという文脈で触れているくらいだ。『建築雑誌』2005年10月号の情報化時代の建築設計に関する特集では、渡辺誠の「思考は技術に追いついているか──アルゴリズミック・デザインの始動」がタイトルに用いられた事例が見受けられる。

　だが、いったんアルゴリズムという言葉が注目されると、最適化、セルオートマトン、カオス、フラクタル、ゆらぎ、自己組織化など、これまでにも知られていた概念や手法が新しい星座を形成するかのように、北極星＝アルゴリズムのまわりに再配置されていく。かつてボルヘスが、カフカとギ

013

リシアの哲学者ゼノンについて興味深い指摘をしていたことが想起される。カフカの不条理な小説が登場したとき、そうした論理構造の先駆者としてゼノンのパラドックスを挙げることができるのだが、ゼノンがカフカを生みだしたわけではなく、カフカが過去のゼノンを再発見させたのだという。過去が現在をもたらすという時間の常識に対して、いや現在こそが過去の追随者を探すという逆転したまなざしを与えてくれる。あれもこれも、実はそうだったのか、と。たとえば、ヨーロッパの古典主義における比例や装飾の体系も、自動的に建築を設計していくシステムだが、アルゴリズムという文脈によって再評価することが可能だ。

自然と建築の関係を再定義する

アルゴリズミック・デザインの視点は、同時代的に生起しているさまざまな事象について見通しをよくするだろう。現代建築の若手の動向を見ても、アトリエ・ワンやみかんぐみなど、周辺の環境や条件に依拠するコンテクスチュアリズムから、藤本壮介や平田晃久など、自律的な形態や原理に関心が移行していることが挙げられる。『10+1』48号（2007年）は、「アルゴリズム的思考と建築」が特集タイトルだった。これを企画した柄沢祐輔は、「アルゴリズムは関数として表現される規範性を持つとともに、パラメーターの入力によって多様な差異をもたらす。つまり多様な差異と規範がまったく矛盾しない形式で両立可能なのだ」という。そして既存の建築言語に照らしあわせると、「アルゴリズム的思考は、モダンの規範性とポストモダンの求めた多様性をともに可能とする、まったく新しい文化的なフェイズへと私たちを導くだろう」と述べる。

こうした理解ならば、筆者が企画した「オルタナティブ・モダン」（TNプローブ、2005年）や「ニュージオメトリーの建築」展（KPOキリンプラザ大阪、2006年）の定義に近い。伊東豊雄や藤本壮介らをとりあげたものだ。かつての幾何学が建築に明快な秩序を与え、古典的な美しさをもたらしたとすれば、新しい幾何学は、単純なルールによって複雑な空間を実現する。ポストモダンや1990年代のヴァーチャル・アーキテクチュアは複雑のための複雑だった。しかし、オルタナティブ・モダンは単純さに依拠しつつも、多様な空間を展開する。ここではモダンとポストモダンの両方をおりたたみ、内包するのだ。ちなみに、オルタナティブ・モダンという命名は、本来、モダニズムにも芽があった方向性が当時は十分に展開されず、新しいテクノロジーの助けを得て、ありえたかもしれないもうひとつのモダニズムがようやく出現していると考えたことに起因する。

近代建築の時代において、自然を参照したアール・ヌーヴォーやアインシュタイン塔などの表現主義は、個人の芸術的な表現意志として曲線を積極的に用いた。一方、バウハウスやルイス・カーンは幾何学による秩序を与えながら、作家性を追求している。20世紀半ばに開花した構造表現主義は、サーリネンのTWAターミナルやヨーン・ウッソンのシドニー・オペラハウスなど、ダイナミックなフォルムを幾何学に近似させながら、鳥や帆のメタファーを積極的に導入した。そして磯崎新と佐々木睦朗のフラックス・ストラクチャーになると、生物と工学の融合として流動的な構造が語られる。アルゴリズムの導入によって、自然の

模倣のレベルが変わっていく。古典主義以降続く、ベタなかたちの類似から、時間や力学の概念が介入するかたちの生成発展の過程が参照されるようになった。

　渡辺誠の大江戸線飯田橋駅では、地中で発芽し、水や光を求めて、分岐しながら成長するかのような緑の構築物「ウェブ・フレーム」を設計した。ここでも建築の種という植物のメタファーが使われている。誘導都市のプロジェクトも、人工と自然の二項対立を揺るがすような方向性をもつ。

　2008年のヴェネチアビエンナーレ国際建築展のハンガリー館に参加したダブルネガティブス・アーキテクチャーは、Corpora in si(gh)teのインスタレーションや多摩美術大の本棚において、xyzの座標系を否定した新しい空間記述の方法と複眼的なsuper-eyeの概念をもとに、アルゴリズムのデザインを組みたてる。いわば鳥や虫、あるいは魚の群れが集団でありながら、個別に相互の位置を測定して即物的に場所を修正するように、全体の編成を変えていく。植物にも自意識や美的判断がない。アルゴリズムのデザインは、人間が欲望する俯瞰的かつ統一的な計画とは違うベクトルを切り開くはずだ。

アルゴリズミック・ストラクチャー

朝山秀一 *Shuichi ASAYAMA*

アルゴリズム^{algorithm}とは、数学、コンピュータ、言語学などにおいて、問題を解くための手順を意味している。しかし、ここで言うアルゴリズミック・ストラクチャーは、コンピュータや数学のアルゴリズムと何らかの関わりがある構造すべてを示す言葉では、決してない。なぜなら、近代の構造は、安全性を数値で確認できることが重要な条件のひとつで、今日では、安全性をコンピュータによる計算で確認することが日常的になっているからである。この意味では、構造はすべてアルゴリズムと関係がある。それでは、何の問題を解くための手順を含んだ構造を、本書でアルゴリズミック・ストラクチャーと呼ぶかを説明する必要がある。ここで、「本書で」と但し書きをつけた理由は、アルゴリズミック・ストラクチャーという言葉が本書のための造語だからである。アルゴリズミック・デザイン、アルゴリズミック・アーキテクチュアなど、近年、だいぶ使われるようになった言葉とは違うことをご了承いただきたい。

アルゴリズミック・ストラクチャーとは、構造の形態に関する条件や計画上の構成を満たす形態をコンピュータプログラムで発生させた部分を含む構造と定義する。つまり、設計の条件に対する解としての構造形態を発生させる過程で、コンピュータのアルゴリズム（手順）が使われている構造を示す言葉である。それでは、今、なぜアルゴリズミック・ストラクチャーなのか、過去の構造デザインを振り返りながら考える。

20世紀の構造史のなかで、スペインのエドワード・トロハ、メキシコのフェリックス・キャンデラ（スペイン生まれ）、イタリアのピェール・ルイジ・ネルビー、ドイツのフライ・オットー、日本の坪井善勝ほかの構造デザイナーは、シェル、吊り構造、膜構造などの構造原理に基づく新しい構造形態を追求した。材料ミニマリズム、言い換えれば空間構造の力学的合理性の探求と、その近傍に存在する新しい構造美の実現を試みたのである。こうした提案型の構造デザインの一方で、構造家の仕事には、デザイナーが求める形の安全性を検討し、それを実現するために形に修正を加えるという役目もある。しかし、やや粗い言い方かもしれないが、モダニズムの衰退とともに、前者のように自ら形を提案する機会は少なくなり、ポストモダニズムの時代には、デザインの構造体からの解放と歴史の引用が重視されたため、「構造デザイン」は、「構造表現主義」のラベルを貼られ、過去のものとして顧みられることがほとんどなくなっていった。しかし、近年、モダニズムが再評価されはじめると、構造デザインは息を吹き返し、空間と構造が一体化した建築空間がつくられるようになった。今日では、設計技術と施工技術の進歩のおかげで、過去のどの時代より、自由で軽いモダンな構

造をつくることが可能になった。設計技術について言えば、3次元形状を自由にあつかえるCADの普及と有限要素法による3次元構造解析プログラムの存在が大きい。どんな複雑な形状でも、部材と部材の交点（節点）から次の節点までをひとつの部材単位とするルールにしたがいCADで描けば、それをフレームのジオメトリとして構造解析プログラムで読み込むことができる。あとは、部材断面と荷重を設定しさえすれば、プログラムは構造体各部の応力を計算してくれる。たとえどのような形でも、不安定構造でなければ、それを構造体として利用することが可能な時代になったのである。すばらしいことではあるが、反面、意味のない立体的な模様のなかで生活を強いられる可能性も否定できなくなった。だからこそ、アルゴリズミック・ストラクチャーは、構造の形態に関する条件や計画上の構成を満たす構造形態をコンピュータプログラムで発生させた部分を含むのである。つまり、形態に関わる力学や幾何学的な目標、合理性、あるいは人間の生活上必要とされる空間の構成を満たすという課題をコンピュータのプログラムで解き、その上で発生させた構造を意味している。

アルゴリズミック・ストラクチャーは、過去の空間構造とは違う意味を持っている。それは、過去の空間構造が球形、円錐形、双曲放物線など構造の形態全体を支配する幾何学の方程式を持つのに対して、アルゴリズミック・ストラクチャーは、局所的なルールに基づき発生させた形態ということである。たとえば、本書の作品編の積層アーチでは、分岐の方法とパラメータが局所的ルールであり、芥川プロジェクトでは、構造体を外力に対して最適に進化させる拡張ESO法がそれに該当する。また、研究編のGeographic Structureは、台地の浸食アルゴリズムが局所的ルールである。こうして得られた形には、地形、雲などの自然物、あるいは進化の過程を生き抜いた生命体の姿のように、これまでは、「形がない（形を記述できない）もの」として、数理的に取りあつかわれることがなかったものが多い。これまでなら、それらを工学あるいは構造的に利用するアイディアが浮かんだとしても、その形を取りあつかう方法と選択した理由を説明する科学的な根拠がなかった。しかし、20世紀後半に生まれたフラクタル幾何学、遺伝的アルゴリズム、セルオートマトン、ニューラルネットワークなどの複雑系の要素技術と今日の構造解析の中核をなす有限要素法、最適化がコンピュータの飛躍的な進歩により結びつくと、そうした形に存在する合理性の有無を調べることが可能になり、21世紀には構造体への利用の道が開かれるようになった。アルゴリズミック・ストラクチャーは、過去の構造表現主義の復活ではなく、人間の創造力とコンピュータの処理能力の高さを相互的に働かせ、過去に手をつけることができなかった形態を構造へ利用することを目標としている。それは、自然や生命体などに存在する「形のしくみ」を構造体に利用した新しい空間の実現を遠くに見据えた構造と言える。

アルゴリズミック・テクトニクス

池田靖史 *Yasushi IKEDA*

　すでにほとんどの設計作業でCADが使われるようになっている。設計行為におけるコンピュータの導入がそのプロセスだけでなくデザインそのものを変えてしまうものなのかについては当初から様々な推測があった。ある時期から3次元CADツールの自由曲面を直感的かつスピーディに扱える能力の活用に注目が集まり、CG上での曲面建築は一気に一般化した。しかし一方で、一部の先鋭的な作家の実験的な作品を別にすれば、複雑な曲面の建築物が現実の世界にすぐ溢れ出したというわけではなさそうだ。その理由のひとつは、数学的に洗練された3次元CADの曲面制御ツールでも建築の生産技術と直接結びついていなかったことにある。つまりモニターの中の立体の実体化について、十分に経済的な技術が確立されていなかったためである。曲面建築の現実化の困難は結果としてバーチャルな空間体験のみを追求する建築家や、あるいはCADの設計支援の限界を批判して積極的にはその可能性を追求しない建築家を生んでしまったようにも見受けられる。

　しかしこの分野を先導し、コンピュータの生み出す空間をあえて実現しようとするデザイナーたちは、その方法論に相応しい構築技術を研究し続けてきた。たとえば粒子を吹き付けて曲面体データを実体化するデジタル3次元プリンターの開発や、コンピュータ制御されたレーザーカッターなどのデジタルファブリケーション技術の追求は生産技術にとってのコンピュータ支援の新たな能力を徐々に明確にしつつある。

　長いことアンビルドの女王と呼ばれたザハ・ハディドや極端な曲面建築の主導者であるフランク・ゲーリーが近年になって急速にその構想を実現できるようになってきている。その理由は設計上の形態操作の技能が向上したのではなく、曲面全体のパネルへの分割手法や、1枚1枚違う曲面パネルを加工できるロボット工作機械のような現実的な製作技術が追いついてきたからだ（第Ⅱ章作品篇参照）。経済的な実現可能性へのハードルが下がるほど、その特徴的な形態の利用価値は相対的に意味を持つことになる。そして今度はその建築技術の持つ特徴のほうからも、逆行してデザインの持つ効果や可能性が追求されるようになる。

　このように建築表現様式はつねに空間に対する概念的な思考と現実的な構法——テクトニクスの間に存在する。アルゴリズミック・デザインもそれは例外ではない。

　したがって、こうした動きで注目すべきはパネル分割のような単位要素への分解手法に曲面形態を実現する技術的な鍵が存在している点である。表面を覆うパネルが構造体になる例は多くないが、構造部品としての単位要素の組み合わせをアルゴリズミックにデザインする例も増えている。単位要素への分解は製作上の要請であると同時

に、形態のアルゴリズミックな手法による概念モデル化にも適した方法なのである。

　ここで少し戻って建築技術と建築意匠表現の関係を考えてみよう。20世紀的モダニズム建築を鉄とガラスの時代と呼ぶことがある。しかしよく考えると鋳鉄や鍛鉄などはそのずっと前から人類の文明を支える技術だったはずだ。だから近代建築においてミース・ファン・デル・ローエらが真剣に取り組んだのは、鉄の技術のなかでもH鋼のような型鋼材であり、その特徴は「押し出し成形による高品質な鉄の大量生産技術」にあると考えるべきだ。その直線的な形態と同質の部品を大量に繰り返す技術的特徴を概念的に建築意匠表現に活かすことが彼らの課題だったのである。これを数理計算的なデザイン概念と考えると「1軸方向へ引き延ばし（パラメトリック操作）でつくられる形態の、繰り返しコピーによる均等な配列規則」と表現できる。そしてそれはXYZの直交軸3次元座標という空間把握のコンセプト（これは世界観に近い）とも相性がいい。だから組立てや加工などの工業的生産技術と正投影図法によるデザインの制御を完全に同調させることができた。

　このようにして経済的合理性を持つ近代建築のテクトニクスは立体格子（直交軸上の均等配列）の概念と強固に合致したシステムとして確立していった。板ガラスの形態的特徴と生産技術にも同じようなことが言える。ガラスに限らず、矩形パネル状の形態は、表現様式においては同じものを大量に配列する手法によって全体を構築するのに向いている。その象徴がグリッド分割でユニット化されたカーテンウォールだ。その意匠表現には部品相互の接合技術のよ うな、構法を考えたモジュールシステムの思想も重要な役割を果たす。現在も建築技術は基本的にその延長線上にある。しかしユニットを使った数理的手法は均等グリッドだけではなく、自然界にも存在する不均等な配列規則とも結びつけることができることに我々は気づきはじめた。だからこそ共通の部品を使いながら、展開生成的な規則によって変化のあるシステムを設計することができるアルゴリズムの出番である。興味深いことにファサード・エンジニアリングと呼ばれる職種が活躍しはじめ、曲面や多面体のような形態をユニット化された部品で実現するための技術的な蓄積を提供している。そこではフラクタル配列のようなアルゴリズミックな手法が均等グリッドではなしえなかった建築構法への可能性を拓きつつあることを明確に示している。

　ユニット化やモジュールシステムの概念から建築を考えることは、部品の交換や空間利用の変化に対応した更新に効率よく対応できる可能性を持っており、その合理的な新陳代謝のイメージに生命的なシステムモデルが引き合いに出されることも多い。

　ユニットの間に働くアルゴリズムが植物の成長のような自己組織的な拡張展開の能力をなぞらえることができれば、生物的な配列形式と有機的な成長のためのテクトニクスを合致させた明快な合理性を与えることになる。アルゴリズミック・デザインは単にコンピュータによるデザイン的発想への支援だけではなく、合理的生産技術への支援となり、さらには改修や更新の技術へと広がっていく。今後はアルゴリズミックな思考方法が構法（テクトニクス）とのもっと深い融合を果たして、新しい時代の建築表現へと進化すると期待できる。

複雑系とアルゴリズミック・デザイン

堀池秀人 Hideto HORIIKE

諸学問のなかで、建築学が唯一「統合」integrationをあつかっていると言われている。日常的に用いる統合を除くと、数学の積分法に見るように、各分野では限定的な定義のもとで用いられてはいるが、建築におけるそれは、土や石、木材、セメント等々の多種の材料を介して、大地に建つといったメカニズムを想い浮かべるだけでも理解されよう。統合の対象には、広義の自然が当然のごとく登場してくる。強く関わる人間、社会といった対象などはその典型である。こうした予測不可能な振る舞いをする対象、これまでの自然科学ではあつかいきれなかった事象を対象とする系、いわゆる、複雑系が建築と深く関わり合ってくるという謂われがそこにある。

一方、自然科学はニュートン力学の成立以降、決定論的な考え方が支配的となり、自然現象のなかから単純な秩序や規則性を見出し、その規則を決定論的な方程式によってあらわすことで、進化発展してきた。それは、無秩序で不規則な現象を、その存在には気づきながらも、要領よく回避しながらの進化であった。

ところが、複雑系の研究が進むにつれ、その回避されてきた現象のひとつであった「決定論にしたがう複雑な挙動」とされるカオスも、かなり解明されてきた。諸説はあるがポアンカレ[*]が発見したとされるカオスは、デジタル・コンピュータの進化により、今ではパソコン上で絵で描くことも、たやすくできるようになってきている。ある意味では、コンピュータが拓いてきたとも言える複雑系科学は、気候変動や生物進化、さらには株価の変化などといった、これまで苦手としてきた対象に対して、自然科学の方法でアプローチできるのではないかという期待を膨らませてきている。たとえば、脳科学や生命科学の急速な進歩などは、複雑系の解明とほぼシンクロしているし、AL（アーティフィシャル・ライフ）の分野では、生命現象である発生、細胞分裂、成長、進化などの過程をコンピュータ上でシミュレーションしようとしている。その延長上にあるナノテクノロジーの世界では、人工物と自然物との二項対立図式を超えて、共生や融合を想わせる取り組みもはじまっている。それらはあたかも、コンピュータ上に誕生し、生息する生物がいるかのような世界でもある。

そこでは、還元論と全体論の対立、いわゆる「機械論的な還元主義」と「有機体的な全体論」の対立という見方も浮上している。また、震災などの自然災害に直面した際の「技術神話の崩壊」などといった論調がジャーナルを賑わしてもいる。こうした批判が科学的論考に対する無知無理解から発せられているとしたら、そのことが問題であり、神話化したり、盲信する態度こそが批判されるべきであろう。むしろ、科学

的論考が複雑系の科学という、新しい自然への関わりをはじめている。つまり新たな自然観の必要性を示唆しているのではなかろうか。それは、これまでの自然科学が対象としてきた、もっぱら力学系に顕著な単純な系の自然から、生命や心といったような人間という自然、そして社会という自然に対する見かた。科学がいよいよ難解だった領域に肉薄していっていると見るべきではなかろうか。そうしたなかで、人間が取り結ぶ諸関係としての社会にあって、建築は言うならば、人間−環境系と関わるメディエータないしはコンデンサーとして存在するという意味において、複雑性という考え方を排除できないのである。

さて、本書では、アルゴリズミック・デザインをあつかっている。その定義については、すでに述べてきた通りであるが、これもコンピューテーショナル・デザインのひとつには違いない。いわゆるCADやCGの、広汎に行き渡っている既製品としてのプログラムのなかには、複雑系のものを含んだものも少なくない。そもそも、アルゴリズムは、コンピュータのプログラムの算法（関数）として介在するため、アルゴリズミック・デザインに対して、CADやCGでもできる「ぐにゃぐにゃ」建築のような形態をつくるための技法といった狭義で安直な誤解を招いてしまっている。それは、関数の持つ規範性に多様なパラメータを持ち込むのだから、自動的に複雑系の科学との接点が生まれるといったのどかさももつながっているのだが、自動描画技法のひとつとする偏見すらも生んでいる。あらためてアルゴリズミック・デザインが、建築の多様な形態の背後に存在するであろう論理や人間、環境、社会との関係性を対象としようとしていることを強調しておきたい。

ここで言うアルゴリズムは、各段階における到達点としての一応の完成は見せているが、現在進行形、いや進化中なのである。いくつかの基準がすでに明らかにされてきており、それらは遺伝＝自己複製すること、発生・発達＝自己組織化すること、代謝・免疫＝自己維持すること、進化・生態＝変異を蓄積しながら適応すること、などであり、いずれも複雑系科学の考え方と通底している。加えて、本書では、既製品のプログラムに単にパラメータとして諸条件を単純化して入力することで、変幻自在なかたちを生み出すことよりも、スクリプトを書き、多様な条件に対応しながら逐次プログラムをつくり、進化させていくといった対話型の作業に注目している。これは、設計者の思考のなかにアルゴリズムを組み入れる、つまり、複雑系の最たる存在（対象）である「脳」の機械的拡張の行為と見ることもできよう。

そして、めまぐるしく進化するコンピュータの世界では、整数の上で動く直列集中型情報処理機としての現在のデジタル・コンピュータから、カオス理論を用いて、並列分散型情報処理を可能とする、実数に対応するコンピュータの開発もはじまっている。これまでの機械的生命観から生命的機械観への転換を想わせるこうした流れのなか、建築に留まらず、都市（第Ⅳ章「誘導都市」参照）にも拡がりを見せようとするアルゴリズミック・デザインから、いま我々は目を離すわけにはいくまい。

＊ポアンカレ(Henri Poincaré、1854-1952) フランスの数学者・物理学者。三体問題の研究で知られ、著書に『科学と仮説』(1902、岩波文庫)他がある。

第 II 章

作品篇

ALGORITHMIC DESIGN

マジカル・ワークス

充分に発達した科学技術は、魔法と見分けが付かない（A・C・クラーク）

渡辺 誠 *Makoto Sei WATANABE*

携帯メイルのアルゴリズム

携帯でメイルを打つときに'あ'と入れると、あした、ありがとう、あなた、あかるい、と候補が出てくる。これは単純な使用頻度の順ではなく、文脈からの判断を加味した「推薦」だ。これから「言おうとすること」というあいまいな（その時点では本人もまだ不確かな）要求条件に、なんとかして「満足してもらえるような返事をしよう」という、けなげなプログラム。ここには目的→解答というアルゴリズムがある（まだ、今の程度の能力だと、よけいなおせっかいとも言えるが）。

画面に表示される候補をお好みで選択していくと、本人が予想もしていなかった文章ができあがる。「これはあなたが潜在的に望んでいた文なのですよ、そうは思えないかもしれませんが」と、プログラムがささやく。だから携帯で書く文は、「アルゴリズミック・デザイン」の成果品なのだ。

ただし、この機能で名文（定義未詳）が書ける保証はまったくない。プログラムは「文全体のデザイン」には責任を持たないからである。しかし将来、単語の関連ルールの解明が全体の統合性を導くレベルに近づけば（そうなるかどうかは不明だが）、名文が生まれる可能性はある。「名」文が生まれる可能性は、携帯メイルに留まらない。設計でも、ひとつひとつの作業は、線や面という「単語」の選択であり、その単語を綴り合せて全体ができるという成り立ちは、携帯メイル文と似たようなものなのだから。

CADのアルゴリズム

CADやCGのソフトはコンピュータプログラムであり、プログラムは当然アルゴリズムを持つ。だから市販のCGソフトを使って設計すれば、その成果品には何らかのアルゴリズムがあることになる。

たとえば曲線を描こうとすると、ふつうspline（あるいはnurbs）などを使う。これは、指示への忠実度を少し減らして、滑らかさを優先するアルゴリズムだ。これは、「指示に従った滑らかな曲線をつくる」という「目的」に対して、「できるだけ」意に沿う、というアルゴリズムを組んだ、アルゴリズミック・デザインだともいえる。

しかしそこまで範囲を広げてしまうとなんでも含まれてしまう。そこで本書では、設計者が「目的＝条件」を定めて、目的を「かなえる」アルゴリズムを組み立てた場合を、アルゴリズミック・デザインと呼ぶ。

したがって、「3Dソフトを駆使してつくり上げたスゴイ3D曲面の建築」が「アルゴリズミック・デザイン」の場合もあるし、そうでない場合もある（形の良さや作品としての価値は別として）。よしあしではなく、「コンピュータを使ってできた」建築と「アルゴリズミック・デザイン」は「別の分類

概念」だということに留意してほしい。

いずれ、「アルゴリズミック・デザイン」がnurbsのように、あるいは携帯の予測変換のようにインテリジェントCADに組み込まれ、それと意識しなくても使えるようになれば、すべてが「アルゴリズミック・デザイン」になるわけで、その時点でこの呼称は、デザインという汎用語のなかに溶け込んでいくだろう（そして次に再び現れるのは、ハードウエアの革新時、建築が生物のように代謝生成するバイオマテリアル、バイオストラクチャーを使えるようになったときだろう）。

BIM

CADのアルゴリズムを伸長したものがBIMソフトだと言えよう。BIMを使うと、平面を変えると断面図もそれに連動する、というだけではなく、たとえば建築全体の形を曲げると鋼材やサッシなどの各部材もそれに合わせて同時に調整される。

これも、「ひとつの指示」で、関係するパーツ「全体を調整」するアルゴリズムが組まれているわけで、広くとらえれば「アルゴリズミック・デザイン」と言える。

こうした設計・生産支援ツールはその効果が経済性に直結するため、今後急速に拡充されるだろう。ただし本書ではこの方向の支援ツールよりもっと基本的な（ということは設計プロセス上、より手前の段階の）、「課題」を解いて、空間や形態や構造を「生成」する目的に、主眼を置いている。

シミュレーション

何かを変えると結果がどうなるか、を科学では実験室で試す。現実世界では実験が難しいので、コンピュータ上でシミュレートする。その結果を見てまた「何かを変え」ることを繰り返せば、「何を」「どう」変えれば求める「結果」が得られるか、の答を発見できる（かもしれない）。この、解答を見つける「機能」はシミュレーション単体にあるのではなく、その「使い方」のなかにある。だからシミュレーションそれ自身は「アルゴリズミック・デザイン」ではないが、シミュレーションの繰り返しを含む一連の手順を組めば、「アルゴリズミック・デザイン」と言えることになる（ややこしそうだが言っていることは単純）。

目的は何か

ある点から等距離の点を記す、というアルゴリズムを働かせると、球ができる。しかし球がそれだけで何かとくにいいことをしてくれるわけではない。

それを、一点から広がる声が聞き取れる限界、とするとやはり球が描かれるが、こんどは可聴範囲という機能上の要求に応えるものとなる。「アルゴリズミック・デザイン」ではその後者、建築に課せられた何らかの「課題を解決する」ことを求めている。

その課題を、では機能や構造や快適さ等ではなく設計者のコンセプト一般とすると、たとえば線の行く先をランダムに決めるというようなものも含まれてしまう。解くべき課題とするものが機能要請か構造条件か、設計者の深淵な思索の結果かそれとも単なる思いつきか、そこに絶対の区分はない。

球を描くアルゴリズムのような設定を行うのは簡単だ。何かルールを決めて、そこから何が出てくるかを楽しみに待つ、という姿勢。開けてびっくり、方式。

しかし、解くべき課題がまずあってそれをなんとか解決するアルゴリズムを組もう、

となると、そう簡単にはいかない。組んだアルゴリズムが課題をうまく解いていなければ、また違うアルゴリズムを考えなくてはならない。設計のスタディと同じように、アルゴリズムを探すスタディを続ける。うまくいく保証はない。できたものを「評価」して使えるかどうかを選別する過程が必要だ。そうした過程を経て初めて「アルゴリズミック・デザイン」と呼べるものになる。

設計者を裸にする

アルゴリズムは「記された」手順である。そのアルゴリズムをコンピュータ言語に翻訳したものがプログラムだ。そこに曖昧性はない。プログラムは曖昧なものは処理できない。右に行くのか左なのか、どういう場合はどちらに行くのか、すべて指示する必要がある（正確に言えば、ニューラルネットの判断過程は指示できないし、模倣・強化学習タイプのAI搭載ロボットは人間の行動を観察して指示を受けずに賢くなる。が、まだデザインは無理だ）。

ということは、「アルゴリズミック・デザイン」の内容は、曖昧性なく説明ができるということだ。そこでは多義的なことばも衒学的な表現も、文学的レトリックも必要ない。簡単な言葉で単純明瞭、ステップごとにすべてを記述できる。電気製品のマニュアルのように。次はこうしてその次は。

作品の説明文に付与された衣を、一枚ずつ、これはなんだと記していく。記せないようであれば、それは脱がしてしまう。そうして裸に近くなった姿が、アルゴリズムの本体だ。

裸にされるのは皆、嫌がる。設計者は多義と比喩で織られた布をまとうことを好む。図上のひとつの点を決めるその背景にも、千年の思想と万感の思いがあるからだ。画面上の一個の点は、銀河系サイズの雲に覆われている。それら（ここまでの文に並ぶ修飾語類）をみんな取り去って、点は点、ただのXYZ座標値にしてしまう（冷たい）。

この記述方法の実行は簡単ではなかった。十分にできなかったものもある（作品篇の解説ページは設計者によるフォーマット記入を元に調整。文責は編集側）。

しかし、これは設計者にとっていいことなのである。ここで説明されるのはプログラムの技術ではない。プログラムをつくる手前の、アルゴリズムの、さらに一番手前の、何を得るために何を指示するか、が示されるのだ。単純な指示で豊かな成果が得られる方が、その逆より高度である。設計者が選んだ「目的」と下した「指示」は、設計者の意思であり、思想といっていい。ここで素の姿を示すのは、設計者の思索の、純粋な（＝真に近い？）姿なのだから。

同時に、作品篇の解説欄でも（キャプション以外は）、後段の技術篇・研究篇の記述精度に見あう記述モードを心がけた（なお、その技術篇・研究篇の記述は、作品篇とは反対に冷たい論文調を脱した記述を求めた。各筆者の努力で、多くはその方向に向かっている）。

記述モードの例では、たとえば「最適化」は構造力学で定義される。日常用語でも使われるが、混在させると「雰囲気的な」用語と化してしまう。「自己組織化」も同様だ。変化が均衡状態になっても、そこにパターンが見つからなければ組織化とは呼べない。「運動」もそうだ。プログラムは変化を発生させるが、運動しているわけではない。

そうして本書では、作品の「内容」の解説ではなく（それは他の雑誌等に任せて）、

その作品が何を課題とし、それを解くためにどのようなアルゴリズムを組み、いかなる成果を得たか、そしてそのアルゴリズムを使うことで何がよくなったのか、を端的に示そうとした。それが設計者の新しい挑戦を正しく伝える方法と考えたからである。その分、表現は固くなっているが、ゆっくり読んで頂ければ内容は理解しやすい「はず」である。ここに並ぶ作品の「魔法」の背後にある、「科学」の「素体」を。

7つの魔術

国内作品篇の配列はタイプ別にゾーニングされている。もとより「アルゴリズミック・デザイン」の類型に定まった基準はない。ひとつの作品もそのどこをとらえるかで違う分類になるし、また同時に複数の類型に属する。その関係はノンリニアのウエブ状だ。しかし本という、ページを順に追うリニアなメディアの性格上、それは承知の上で、あえて7つのタイプに大別した。

Form Generation：形態生成

満たすべき条件を設定して、その条件を充足した形態を生成することを中心に据えた、基本的な類型。さらに2群に分けた。

Structural Generation：構造生成

合理性を持つ構造体を生成するもの。合理性とは、要求荷重を支持しつつ、応力や歪みを頼りに、ある物理量を最小化する場合が多い。総重量や部材数の最小化、というように。そこから新しい架構の形を探る。

Form Manipulation：操作応答

ひとつの形態操作が、他の一連の形態操作をセットで動かす、インタラクティブなタイプ。名人の腕を持つマニュピュレータを使って手術をするようなイメージ。形態生成タイプと重なるところもある。

Natural Law：法則組込

カオスやフラクタル、ゆらぎなど、主に自然界から発見された法則を使って、モデルとする自然現象に備わっている快適さや美しさや合理性を獲得しようとするタイプ。

Environmental Simulation：環境応答

シミュレーションも、数回行って終わりではなくて、得られた結果により設計を変えてまたシミュレートするサイクルを高速で多数回繰り返せば、アルゴリズミック・デザインとなる。拡張版シミュレータ。

Generation System：体系形成

形や構造や環境条件も含めて、要素をどう配列すると高い評価の解答を得られるか、を探る、総合的アプローチのタイプ。プランや配置計画、都市設計も対象となる。

Generation Method：方法形成

上記で言う、「評価」基準の設定は困難なことが多い。しかし基準を決めないと評価はできず、プログラムの吐き出す多数の答の、どれがいいのかわからない。その問題をクリアする、新しい方法を探るタイプ。

比較のために、時系列でも並べてみる。（完成年とプログラム開発年が混在するのでおおむねの順序。短縮表記）
1990始〜　INDUCTION DESIGN、WEB FRAME、換気塔、鴻巣市文化センター、ベイ・ステージ下田、スペースブロック・ハノイモデル、新水俣門、芥川、つくばエクスプレス、ヘアサロン、ビーチハウス、東京住宅、積層アーチ、慶應義塾大学本館、アルゴリズミック・ウォール、レ・アール、神奈川工科大学KAIT工房、I remember you、証大ヒマラヤ芸術センター、台中オペラハウス、WEB FRAME-II〜2009続。

形態生成 1 Form Generation

都営地下鉄大江戸線
飯田橋駅 WEB FRAME-I

プログラム名……ID-Ⅲ／WEB FRAME-I

竣工	2000年 実施
プログラム	1998年（作動・未完／WEB FRAME-Ⅱで継続中）
設計者	渡辺 誠／アーキテクツ オフィス
プログラム設計	渡辺 誠＋田中浩也＋千葉貴史
適用部位	網の目状の2次架構・形態

アルゴリズムの概要

【目的】
要求条件を満たすと同時に設計者が高く評価できる3次元形態（＝よい形）を得る。

【入力】
機能上や法的に要請される「絶対条件」（角度、分岐数、発生領域、など）と、「設計者の意図」（空間の広がり、密度、など）の、パラメータ値。

【操作手順】
1 指定領域内に「絶対条件」（完全に順守する）と「設計意図」（おおむね順守すればいい）との2種類のパラメータにしたがって、網の目状の形態を発生させる。
2 得られた形態に評価を組み込むプログラムは、部分的に試行されている。
3 その成果品を設計者が評価して1、2を繰り返し、望ましい案を得る。

プログラムの概要

【デザインはどこで決まるか】
複数の候補から、手動選択（一部評価プログラム試行）。

【特徴】
・「相互に関係する複数の要求条件を解いて、形態を発生させるプログラム」を用いて建築の設計と実施が可能なことを、世界ではじめて実証した。
・複雑なものは複雑な仕組みでできる、のではなく、単純な規則の組み合わせで複雑なものができること（一見ランダムに見える複雑多様な架構には、実は厳密なルールが隠れている）を示す例。完成したWEB FRAMEには同じ形の繰り返しはなく、すべての部分が異なった形態でできている。
・指定する「絶体条件」はその場の思いつきではなく、製作上可能な角度や分岐数、法規上の空間範囲などの機能条件である。したがってプログラムの成果品は、こうした機能制約を自動的に満たした上で、設計者のデザイン上の意図（空間の広がり等）をできるだけかなえたものになる。

【プログラムにより達成されること】
・手作業のCGやCADの場合、最初の一回は各条件を満たす形態をつくることは可能としても、得られた形態のごく一部でも変更すると変化が相互に連動して、要求条件を満たすのは困難になる。プログラムによる方法では、複雑多様性を損なわずに、（可能な範囲であれば）つねに要求条件を満たす解を得ることができる。

プログラムの技術

オリジナルロジック
言語：C/C++（Microsoft Visual C++）、Mathematica、他

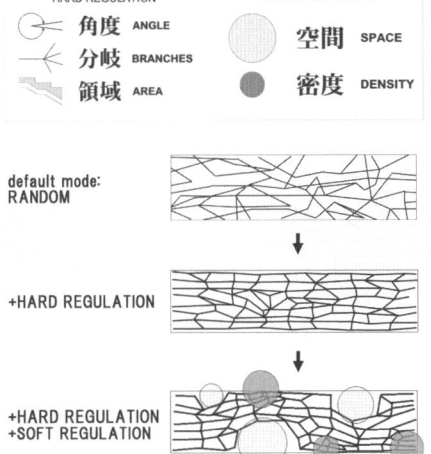

Generating Program / WEB FRAME

HARD REGULATION		SOFT REGULATION	
角度	ANGLE	空間	SPACE
分岐	BRANCHES	密度	DENSITY
領域	AREA		

default mode: RANDOM

↓

+HARD REGULATION

↓

+HARD REGULATION
+SOFT REGULATION

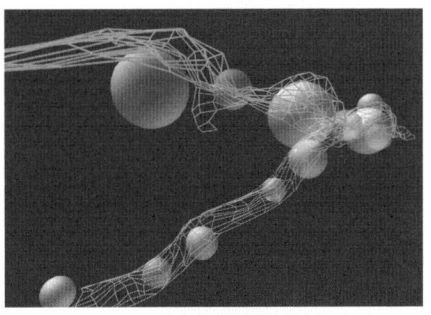

複雑多様な形だがランダムではなく、ルールが潜在している、というのは、自然界では普通である。
生物の形、雲の形、海面の波、みな、同じ形の繰り返しはなく、どこかが違う。
しかし、人工物になると、そうはいかない。車にしてもカーテンウオールにしても、手に持つ携帯も、大量生産された規格品のうちのひとつ、だ。
もっと自然に近い人工物は、できないだろうか。WEB FRAMEはそこからはじまる。

形態生成 1 Form Generation

AlgorithmicSpace
[Bungalow, Beach_House, Chaos and Order]

プログラム名……Synergetic Truss

竣工	2005〜2007年 実施
プログラム	2005年〜継続中
設計者	松川昌平／000studio
構造設計	田畠隆志／ASD
プログラム設計	松川昌平＋瀧口浩義
適用部位	立体形態

アルゴリズムの概要

【目的】
相対的に細く短い単位部材を非整形的に組み合わせることで木造トラス架構を生成。
【入力】
領域境界、レイヤ数、部材の端点領域、長さ、接点数、交差角度、総数、等。
【操作手順】
1 各部材に上記の条件を与える。
2 各部材は、前後のレイヤ内にある部材と少なくともふたつの接点を保ったまま、端点領域の重複禁止や交差角度等の制約条件を満たしつつ回転・移動等を行い、やがて均衡状態に至る。
3 2の結果を手動操作によって調整した後、DXFデータで書き出して従来の手法で構造解析を行う。
4 1〜3のフィードバックを繰り返し、設計者の意図をよりよく満たす案を得る。
5 その成果品に設計者が補正を行い、成果品とする。

プログラムの概要

【デザインはどこで決まるか】
複数の候補から、設計者が選択。
【特徴】
・パラメータ指定による形態生成プログラム。
・開発当初は各部材がランダムに動くだけの混沌とした状態だったが、部材の挙動をリアルタイムに観察し、そこで発見した上記（手順2）のような単純な規則をプログラムに組み込むことで、徐々に建築らしきかたちに収束するようになった。
・機能をともなった部材をどこかから持ってくるのではなく、部材相互の関係が変化するだけで、床や壁や家具などの諸機能が現れる可能性がある。
・同一プログラムを設定の異なる3件のプロジェクトに適用した。
・構造計算をプログラムに組み込むように開発を継続中。
【プログラムにより達成されること】
・通常、構造材としてあつかわれることが少ない強度の低い安価な部材でも、部材相互の関係が多様で複雑になることで、全体として相互補完的な構造を生成することができる。

プログラムの技術

オリジナルロジック
最密パッキング、衝突判定、仮想物理エンジン、他
言語：Java、Processing

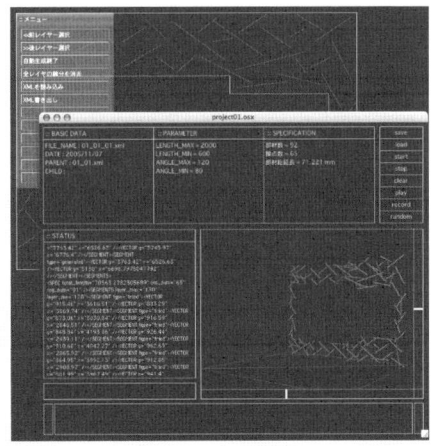

幾何学上のいくつかの単純な規則を、多数の単位(この場合は角材)に施すことで、ある「平衡状態」(それ以上変化しない状態)を得ることができる。その状態はランダムに見えるが、実は指定した規則にしたがっている。これは、規則は少なく、それを適用する対象の数は多く、という複雑系の基本的な方法である。現段階では構造処理は別途だが、今後、力学的な合理性も条件に組み込むことができれば、プログラムの機能がさらに広がる。

形態生成 1　Form Generation

都営地下鉄大江戸線
飯田橋駅 WEB FRAME-Ⅱ

プログラム名……ID-Ⅲ／WEB FRAME-Ⅱ

竣工	2009年〜 予定
プログラム	2007年
設計者	渡辺 誠／アーキテクツ オフィス
構造設計	第一構造＋熊谷組
プログラム設計	渡辺 誠＋千葉貴史
適用部位	網の目状の2次架構・形態

**アルゴリズム
の概要**

【目的】
設定した条件を満たして、空間内の任意の複数点の間を結ぶ、パターンを生成する。
【入力】
点を結ぶ条件(枝の交差角度や分岐数など)のパラメータと、3D空間上の複数の点の位置の指定。
【操作手順】
1　各パラメータを設定する。
2　指定空間(実施案では仮想楕円曲面体の表面上)に、複数の点を配置する。
3　1の条件を満たしながら2の各点間を結ぶ連結パターンを、プログラムが提示する。指定点の配列によっては、指定条件を満たす解が成立しないこともある。
4　その結果により、パラメータを変更し、1〜3を繰り返して意図に合うパターンを得る。

**プログラム
の概要**

【デザインはどこで決まるか】
複数の候補から、設計者が選択。
【特徴】
・飯田橋駅構内の、上りエスカレータ増設とスロープ設置等によるWEB FRAMEの改装のためにつくられた、新プログラム。
・WEB FRAMEでは直線材／折面で構成されていたものを、ここでは曲線材／回転楕円体で構成。
・設計アシストとして、設計過程のなかで部分的に使用する。
【プログラムにより達成されること】
・試行錯誤方法では得ることが困難な、指定条件を満たした曲線パターンを、3次元空間で生成する。

**プログラム
の技術**

オリジナルロジック
言語：C/C++(Visual C++)、市販CADソフトAdd-in部分、Visual BASIC、他

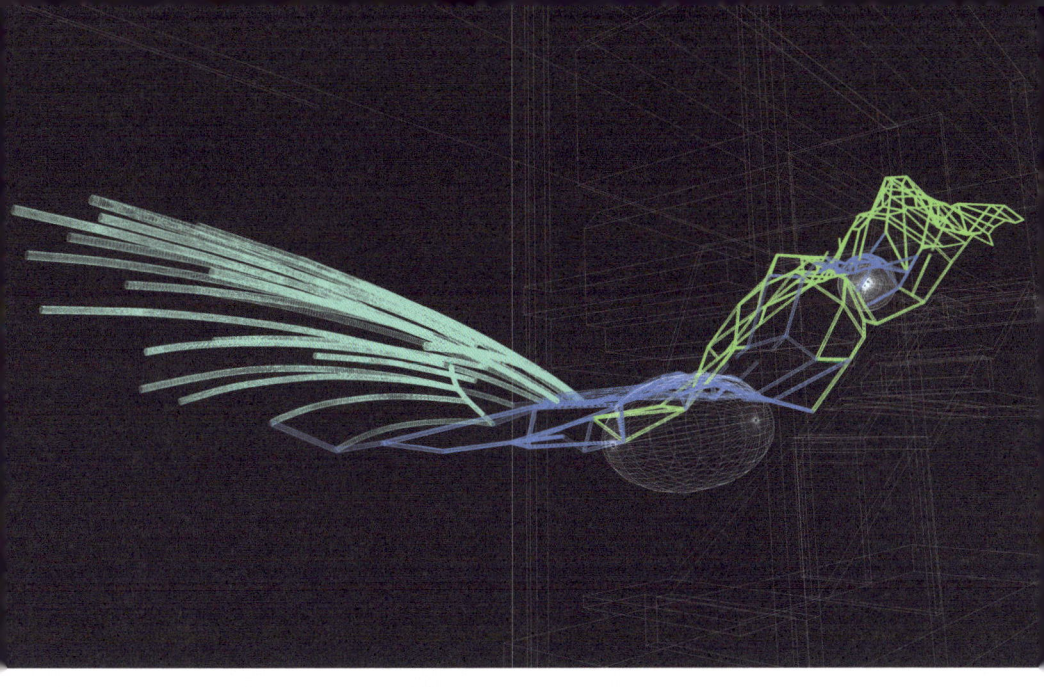

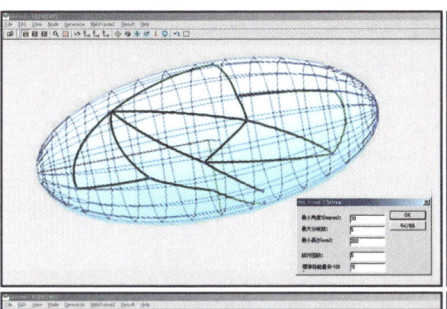

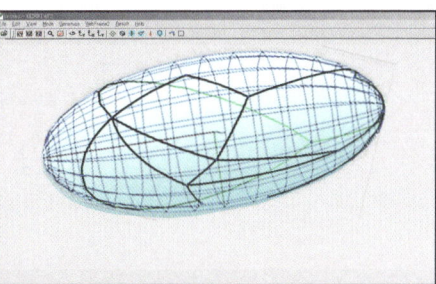

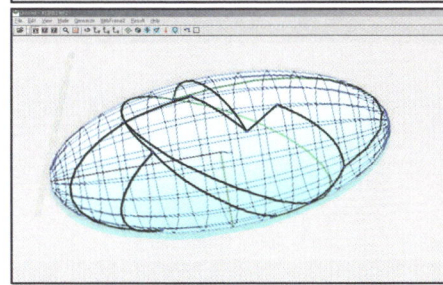

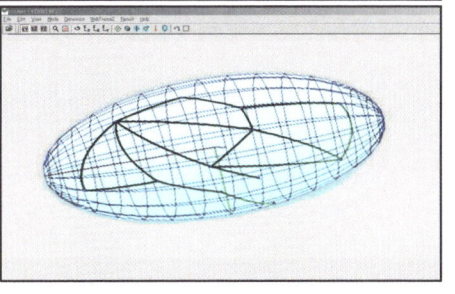

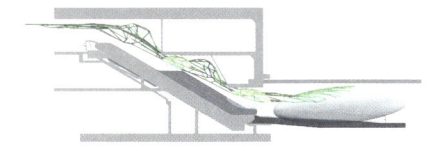

仮想の回転楕円体上に配置した点間を、指定した上限の角度や分岐数を守るようにして結ぶ、というのは、この程度の数であれば手作業の試行錯誤でも可能だ（時間と手間はかかるが）。しかし点の数が多くなったとき、そして対象範囲が広がったとき、試行錯誤方式は次第に困難になる。手作業では、適当なところであきらめることになる。プログラムは、「あきらめない」（限度はあるが）。

033

構 造 生 成　　Structural Generation

都営地下鉄大江戸線
飯田橋駅 換気塔（WING）

プログラム名……ID-Ⅲ／WING

竣工	2000年 実施
プログラム	1998年（未完・実施建築に本プログラムは未使用・後継プログラム「形力-1」は完成）
設計者	渡辺 誠／アーキテクツ オフィス
構造設計	第一構造＋熊谷組
プログラム設計	渡辺 誠
適用部位	立体形態＝構造体

アルゴリズムの概要

【目的】
3次元形態生成と構造力学を統合したプログラムを用いて建築を生成する。
【入力】
形態発生および構造合理化のそれぞれの過程での、パラメータ指定。
【操作手順】
1　WEB FRAMEと近いパラメータ指定による形態発生に続いて、構造力学上の合理性を持つように、プログラムが形態を補正する。
2　その結果を見て構造プログラムのパラメータを変えるか、形態発生プログラムまで戻ってパラメータを変え、再試行する。これを繰り返して、求めるイメージの構造・形態を得る。

プログラムの概要

【デザインはどこで決まるか】
複数の候補から、設計者が選択。
【特徴】
・WEB FRAMEが条件を満たす「形態」を発生させるプログラムであるのに対して、それと同時に、「構造」力学の上で合理性を獲得するプログラムをめざした。
・ここでの「合理」は、「部材応力に応じた部材サイズの選定」を指す。そして部材断面が滑らかに変化する構造を求めている。
・本プログラムは未完成だがその後、後継プログラムとしての「形力-1」が完成し、「新水俣門」で実施された。
【プログラムにより達成されること】
・植物の茎や動物の骨格のように、形態と構造合理性が相互に作用しあう構造／形態を、フィードバック作業で設計することができるようになる（はず）。
・構造力学上の「合理」性と形態との関係を、相互に行き来する検証を通じて、よりよく理解することができる（はず）。

プログラムの技術

オリジナルロジック、言語：C/C++、他

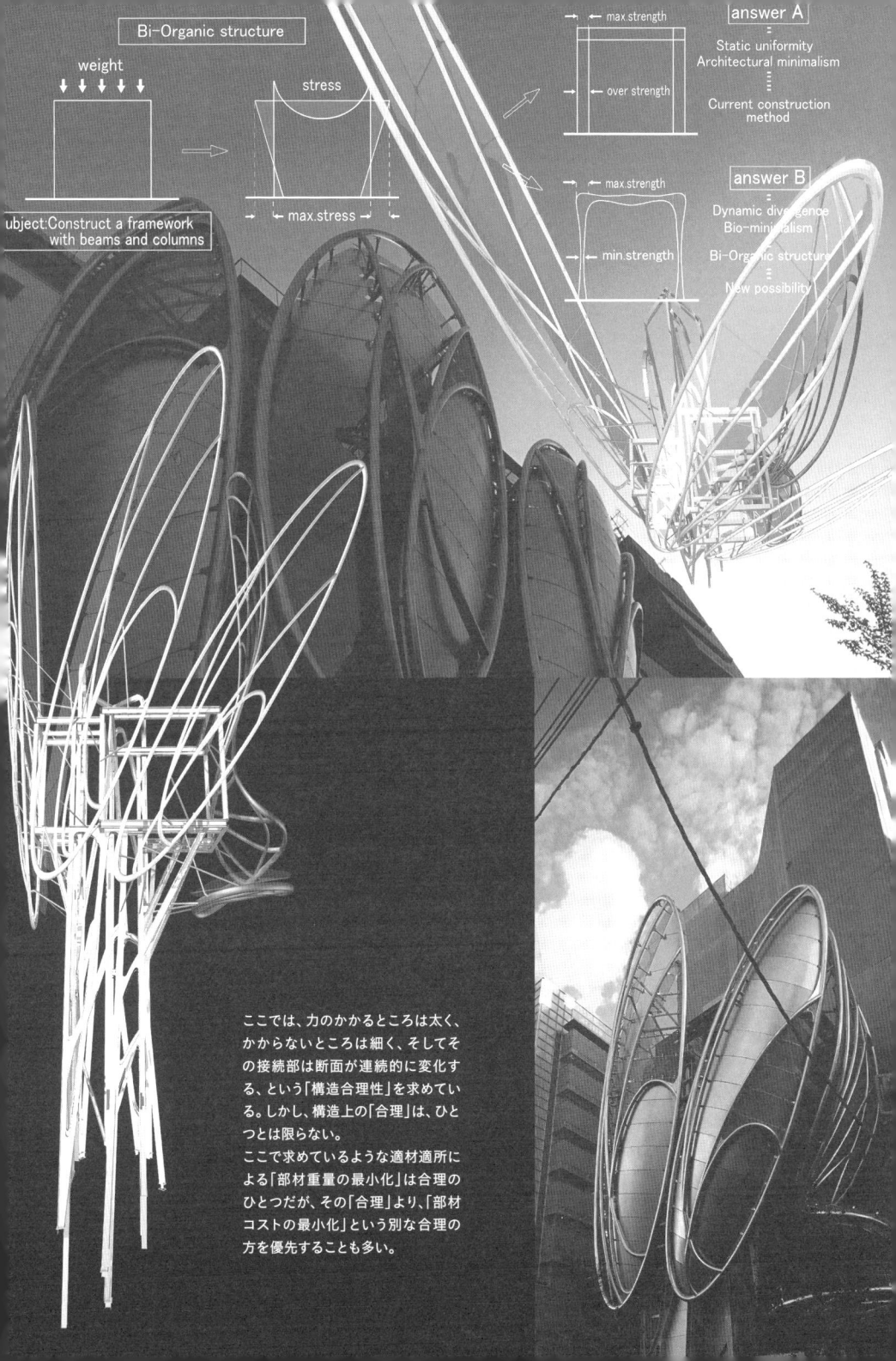

Bi-Organic structure

weight
object: Construct a framework with beams and columns

stress
← max.stress →

← max.strength →
← over strength →

answer A
Static uniformity
Architectural minimalism
Current construction method

← max.strength →
← min.strength →

answer B
Dynamic divergence
Bio-minimalism
Bi-Organic structure
New possibility

ここでは、力のかかるところは太く、かからないところは細く、そしてその接続部は断面が連続的に変化する、という「構造合理性」を求めている。しかし、構造上の「合理」は、ひとつとは限らない。
ここで求めているような適材適所による「部材重量の最小化」は合理のひとつだが、その「合理」より、「部材コストの最小化」という別な合理の方を優先することも多い。

構造生成 Structural Generation

新水俣門

プログラム名……ID-Ⅴ／形力-1、形力-2

竣工	2004年 実施
プログラム	2002年〜継続中
設計者	渡辺 誠／アーキテクツ オフィス
構造設計	第一構造
プログラム設計	渡辺 誠＋大崎 純＋千葉貴史
適用部位	立体形態＝構造体

アルゴリズムの概要

【目的】
設計者の意図に沿い、構造上の合理性を持つ、複雑な3次元形態の生成。

【入力】
分岐方法などの「形態発生条件」、「手動変形操作」と「荷重条件・部材種」等。

【操作手順】
1 形態生成プログラム：設定した枝分かれの数や接点数などを満たす形態をプログラムが生成。次にプログラム内のCG上で手動変形させて望みの形態に近づける。
2 構造高適(最適)化プログラム：1による形態に荷重(風荷重と自重は自動)を与えると、応力の低い部材は排除され、総重量が最も軽くなる部材の組み合わせが自動選択される。
3 2の結果に再び1の形態操作を加え、再度2の高適(最適)化を行うフィードバックを繰り返すことで、求めるイメージに近く(または新規発見で)、かつ構造合理性を持つ「形態＝構造体」を得ることができる。後継の「形力-2」では、面の受ける風荷重や開口部の設定も行い、ガラスや壁のある建築も生成可能となっている。

プログラムの概要

【デザインはどこで決まるか】
複数の候補から、設計者が選択。

【特徴】
・「形態生成」と「構造力学上の合理解」の獲得の両者をひとつの統合プログラムにより実施した、世界初の建築。従来の試行錯誤法では、求めるイメージに近づくのが困難。
・誰でも使えるフリープログラムとして、インターネット上で公開されている。
・「形力-1」(フレーム状形態用)、「形力-2」(面を持つ形態用)と継続して開発が進行。

【プログラムにより達成されること】
・設計過程で「指定条件を満たした」(ランダムではない)複雑な形態の生成が可能。
・形態と構造合理性との関係を設計者がその場で知ることで、デザインの自由度が高まる。構造上の合理性を持つ複雑なデザインを設計者自身が設計できる(ことに近づく)。

プログラムの技術

形態生成プログラム：オリジナルロジック(フラクタル図形的ロジック)
構造高適化(最適化)プログラム：構造最適化(全応力設計、最適性条件法)。
言語：Fortran。一般にgreedy method(貪欲法)といわれるheuristics(発見的手法)を使う。最初に全部材の幅を微小値(最小ランク)とし、応力比が最大の部材のランクをひとつ上げる操作を繰り返す。その結果は、応力制約あるいはひずみエネルギー制約のもとで部材体積の総和を最小化する、最適設計問題の近似解となる。

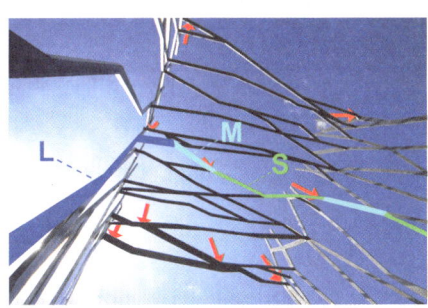

同じ設計者による「九州新幹線新水俣駅」の駅前広場に、矩形3面の門形の架構として実施された。

網目状パターンに、SMLの3種の幅の鋼材を、応力に応じて「適材」配置している。自動的に計算される自重と風荷重以外に、設計者が加える積載荷重(赤い矢印)は、実施版では青緑色のポールで表現してある。

プログラム上は曲面形態も処理可能で、さらに後継の「形力-2」ではガラスや壁などの面もあつかうことができる。

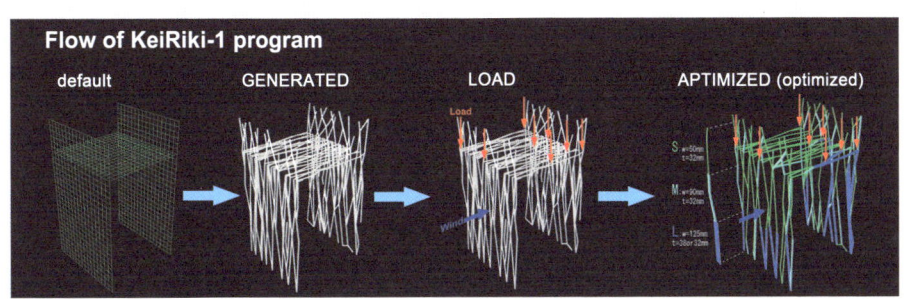

Flow of KeiRiki-1 program

default → GENERATED → LOAD → APTIMIZED (optimized)

プログラムの作動プロセス。デフォルトから、形態生成、面と荷重の設定、構造高適化(最適化)、と進む。

構造生成　Structural Generation

芥川プロジェクト

プログラム名……**2D拡張ESO法**

竣工	2004年 実施
プログラム	2001～2003年
設計者	風袋宏幸／フータイアーキテクツ
構造設計	長谷川泰稔＋金子慶一／飯島建築事務所＋武藤 厚／名城大学武藤研究室
プログラム設計	大森博司／名古屋大学
適用部位	構造体＝平面構造

アルゴリズム の概要	【目的】 開口部の条件を満たし、部材要素の応力の分布に偏りのない平面構造を得る。 この応力は、正確にはvon Misesの相当応力（第Ⅳ章「発見的最適化手法と構造形態」参照）。 【入力】 形状を制御するための、応力がその値を超えると要素が付加され、下まわると要素が削除される値（閾値）を入力する。 【操作手順】 1 力学的、幾何学的境界条件を与え有限要素法で線形応力分布を求める。 2 応力分布を求め、応力のピッチを一定とした等高線を描く。 3 求めた応力の等高線分布に基づき構造体の要素に削除と追加を加え、それを次のステップの解析対象形状とし、再度、自動的に要素分割する。 4 応力解析を行い、応力分布を求め、目標とする分布性状になるまで2～4を繰り返す。
プログラム の概要	【デザインはどこで決まるか】 設計者が選択。 【特徴】 ・開口部の大きさと位置を設計者が初期値として与え、プログラムで得られた形態を意匠的に評価し、再度開口部の条件を初期値にフィードバックすることを繰り返し、最終的な構造形態を得る。 ・開口部の条件を制約として、応力に着目した最適化を行う。応力が設定値より低いとその要素は取り去られ、応力が高くなると予測される位置に要素が付加される点に特徴がある（第Ⅳ章「発見的最適化手法と構造形態」参照）。 ・ここでは応力を形態創生の基準値としているが、対象に特定の定数値を設定できればよく、その応用範囲は広い。 【プログラムにより達成されること】 ・意匠設計者が必要とする開口部の大きさと位置を満たし、かつ従来の構造形式に捉われない合理的な構造形態が得られる。
プログラム の技術	拡張ESO法、言語：Fortran。有限要素法、等応力度線の生成、応力状態に基づく形態の変更を繰り返すことで、外力に対して構造的に合理的な形態を得る（第Ⅲ章「最適化」参照）。

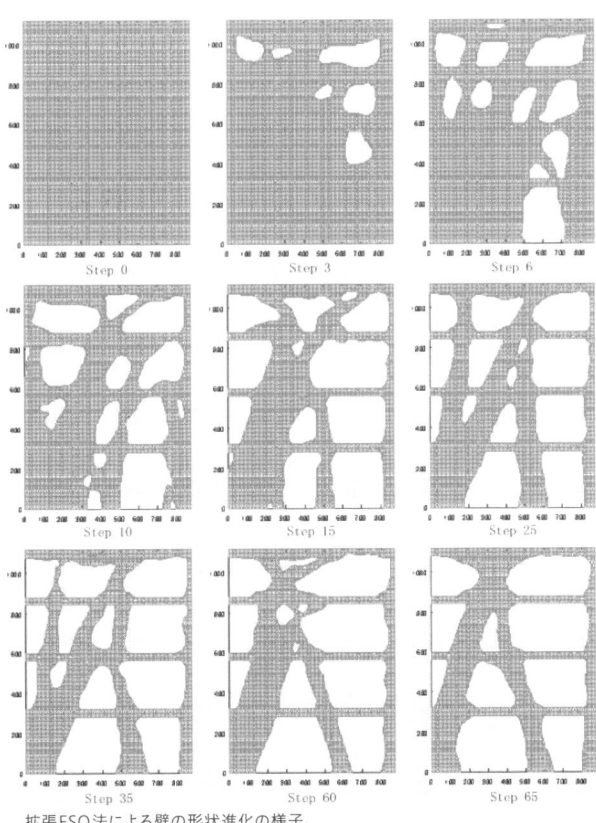

拡張ESO法による壁の形状進化の様子。

構造生成　Structural Generation

証大ヒマラヤ芸術センター
ぜんだい

プログラム名……**拡張ESO法**

竣工	2009年 予定
プログラム	2001年〜継続中
設計者	磯崎新アトリエ
構造設計	SAPS Co., Ltd.（美術館棟基本設計）＋上海現代建築設計（集団）有限公司
プログラム設計	名古屋大学構造システム講座（崔 昌禹＋大森博司＋佐々木睦朗ほか）
適用部位	立体形態＝構造体

アルゴリズムの概要

【目的】
建築計画上の諸要求と力学性能を同時に満足する、合理的な建築構造形態の獲得。

【入力】
設計領域、荷重条件、支持条件、敏感数（評価関数：von Mises応力など、プログラム上の評価の指標となる数値のこと）、基準値。

【操作手順】
1　指定条件下でFEM（有限要素法）による構造解析を実行し、敏感数を計算。
2　設計領域内外に敏感数の等値線を生成。
3　基準値により形状の削除と付加を行い、新たな設計領域を確保する。
4　終了条件に達するまで1〜3を繰り返す。

プログラムの概要

【デザインはどこで決まるか】
プログラムに形態指示を繰り返すなかで、設計者が選択。

【特徴】
・構造最適化プログラム。設計者による形態の指示を受けて作動する。
・構造体内において、不必要な部分は要素を削除し、逆に必要な部分では要素を追加するという双方向進化により合理的な構造形態を効率的に生成する。
・他の作品、フィレンツェ新駅（コンペ案）、カタール国立コンベンションセンターでも同様のプログラムが使用されている。

【プログラムにより達成されること】
・設計者がプログラムとのフィードバックを通して、建築計画的かつ力学的に合理的な構造形態を得られること。形態決定→構造解という一方向の処理ではなく、構造解と形態決定が相互に呼応するなかで設計が進展する。

プログラムの技術

拡張ESO法（進化的構造最適化手法）。言語：Fortran
自動要素メッシュ生成プログラム、有限要素法プログラム、等値線生成プログラム、要素削除付加プログラム

初期形状

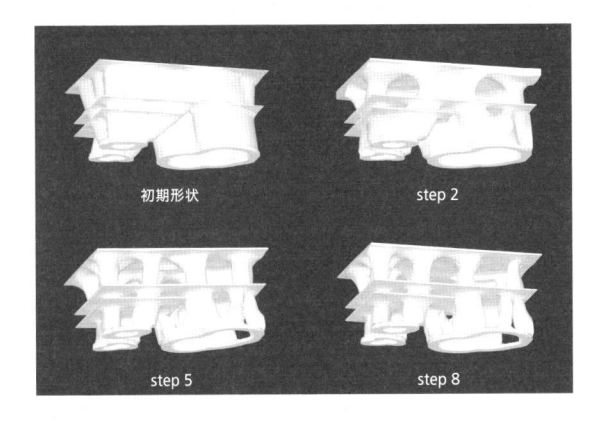

step 2

step 5

step 8

設計者はまず、形態の初期指示を行う。その指示に基づいて、プログラムは構造上の合理性を持つ形態を提示するのだが、その際、設計者の指示した形態の構造部材サイズを示すのではなく、部材重量の最小化等の設定条件に基づいて、設計者の指示した形態を「少し変更した」構造上「よい案」を提示する。設計者はその案を見て再び形態の指示を出す。これを繰り返していくことで、設計者の意図に沿いながら構造合理性を持つ案を得ることができる。このやりとりは、実はこれまで優れた設計者と優れた構造設計者の間で行われてきたことだ。その対話過程を、相手の意図を正確に確認しながら高速で徹底して行うことを、プログラムは可能にする。

この方法は、従来はかぎられた時間のなかで途中でいわば「妥協」していた形態と構造の関係を、「極める」ことができる可能性を持っている。拡張ESO法による「構造最適化」プログラムの大規模な実施例。

形態生成 2 Form Generation

アルゴリズミック・ウォール

プログラム名……**コーポラ**

竣工	2007年 実施
プログラム	2001〜継続中
設計者	ダブルネガティヴス・アーキテクチャー
構造設計	NAL
プログラム設計	市川創太＋マックス ライナー＋アコシュ・マーロイ
適用部位	壁面家具の形態

アルゴリズムの概要

【目的】
工法・構造上の条件を満たし、変化のある壁面家具の形態を得ること。

【入力】
初期値として、各接点(家具部材の交点＝ノードと呼ぶ)の開始位置と、密度(最大・最小接続数)・接点間距離・接続角度の許容範囲。

【操作手順】
1 構造(工法)的条件から定まる初期値を入力し、各接点が決められた許容範囲内で新しい位置に移動・増加することで、接点の数と関係が変化する。
2 各接点が設定条件を満たして、それ以上に変化しなくなる、あるいは振動型の変化が生じた場合に、プロセスを停止し結果を汎用3Dファイルで出力する。

プログラムの概要

【デザインはどこで決まるか】
複数の候補から、設計者が選択。

【特徴】
・接点の密度(接続数)と角度は施工上の可能範囲、距離は部材厚と長さによる強度上可能な範囲、の形態が生成される。
・接点の総数に制限はなく、密度は接点の変化に影響する。各接点に影響を与える範囲の接点数は、その都度変化する。
・入力条件によっては、ひとつの形態に行きつかない、あるいは消滅することもある。
・この計算方式を設計者は「極座標系の空間表記方法(Super eye)」と呼ぶ。
・プログラムは、温度、湿度、明るさ、風の強さや方向などの条件もあつかうことを想定(実施したアルゴリズミック・ウォールは室内なので、これらの設定は未使用)。

【プログラムにより達成されること】
・複数の独立した点の相互関係で全体が形成されることで、すべてをひとつの視点から決めることなく、しかも必要条件は満たした、均一でなく、作為的でもない形態が得られる。

プログラムの技術

オリジナルロジック。言語：C++、python
セルオートマトンに基づくが、各接点が影響を受ける範囲は極座標により設定

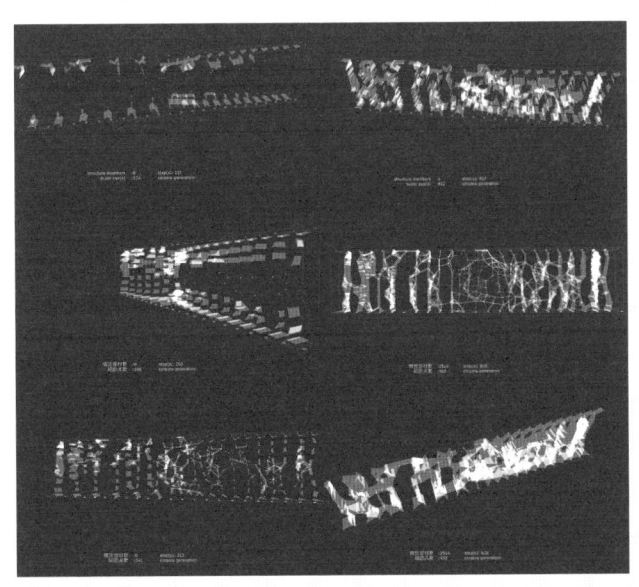

直交グリッドに代表される俯瞰視点は破綻を回避する安全な策であり、それを脱して複数の部分の個別独立性を許容すると、多様性を得られる代わりに混乱を引きよせるリスクも背負ってしまう。本プログラムはプログラムの停止を許容してそのリスクをある程度受け入れながら、より高い段階をめざす。実施作品はインテリアだが、そのスケールを越えて建築・都市を射程にした生成方法を探索している。

形態生成 2　Form Generation

慶應義塾大学SFC
本館納品検収所

プログラム名……**ペンローズタイル構造パターン**

竣工	2007年 実施
設計者	池田靖史／IKDS
構造設計	長谷川一美／構造空間設計室
適用部位	構造体配置

アルゴリズムの概要

【目的】
2種類の部材で非周期的特性をもつ有孔板状の構造体を任意の形状に組み立てる。
【入力】
ペンローズタイルの単位形状を様々に変えながら、展開された全体パターンを見る。
【操作手順】
1　外周有孔板状構造体としてつくりたい面に展開始点(中心)を定める。
2　始点からペンローズタイルの展開アルゴリズムにしたがってX型I型の2種の構造体の配置を順次決め広げていく。
3　構造体の鉛直負担成分を確保した状態で計画の条件から全体の形状を調整する。

プログラムの概要

【デザインはどこで決まるか】
始点を変えた展開によって求められた配列のなかから、設計者が選択する。
【特徴】
・部分の連続的なパターンはペンローズタイルの展開アルゴリズムによって展開中心さえ決めればひとつに求まる。しかし当てはめるユニット形状を設計者が決定することによって万華鏡のように様々なパターンに生まれ変わる。
・ユニットによる部品のシステム化とアルゴリズムの関係について留意したデザイン。部品数の限定という工業的な構成手法がグリッドという周期的均等な繰り返しパターンのみでなく、構造的に多様な成分を内包した非周期的な構造体も構成可能なことを示した。
・ペンローズタイルのアルゴリズミックな展開手法はフラクタルなどと同じくよく知られているが、構造体に応用することによってその特性を活かした建物として実現された例。
【プログラムにより達成されること】
・人力で運搬可能な小単位群を誰でもわかる単純な手順にしたがって展開的に組み立てるだけで、任意の大きさの非周期的構造体を簡単に構成できる。結果として構造体は平行四辺形変形のような特異点的脆弱性を回避することが可能になっている。

プログラムの技術

ペンローズタイル展開アルゴリズム(宇宙物理学者ロジャー・ペンローズが考案した2種類の菱形の非周期的な展開配置方法)。言語：Vector Script。ペンローズパターンへのシンボル当てはめ始点を決めてL-システムと同様に周囲の配置を決定し単位構造体の図形を徐々に広げていく。この場合には菱形の中点を結ぶ図形が利用されている。

A-1 正円 穴開けタイプ

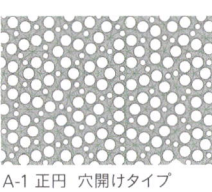

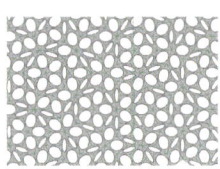

A-2 楕円 穴開けタイプ

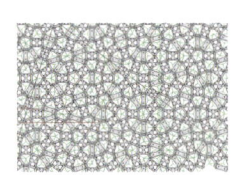

B-1 菱形 穴開けタイプ

C-1 長方形 穴開けタイプ
（菱形の辺の中点を結んだ長方形）

C-2 長方形 中点接合タイプ
（C-1の反転）

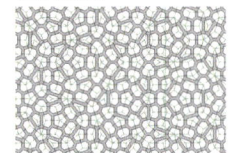

D-1 角度優先 中点接合タイプ

D-2 幅優先 中点接合タイプ

045

操作応答　Form Manipulation

鴻巣市文化センター

竣工	2000年 実施
プログラム	1996〜1998年
設計者	小泉雅生／小泉アトリエ
構造設計	オーク構造設計
プログラム設計	小泉雅生＋濱野慶彦／エーエーラボ＋文 進希
適用部位	屋根形状

アルゴリズムの概要

【目的】
設計条件上の合理性を持つ、滑らかな3次元の屋根形態の生成。

【入力】
屋根外周の柱位置と高さ。

【操作手順】
1　諸室(大ホール、小ホール、大会議室、ギャラリー、レストラン等)を平面上に配列する。
2　諸機能(フライ、プロセニアム、投光室など)が必要とする天井高さを算出。その天井高さから導かれる屋根外周の各ポイントを入力。それらのポイントを滑らかに連続させた3次元スプライン曲面の屋根・ボリューム形状を、プログラムが生成。
3　諸室の配列を変えることで新たな屋根・ボリューム形状の発生を繰り返し、案を選定。
4　3で得られた屋根面の等高線図(コンターライン)および指定断面図をプログラムが示す。コントロールポイントの手動微調整を行うことで、等高線図は連動して変化する。

プログラムの概要

【デザインはどこで決まるか】
スタディを行った候補のなかから、設計者が選択。
ただし、等高線図は自動生成したものを最終形としている。

【特徴】
・決定した平面計画に基づいて立体形態を決定するための、設計支援プログラム。
・等高線図と断面図として視覚化されるため、面形状や断面の比較検討とチェックが容易。
・要求条件(設備機器の納まりなど)の部分的な変化に全体ボリューム形状や仕上形状が連動することで、部分から全体、全体から部分、という両方向の設計プロセスが可能。
・制御ポイントを屋根外周部のみに制限し、恣意的な3次曲面の生成をあえて避けている。曲面を好きなようにつくるのではなく、計画上の制約を形態に反映させている。

【プログラムにより達成されること】
・ボリュームスタディから仕上げ素材の割付までの一連のスタディで、記述の難しい3次元曲面を容易にあつかえる。
・等高線図データはグレーチング工場でのCAMに連動し、加工・施工の省力化に寄与する。

プログラムの技術

オリジナルロジック。言語：C++
Bスプラインを用いて、ねじれ、凹み等のない、スムーズな3次曲面を自動生成する。

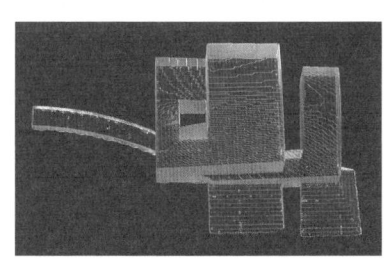

作成した平面図上で、諸室の壁の各点に「高さ」を与えると、プログラムが滑らかな曲面の屋根面を描き出す。このとき与える高さは設計者が自由に決めるのではなく、フライタワーの高さのように機能上の要請から自ずと定まる数値だ。ということは、プランを決めれば立体形状は自動的に決まることになり、これは自動設計ということになる。

しかし、このプログラムの意図はそこにはない。プランから屋根が自動的に決まるのであれば、プランを変えれば立体は変わる。諸室の組み合わせを変えれば、指定した高さ情報は同じでも、諸室の連続として生成される滑らかな曲面は違うものになる。

その結果現れる建築は、あえて自由な高さ操作を許さないルールを敷くことで、「機能と意図」との関係をスプライン曲面で描き出したもの、となっている。

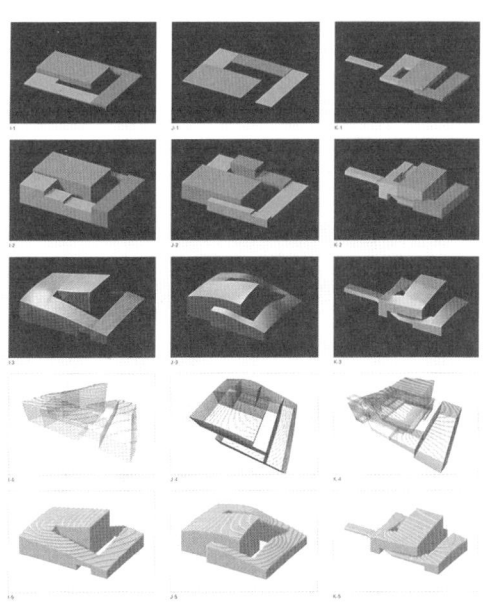

操作応答　Form Manipulation

神奈川工科大学
KAIT工房

プログラム名……kkk.app

竣工	2008年 実施
プログラム	2007年
設計者	石上純也建築設計事務所
構造設計	小西泰孝建築構造設計
プログラム設計	徳山知永／tomonagatokuyama.com
適用部位	構造柱の配置

アルゴリズムの概要

【目的】
多数の細い柱を不規則に配置しながら、構造上の合理性と設計意図とを満たすこと。
入力：305本のフラットバー柱の、断面形状、位置、角度。

【操作手順】
1　柱によって形成される空間の機能と設計者の意図を設計条件として、断面形状の異なる柱を適宜配置する。
2　1の結果が複数の方法で視覚的に表示される。柱の角度分布のグラフ表示や3D表示を参照しながら、各柱の形状、角度を設計者が手動で再指示する。
3　2の結果を他のプログラムに渡して構造計算を行い、その結果を表示する。
4　1〜3を繰り返し、望ましい成果品を得る。

プログラムの概要

【デザインはどこで決まるか】
設計者による操作の過程で、設計者が選択。

【特徴】
- パラメータと直感操作による形態生成と、構造計算結果の視覚化プログラム。構造計算プログラムとのデータ受け渡しは手動。
- インタラクティブな操作で、柱配列の、不規則性・要求条件・構造合理性、を設計者が調整することを支援する。部分的なデザイン操作とそれに連動する周囲の変化を、視覚的に確認しながら操作を繰り返す。
- 構造合理性を持ちながら、整形ではなくしかしランダムでもない配列を行おうとする設計者を、どう支援したら有効か、を考えてつくられたプログラム。「何を示せば設計者の意図に沿う判断ができるか」、を検討した視覚表示・操作系を持つ。

【プログラムにより達成されること】
- 一見矛盾するように思える、恣意性と偶然性と合理性を、あるバランスで兼ね備えた建築をつくれる可能性を示す。

プログラムの技術

オリジナルロジック。言語：Objective-C

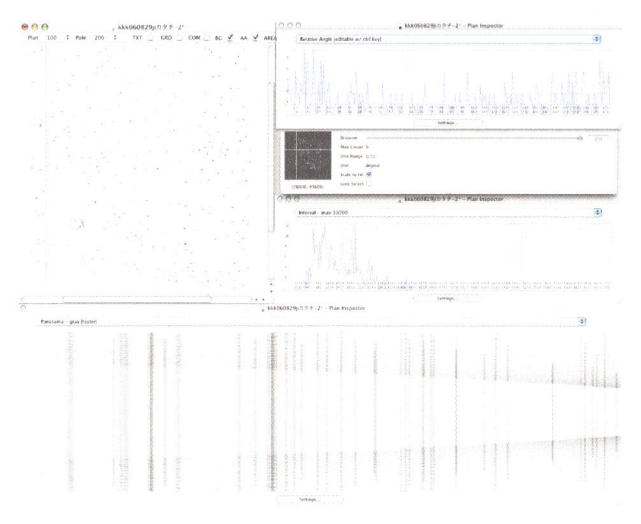

林立する柱の並び方とその方向は、空間を曖昧に規定しながら、見る位置によって大きく変化する。ランダムに見えるその配列を、構造的な合理性を保ちながら設計者が決定するための支援を、このプログラムが行っている。その効果は、不規則のようでいながら意図を読みとることもできる、いわば星座のような柱のレイアウトに現れている。

操作応答　Form Manipulation

レ・アール国際設計競技案

竣工	（2007年設計競技応募案）
プログラム	2007年
設計者	伊東豊雄建築設計事務所
構造設計	Cecil Balmond／Ove Arup & Partners
プログラム設計	伊東豊雄建築設計事務所
適用部位	立体形態＝構造体

アルゴリズムの概要	【目的】 直交グリッドをもとにしながら、その整形性の制約を越える空間形態を得ること。 【入力】 平面グリッド上の複数の点の位置、高さ、回転角度。 【操作手順】 1　グリッド上の複数の点を選択する（荷重や斜線制限等を検討して選択する）。 2　1で選択した点に高さを与える（建物の階数や基準階高さなどから決まる）。 3　2の点から指定角度の方向に水平直線を伸ばし、各直線相互の交点を得る（回転角を30度と60度に制限することで施工段階のモジュール決定を容易にする）。 4　上記1、2、3の計3点を結ぶHPシェル面をつくる。 5　4の成果品を建築の条件（配置、動線、光環境、等）から検証し、1にフィードバックする（手動処理）。一連の過程の成果品のなかから、設計者が案を選定する。
プログラムの概要	【デザインはどこで決まるか】 複数の候補から、設計者が選択。 【特徴】 ・パラメータ指示による、段階的な形態生成プログラム。 ・単位となる立体形状（セイルと呼ぶHPシェル面）の生成を、個別パラメータ（位置・高さ）と、他の単位との関係（上辺の直線の交点）で決定し、多数の単位が接続された全体形態を得る。 ・インタラクティブな操作により、整形性と多様性を併せ持つ全体の空間形態が得られる。 【プログラムにより達成されること】 ・部分の操作で全体の再生成が容易で、求める成果品を得るまで繰り返し試行が可能。 ・運動、流動、ネットワーク、といった、そのままでは多義的・比喩的な概念を、具体的で単純なアルゴリズムを用いて実体化できる、今後の可能性を示す。
プログラムの技術	技法：形態生成プログラム：オリジナルロジック。言語：市販CGソフトのMEL

ここで、設計者はあえてプログラムに単純な指示を行う。それは、ひとつの水平面に複数の垂直線を立てて、その頂点から任意の角度の水平線を伸ばすことである。プログラムの仕事は、そこから定まる3点を結ぶ、シェル面を発生させることだ。しかしその3番目の点が各々の水平線の交点であることから、点の位置は相手との相互関係で決まり、結果は単純にはならない。周囲の水平線がどう走るのかによって、自分の形が大きく左右される。その違いは、生成される形が曲面であることによりさらに強調される。その結果、見慣れた直交グリッド上のかぎられたパラメータ設定から、予期せぬ多様な空間形態が生成される。これは、単純な規則による複雑な全体、という複雑系の基本を示すものとなっている。

操作応答　Form Manipulation

台中メトロポリタンオペラハウス

竣工	未定
プログラム	2005年〜継続中
設計者	伊東豊雄建築設計事務所
構造設計	Cecil Balmond／Ove Arup & Partners
プログラム設計	伊東豊雄建築設計事務所
適用部位	立体形態＝構造体

アルゴリズムの概要

【目的】
3次元グリッド内での、指定条件に適合した滑らかな曲面形態（空間）の決定。

【入力】
それぞれの形態（空間ボリューム）の形状・位置等の指定。

【操作手順】
1　3次元グリッドの設定（内部に複数の空間を生成するための、領域の指定）。
2　1の内部に複数の立体形態（空間）を指定する（大きさ、形状、位置、機能上の関係等を検討の上）。
3　それらの形態を、滑らかなカテノイド曲面として生成する。
　（カテノイド：カテナリー曲線（懸垂線）を回転させてできる極小平面のこと）
4　3の成果品を、建築の条件（配置、動線、光環境、等）から検証し、2にフィードバックする（手動処理）。一連の過程の成果品のなかから、設計者が案を選定する。
5　4で選択した形状に構造最適化プログラム（別プログラム）を適用し、断面（各部が変化）を決定する。

プログラムの概要

【デザインはどこで決まるか】
複数の候補から、設計者が選択。

【特徴】
・パラメータ指示と直感操作による、形態生成プログラム。指定した複数の空間を滑らかな曲面体として生成し、それらの接続関係を調整する、インタラクティブなプログラム。
・生成する曲面は自由曲面ではなくカテノイドとすることで、全体形態に自由度とともに一貫性を与えている。また次の過程での構造や機能処理上の有効性が高くなる。

【プログラムにより達成されること】
・連続あるいは隣接する複数の3次元立体の相互関係を個別の手作業で思うように調整することは困難で、その過程の直観理解が得られるプログラムの意義は大きい。

プログラムの技術

形態生成プログラム：構造最適化用のメッシュのメッシュ発生のオリジナルスクリプト。および既存のソフトの一部使用（曲面のスムージング過程）。
言語：市販CGソフトのMEL
構造最適化プログラムは別途

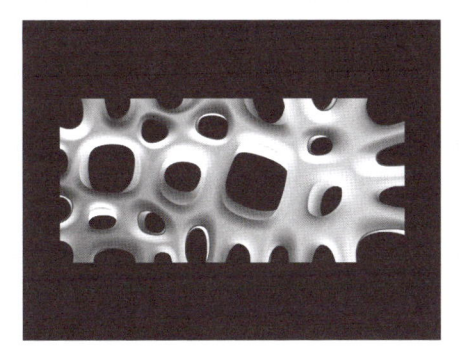

3次元の曲面立体を複数組み合わせて全体を形成しようとするとき、ひとつの形の輪郭の外側は、また別の形に所属する。複数の形態が上下左右に隣接し合い、どれかひとつの内皮を決めることは周囲の外皮を決めることになる。しかも同時に機能上の条件や構造上の制約を考慮しなければならない。

平面上でも容易ではないその作業を、全方向の相互関係がある立体で解くことは難しい。それをこうしたインタラクティブなプログラムの直観操作で可能としている。

法則組込 Natural Law

ベイ・ステージ下田

竣工	2000年 実施	
プログラム	1998年	
設計者	堀場 弘＋工藤和美／シーラカンスＫ＆Ｈ	
構造設計	新谷眞人／オーク構造設計	
プログラム設計	濱野慶彦／エーエーラボ	
適用部位	構造体＝柱	

アルゴリズムの概要

【目的】
構造上の合理性を持ち、かつ自然なリズムを感じさせる、傾いた列柱の生成。

【入力】
柱スパンの最大・最小値、柱の傾斜角度、種類、本数、左傾斜・右傾斜の柱本数の許容比率。

【操作手順】
1　上記の入力を行う。
2　指定数式により発生するパターンから、カオス振動のものをプログラムが抽出する。
3　2のパターンのなかから、1の条件を満たす列柱パターンをプログラムが抽出する。
4　1の入力条件を変えながら1～3を繰り返し、列柱パターン抽出の絞り込みを行う。

プログラムの概要

【デザインはどこで決まるか】
絞り込み条件により得られる1～数10種類以上のパターンから、設計者が選ぶ。
【特徴】
・パラメータ設定による形態（パターン）生成プログラム。パラメータには設計者が選ぶ任意の条件のほか、性能上の要求条件も含む。
・構造上の合理性を満たすと同時に、カオス理論による自然なリズムを感じさせる、パターンが生成される。
・構造計算を含むプログラムではないが、パラメータにスパンや傾斜角度など、構造上要請される条件も含むため、ある程度の構造合理性を持つパターンが得られる。
【プログラムにより達成されること】
・構造合理性と感覚適正との両立を、ひとつのプログラムの単一操作で達成。

プログラムの技術

カオス理論を用いたオリジナル・プログラム。言語：C++
カオス発生式：$X_{n+1}=f(X_n)=X_n^2-a$

上：カオス振動図

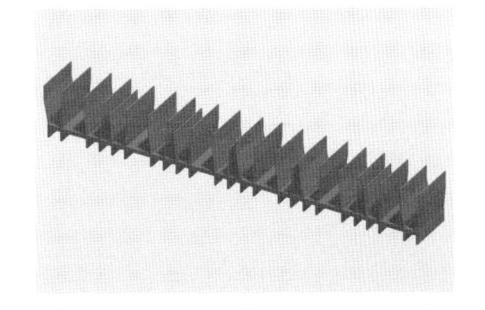

「自然なリズム」という感覚的な条件はふつう、アルゴリズム化することが難しい。ここでは、感覚を示す指標を定義しようとすると入り込みやすい迷路を回避して、「カオス振動のパターンは自然なリズムを持つ」という前提を使って成果を得ている。また、指定パラメータのすべてを設計者の任意とはせずに、設定範囲に機能・構造上の制限のある入力値を用いることで、手作業では得ることのできない、「プログラムを用いて形態を生成する意義」を明確にしている。

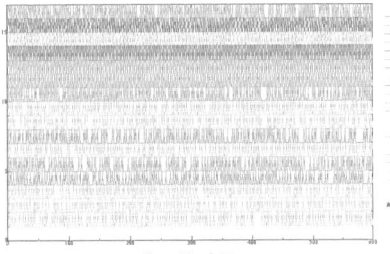

法則組込　Natural Law

積層アーチの家

プログラム名……FRA

竣工	2007年 実施
プログラム	1996～2005年
設計者	朝山秀一／東京電機大学、前 稔文／大分高専、協力：杉山 聡／SOU建築設計
構造設計	村山 実／ミノル設計＋朝山秀一
プログラム設計	前 稔文＋朝山秀一
適用部位	構造体＝平面構造

アルゴリズムの概要

【目的】
積層状のアーチ構造をフラクタルの数学的条件を満たして発生させる。
【入力】
「スパン」「縮小係数」「分岐回数」「形の統計的ばらつき」
【操作手順】
1 上記の入力データに基づき3分岐型樹形図と同じ形態システムによる構造を発生させ、それをDXF形式のCADデータとして出力する。
2 部材断面と支点を入力し、発生させた積層アーチの立体骨組解析用データを自動生成する。
3 風洞実験で求めた風圧分布係数に基づき、手動操作により構造解析をする。

プログラムの概要

【デザインはどこで決まるか】
入力パラメータを変化させて得られる形態のなかから、設計者が手動で選択。
【特徴】
・フラクタルの数学・幾何学的条件を満たす世界最初の構造体の生成。
・幾何学としてのフラクタルの条件を満たす形態デザイン＋構造解析データの生成。
【プログラムにより達成されること】
・科学的な意味で、樹形と同じ分岐性、自己相似性および非整数次元を持つ構造体を生成し、構造解析用データを出力する。

プログラムの技術

オリジナルロジック。言語：Delphi6（Borland）
オリジナルの数式に基づきフラクタル次元を計算する。基本となる最下層のアーチをいくつかの節点座標で記述し、その直上のアーチとの交点を節点に加える。これに、幾何学的に誘導したオリジナルな反復関数システムを用いて構造体全体の節点座標を計算し、それを連結して全体の形態を得る。断面を指定すれば、立体骨組解析用データを生成する。

左上:中庭から見る積層アーチ／右上:夜景／左下:2階寝室／右下:北側正面

海外作品のフェデレーション・スクウェア(2003)は、構造設計者により骨組がフラクタルフレームであると記されているが、正確にはフラクタルなグリッドの一部からつくられたもので、構造体がフラクタルという意味ではない。それに対して、この住宅のフレームは数学的に証明されたフラクタルである。3種類のアーチの組み合わせが生み出す屋根面の複雑な凹凸により、風が水平方向に押す力(抗力)を受けるため、最下層のアーチの脚は開く。これに対して、ライズの浅い最下層の主アーチ単体は、風が屋根を持ち上げる力(揚力)を受けるので、アーチの脚は閉じる。両者の組み合わせとなる積層アーチでは、この2種類の力がバランスし、結果としてアーチの脚の変形は小さくなる。こうした状態が自己相似な構造体各部で起こり、風に強い構造を実現している。この屋根は、フラクタルを用いる構造的な意味を明快に伝えている。

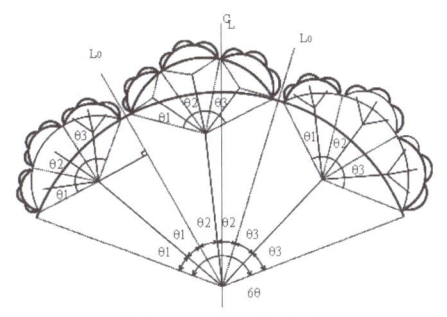

積層アーチの基本ジオメトリー

環境応答　**Environmental Simulation**

I remember you

プログラム名……Ray Casting Algorithm

竣工	2009年 実施予定
プログラム	2008年
設計者	前田紀貞アトリエ＋Proxy
構造設計	梅沢建築構造研究所
プログラム設計	Proxy／長谷川徹＋マーク・コリンズ（コロンビア大学）
適用部位	トップライト位置・形状

アルゴリズムの概要	【目的】 多層の建築で、設計者の意図する位置に、意図する量の自然光を導く設計を得る。 【入力】 周辺建物の位置・形状、設計条件（居室間の関係、スラブ間の関係、場所の採光優先順位）、解析の解像度（セル分割の大きさ） 【操作手順】 1　周辺建物等の環境条件の入力後、敷地の各部が受ける日射を、年間を通じて総和算定する。 2　1に基づいて、3次元空間内の指定点の、通算日射量とその受光方向を視覚化する。 3　その空間内に壁や床等のオブジェクトを配置し、指定場所への採光量が最大になるように、光を透過する部分（トップライト）の位置と大きさを調整する。（手動操作） 4　2、3、の過程を繰り返して、設計者の意図に沿う、最も効果的なトップライトの配置を得る。
プログラムの概要	【デザインはどこで決まるか】 設計者による操作と選択。 【特徴】 ・多層建築における、指定位置の採光累積量と方向を、視覚的に示すプログラム。 ・隣接建物の有無などの敷地周囲の環境状態を前提条件とし、時間帯による日射の変化は年間累積量を指標とすることで対処している。 ・結果を等高線で視覚化し、より多くの光が集まる場所（ホットスポット）を示す。 【プログラムにより達成されること】 ・この場所に光がほしいという意図に対して、そのためにはこことここにこういう孔をあければいい（逆にいえば、どこに壁や床を配置すればいいか）、という解を設計者は探索する。選んだ位置に届く光の量と方向を、プログラムが視覚的に示してくれることで、設計者によるその解の探索が支援され、より望ましい解に近づくことができる。
プログラムの技術	オリジナルiso-contourプログラム。言語：Java。CG処理は市販CGソフトによる。

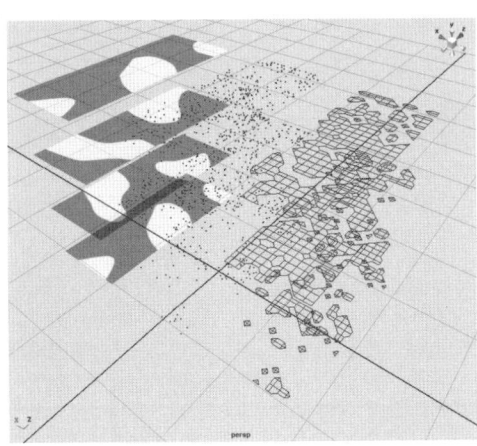

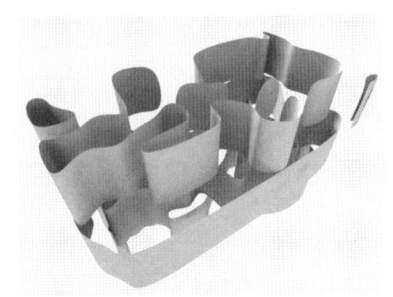

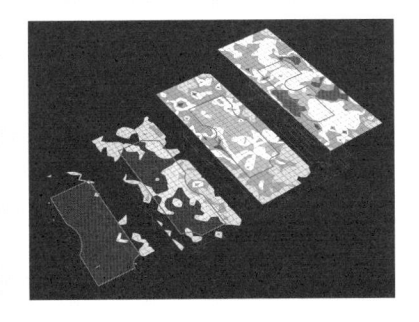

光のような物理量は曖昧性がないので、アルゴリズムを組むには適している。日影ソフトはその例だ。しかし、思うようなデザインを行うために役立つソフトは少ない。
この建築では、インタラクティブなプログラムを通じて、いわば光の密度を実体空間に置き換えるような操作を可能としている。

環境応答　Environmental Simulation

東京住宅

プログラム名……ID-Ⅶ／環境色彩プログラム

竣工	2006年 実施
プログラム	2006年（作動・未完／継続中）
設計者	渡辺 誠／アーキテクツ オフィス
	協力：中野泰宏
構造設計	第一構造
プログラム設計	渡辺 誠＋千葉貴史
適用部位	壁面の色彩・形状パターン

アルゴリズムの概要

【目的】
敷地環境の色彩特性と調和した（と判定できる）、色彩配列パターンを得ること。
【入力】
敷地周辺を撮影した画像と、設計する色彩パターンの素案。
【操作手順】
1　敷地周辺を撮影し、それを入力すると、画像処理プログラムが敷地周辺の色彩特性パターンを抽出する。
2　色彩設計の素案を判定プログラムに入力すると、1の環境色彩パターンとの整合度合いが判定される。各評価項目の重みづけなどのパラメータを調整する。
3　2の判定を考慮して設計を改訂し、再度判定プログラムに入力することを繰り返し、良好と判断できる案を得る。

プログラムの概要

【デザインはどこで決まるか】
プログラムの評価を使用して、設計者が選択。
【特徴】
・生成プロセスは持たず、評価に特化した色彩環境シミュレーションプログラム。
・周辺環境のおもな色彩を取り出すだけではなく、色別の分布量と分布パターン（面積比、縦横比、分散、等）を解析して、それらを評価の基準とする。近接度や最少ドットは指定する。
・撮影した周辺写真を入力するという簡単な手順で作動する。
【プログラムにより達成されること】
・設計の素案の段階で、環境色彩との適合度が示されるので、随時、設計を調整していくことができる。設計過程が試行錯誤となる点は通常の設計と変わらないが、それぞれの過程で客観的な根拠が示されることで、判断にひとつの基準ができる。
・ここでの「調和」には当然ながら統一の基準はない。あくまで、選んだある基準による判定であり、そこで提示される評価を採用するかしないかは、設計者の自由である。

プログラムの技術

画像処理：テクスチャー解析、領域分割、ラベリング
多変量解析：群平均法（group average method）によるクラスター分析、オリジナルロジック。
言語：Visual Basic。画像処理プログラムは、入力された画像を解析し、主たる色彩クラスを抽出する。判定プログラムは、上記に基づき、新規入力画像の近似度（色彩特徴パラメータの距離）の判定を行う。

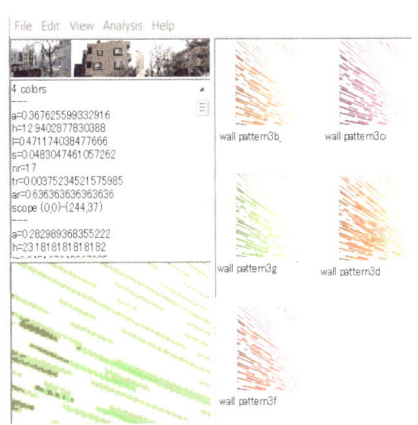

敷地周辺の写真をソースとし、複数の色彩パターン案を比較対象として入力すると、解析が行われる。

その結果の項目別表示のひとつ。
評価項目は、色の近接性、ひとつの色の面積比、どのくらい散らばっているか、色の単位の大きさ比、色の単位の縦横比、など。どの指標を重く見るかで、近接性のランクは変わる。

実際に使われた色彩パターン。
4色の重ね合わせ。
実施案はプログラムを援用しているが、プログラムによる結果そのものではない。

環境応答　Environmental Simulation

スペースブロック・ハノイモデル

竣工	2003年 実施
設計者	小嶋一浩＋東京理科大学小嶋研究室＋東京大学曲渕研究室
	協力：ハノイ建設大学
構造設計	ハノイ建設大学
プログラム	風解析：東京大学村上・加藤研究室
適用部位	立体形態

アルゴリズムの概要

【目的】
通風性能の合理性を持つ、ポーラスで複雑な3次元形態の生成。

【入力】
「ポーラスな空間モデル」と、現地における複数の「卓越風」の方向・風速

【操作手順】
1　ハノイ旧市街において必要な住戸数・容積率・相互のプライバシーといった要求条件を満たした設計法（設計者は「スペースブロック」と呼ぶ）によるポーラスな空間モデルを、CFD解析ソフトに入力。
2　複数の方向の卓越風ごとに、通風性能をシミュレートする。
3　2の結果をおもに「空気齢」（換気効率）の表記で出力し、空気齢の偏りを修正する方法を検討。「スペースブロック」の積み方と開口部の開け方の両面で手動修正する。
4　3で修正したモデルで再びCFD解析を行う。以下、満足と思われる解析結果が得られるまで3～4を繰り返す。

プログラムの概要

【デザインはどこで決まるか】
フィードバックを繰り返した候補から、設計者が選択。

【特徴】
・シミュレーションプログラムの繰り返し使用を設計過程に組み込むことで、風のシミュレーション結果を3次元立体の重要な決定要素とした例。
・住戸相互のプライバシーの獲得だけを条件とした上で、CFD解析の結果を「形態生成」に繰り返しフィードバックし、建築の形態を決定。
・CFD解析プログラムそのものは近年市販されているので、ある程度のトレーニングをすれば誰でも使える（このプロジェクトの設計時点では過渡期的であった）。

【プログラムにより達成されること】
・設計過程で「指定条件を満たした」（ランダムではない）複雑な形態のシミュレーションが可能。
・形態と通風性能の合理性との関係を設計者がその場で知ることで、デザインの自由度が高まる。通風性能の合理性を持つ複雑なデザインを設計者自身が設計できる（ことに近づく）。

プログラムの技術

市販CFD解析ソフト

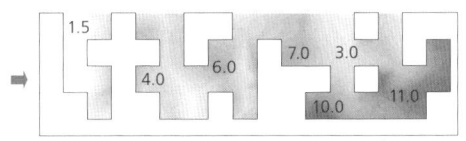

1.5				
	4.0	6.0	7.0	3.0
			10.0	11.0

First model (case 0)

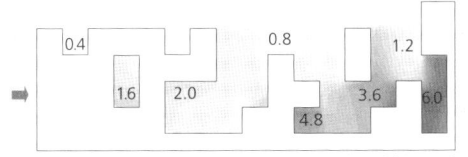

0.4		0.8		1.2
	1.6	2.0	3.6	6.0
			4.8	

Final model (case 1)

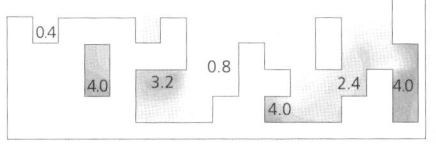

0.4				
	4.0	3.2	2.4	4.0
		0.8	4.0	

Final model (case 2)

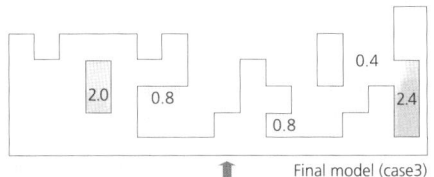

				0.4
	2.0	0.8		2.4
			0.8	

Final model (case3)

シミュレーションは、作成したオブジェクトや変更した状態がどのような結果をもたらすかを事前に確認する技法であり、「アルゴリズミック・デザイン」ではない。しかしそのシミュレーションをどのように使うかは設計者の意図による。ここでは、シミュレーションの結果で設計の一部を変えて、またシミュレートするという作業を繰り返し、求める環境条件を生む設計案を得た。この一連の過程は、「アルゴリズミック・デザイン」そのものである。これらを一括して行うソフトがなかったため、「プログラム＋手作業」全体で「ひとつのアルゴリズム」を作動させている。このように、同じ市販のパッケージソフトでも、設計者の考え方ひとつで「アルゴリズミック・デザイン」のツールに変わる。

この方法は、設計者のその後のプロジェクト「Ho Chi Minh City University of Architecture」に発展的に受け継がれている。

左：図の矢印は風向き、色が濃い部分は空気齢が高い（＝換気回数が少ない）範囲。上のfirstに比べて、下のfinal3点では建築のどの部分でも空気齢が低く、かつ均質化されている。

体系形成　Generation System

ID-Ⅰ、ID-Ⅱ「誘導都市：INDUCTION CITIES / INDUCTION DESIGN」

プログラム名……「ID-Ⅰ」、「ID-Ⅱ」

INDUCTION CITIES / SUN GOD CITY (1994)

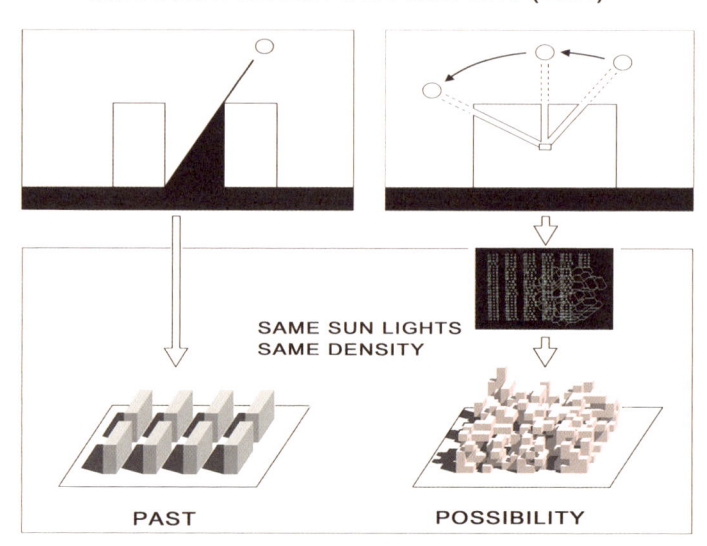

SAME SUN LIGHTS
SAME DENSITY

PAST　　POSSIBILITY

下：「誘導都市」の
ユニットプログラム群
の構成

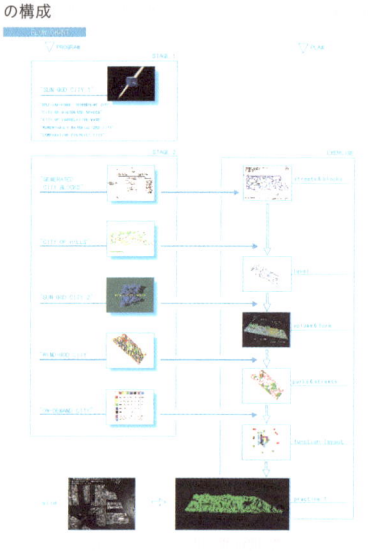

上・下：ユニットプログラムのひとつ、「太陽神の都市」。集合住居を対象にして、求められる課題条件を、「どの住戸も指定時間以上の日照を得られること」とした。この課題への普通の解答は、上図左のPASTのように住棟の間に隙間をあけることだ。しかし、方法はそれしかないのだろうか。
このプログラムは、その疑問からはじまった。

同じ密度、同じ日照時間、異なる空間構成
ほとんどの家はそれぞれ違う／多様な外部空間　　どの家もほとんど同じ／均一な外部空間

	シリーズ プログラム	1990年（ID-V以後の版は継続中）
	設計者	渡辺 誠／アーキテクツ オフィス
	プログラム設計	渡辺 誠＋横浜国立大学大学院生、他
	適用部位	都市・建築設計

アルゴリズム の概要	【目的】 都市設計上の課題条件（たとえば光、風、機能配置等）をよりよく解いた設計を得る。 【入力】 各ユニットプログラムごとの、敷地や規模などの制約条件と、選択条件。 【操作手順】 1 都市設計に求められる課題条件（必要な光、気持ちのよい風、快適な道、適度な勾配、望ましい機能配置、など）をひとつ選び、それを「解く」ユニットプログラムをつくる。 2 ひとつのプログラムの結果を、次の条件を解くユニットプログラムの前提条件として入力する。 3 一連のユニットプログラム群を経由することで、各条件をよりよく解いた都市設計案を得る。 4 各ユニットプログラムの操作手順はプログラムによって異なる。
プログラム の概要	【デザインはどこで決まるか】 複数の候補からの手動選択と、プログラムによる生成の両者。 【特徴】 ・各条件の特性により、複数候補の手動選択を行うプログラムと、プログラムが評価まで行うものと、両タイプがある。 ・単体ではなく一連のプログラムの集合体。 　都市という複雑な条件を課される対象に対し、全体を一度に解くのではなく、個別条件に個別プログラムで対応する分散方式で解こうとする。 【プログラムにより達成されること】 ・要求条件に基づいてその条件を満たす配置計画や形態を生成することで、従来の定石の解法より、条件をよりよく満たす予想外の配置や形態を、得られる可能性がある。 ・結果としてのその解は、唯一無二ではない（ことが多い）ため、条件の変更に柔軟に対応しやすい。
プログラム の技術	オリジナルロジック。言語：basic および C++ 各ユニットによるが、「発生プログラム＋評価プログラム」という構成が主。 発生プログラムにより配置案を生成し、それを評価プログラムで選別して高評価の成果品を得るという組み合わせ。 そのためには、評価基準をプログラムに組み込む必要がある。その際に、何がいいのか、「いいもの」の定義が求められることになる。

体系形成　Generation System

AlgorithmicSpace
[Hair_Salon]

プログラム名……Synergetic System

竣工	2005年 実施
プログラム	2004年～継続中
設計者	松川昌平／000studio
構造設計	田畠隆志／ASD
プログラム設計	松川昌平＋瀧口浩義
適用部位	平面計画

アルゴリズムの概要

【目的】
機能上必要な諸室の関係を満たした上で、従来の配置に捉われない配置設計を得る。
【入力】
単位空間(諸室)の、サイズ・位置等の要求条件、隣接関係の重みづけ、等。
【操作手順】
1　設計者による機能上の判断により、上記の入力を行う。
2　設定した相互の上下限距離、移動の抵抗値、敷地の境界条件、等にしたがいながら、各単位(初期状態は円)が移動を繰り返し、やがて平衡状態に至る。
3　2の結果から、設定した機能上の隣接条件の達成度が高い案や、隣接関係が複雑で多様な案が、自動的に選出される。
4　3で選出された案に、通常の設計手法でのスタディを行う(手動操作)。
5　1～4のフィードバックを繰り返し、よりよく設計者の意図を満たす案を得る。

プログラムの概要

【デザインはどこで決まるか】
複数の候補から、設計者が選択。
【特徴】
・パラメータ指定による(配置)形態生成プログラム。相互距離を条件に設定。
・敷地内の複数の単位空間に対して、中心位置と相互距離を指定する、というシンプルな設定だが、検討する単位空間(設計者は「場」と呼ぶ)が多数になることで、それらの相互作用から生まれる配列パターンは多岐にわたる。
・インターネット上の同じプログラムを使い、施主も生成プロセスに関わることができる。
・現段階では空間単位の自由度は2次元に限定。
【プログラムにより達成されること】
・必要な機能上の要請は満たしながら、通常の試行錯誤によるスタディでは発見できない、新しい組み合わせパターンが見つかる可能性があること。
・通常の設計方法でもこの建築の規模であれば設計は可能であるが、より大規模(＝複雑)な建築では、配置上の要求条件の多くを満たすのは困難で、このプログラムの有効性が発揮される。

プログラムの技術

オリジナルロジック：重み付き有向グラフ、最密パッキング、衝突判定、仮想物理エンジン、ドロネー三角形分割、など。言語：ActionScript、Processing

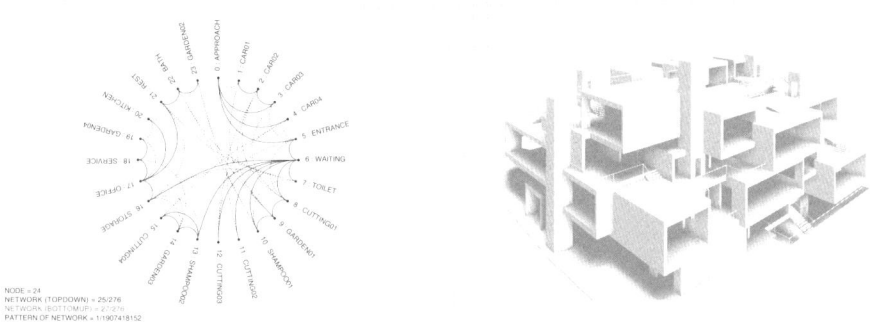

平面上にたくさんの点を配置して、各2点間の中点をつなげていくと、いくつもの多角形が密集したパターンが得られる。これはボロノイ図と呼ばれ、各点のいわば「勢力範囲」が均衡した状態を示す、とも言える。ここで中点を結ぶのではなく、どの点とどの点は近くありたい、どれとどれは遠くしたい、という重みづけを与えると、勢力範囲と位置関係がその重みによって変化して、新たな均衡パターンが生まれる。各部屋(空間単位)のサイズや関係を勘案してプランを決めていくというのは、設計者がふだん頭のなかでしていることで、それをここでは正確かつ再現可能な方法で「外部化」しようとしている。このプログラムを3次元空間に適用した発展版が「TopologicalGrid」(2007〜)である。

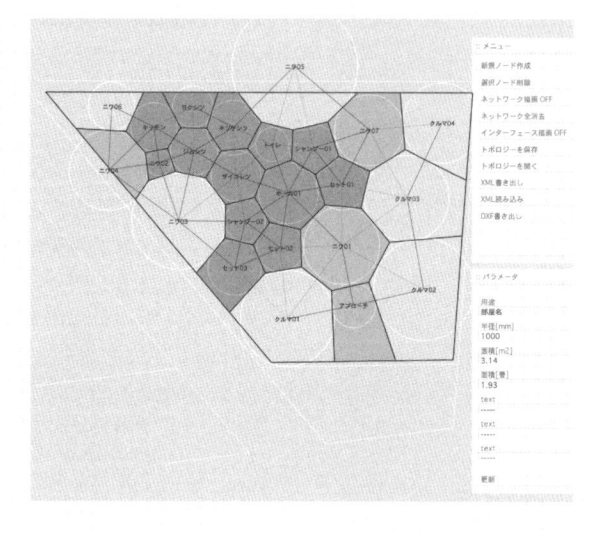

| 方法形成 | Generation Method |

つくばエクスプレス
柏の葉キャンパス駅

プログラム名……**ID-Ⅵ／流れのプログラム**

竣工	2005年 実施
プログラム	2004年(作動・未完／継続中)
設計者	渡辺 誠／アーキテクツ オフィス
構造設計	東京建築研究所
プログラム設計	渡辺 誠＋千葉貴史
適用部位	壁面の立体形状

アルゴリズム の概要	**【目的】** 設計者が高く評価できる3次元形態(＝よい形)を得ること(実施は2次元曲線)。 **【入力】** 自己評価点をつけた図形スケッチ、およびプログラムの出力成果品への、評価点。 **【操作手順】** 1 自分で描いたスケッチを自分で採点して、それをプログラムに入力する。 2 その入力に基づいてプログラムが、「高評価と予測する解」(成果品)を示してくる。 3 その成果品を採点して、またプログラムに再入力する。 4 このフィードバックを繰り返すことで、いつかはプログラムが、「設計者が満足できる高評価点の形」(＝いい形)を出してくることになる(はず)というしくみ。
プログラム の概要	**【デザインはどこで決まるか】** プログラムが生成する。この点がこのプログラムの新しさ。 **【特徴】** ・プログラムの成果品をたくさん並べて、そのなかから手動で選択する、という通常の方法ではなく、プログラムが直接、高評価の成果品を生み出すこと。 ・「いいもの」とはどういうものかを定義することは難しい。そこで、「よさ」の評価基準は決めずに、しかも最終的には「いいもの」を得るという、マジック的方法。 ・プログラムと設計者との「対話」で評価プロセスが学習・向上し、やがて収束する。 **【プログラムにより達成されること】** ・設計者が、自分の判断について、プログラムを経由して客観性のある評価・確認を得られるため、手動設計の過程でしばしば陥りがちな迷路状態を、回避できる可能性がある。 ・要するに、設計過程で何をやっているのかわからなくなったとき、プログラムが、今あなたがしているのはこういうことですかと、形にして示してくれることで、隘路から抜け出る新たな方向が見えてくるかもしれない、ということ。お助け的役割が期待できる。
プログラム の技術	評価プログラム：ニューラルネットワーク(フィードフォワード型、誤差逆伝播法)。 形態生成プログラム：遺伝的アルゴリズム(1点交叉、ランキング選択)。フーリエ解析(FFT)・ウェーブレット変換(多重解像度解析(MRA))・フラクタル次元(被覆次元)。 言語：C++。ニューラルネットワークは、好ましい(高評価の)形かどうかを判断する。遺伝的アルゴリズムは、好ましい形状を生成する役割を担う。

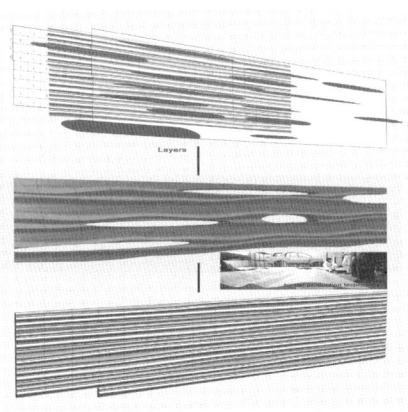

何がいいのか決めないということは、何でもいいわけで、それならやたらにバリエーションを出して後で選べばいい。しかしそれではアルゴリズミック・デザインとしては、まだだだ。そこで、プログラムが「いいもの」を生むようにしようとすると、いいものとは何かを言葉で記す必要が出てくる。プログラムはコトバであり、ことばにならないものはプログラムにならないからだ。

しかし、あらかじめいいものとは何か記述できるくらいなら、プログラムなんてなくてもそれをつくれる……

この堂々めぐりから脱出するには、「いいもの」とは何かを書こうとすることはやめて、何がいいかをあらかじめ記述することはできない、という前提を受け入れるしかない。

決められなくても、選ぶことはできる。そこからはじまるプログラム。

The flow of the 'program of Flow'

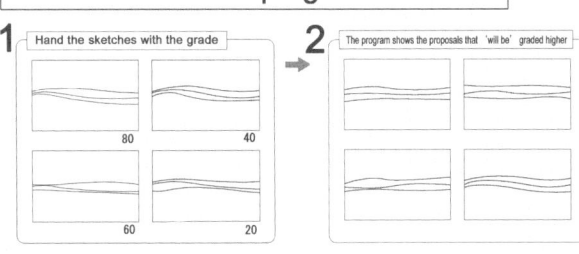

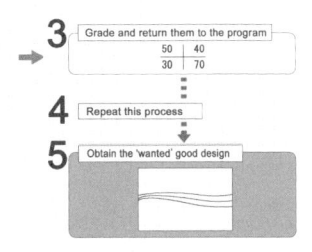

1. Hand the sketches with the grade
   - 80
   - 40
   - 60
   - 20

2. The program shows the proposals that 'will be' graded higher

3. Grade and return them to the program
   | 50 | 40 |
   | 30 | 70 |

4. Repeat this process

5. Obtain the 'wanted' good design

法　則　組　込　Natural Law

北京国家遊泳中心

北京（中国）

竣工	2008年 実施
設計者	PTW Architects＋CSCEC＋Arup
構造設計	Arup
プログラム設計	Arup
適用部位	立体構造形態

ア　ル　ゴ　リ　ズ　ム

【目的】　等体積の立体で空間を分割する際に隔壁面積が最小になる単位形態（ケルヴィン問題の解）を用いて、構造体＝全体空間を構成する。

【入力／手順】　12面体2個と14面体6個からなるユニットを作成し、繰り返し接続する。できた形態を回転させ並行する2平面で切り取り、厚みのある壁面と屋根面の3次元パターンを得る。この構造形態について、多数の荷重のシナリオに基づく最適化を行い、最小重量となる部材断面を決定している。ジオメトリの生成、構造解析と最適化、CADによる図面作成、実施図面への一連の作業はオリジナルプログラムで自動化されている。でき上がった形状は自由に見えるが、あるユニットパターンがくり返される周期性を持っている。

【プログラムの意義】　石鹸膜などの自然現象のように、壁面積が最小となる幾何学的合理性を持ちながらも多様性のある形態を得ることができる。しかし、石鹸膜のような張力ではなく、曲げ応力で決まる構造形式を選択したため、構造上の合理性を求めた形態ではない。節点は剛接合となり、部材重量は相対的に大きくなる。ただし、選択した形については部材重量の最小化を行うことができる。

法　則　組　込　Natural Law

FEDERATION SQUARE

メルボルン（オーストラリア）

竣工	2003年 実施
設計者	Lab architecture studio（Peter Davidson／Donald Bates）＋Bates Smart
プログラム設計	Lab architecture studio
構造設計	Atelier One

ア　ル　ゴ　リ　ズ　ム

【目的】　2次元フラクタルのピンホイール・グリッド［＊1］と呼ばれる図形を基本モジュールにして、構造体を作成する。

【入力／手順】　生成された基本モジュール「ピンホイール・グリッド」から、設計者が手動でフレームとなる線材を選び、「主要な構造」と「2次的な構造」を決定する。ふたつの構造を連結する点を指定すれば、構造体全体が生成される。

【プログラムの意義】　フラクタル図形を非直交のグリッドとして用いることで、フラクタルの持つ複雑さを、建築のフレーム、サッシ、天井面などに与えることができる。
それらを重ねて多重的な外皮を構成することで、光の変化に対し様々な表情を見せる空間を生み出している。
設計者がフラクタル・フレームと呼ぶ構造体は、フラクタルをグリッドに用いて生成した構造であるが、フレーム自身はフラクタル構造ではない。

法 則 組 込　Natural Law

C_Wall
サンフランシスコ（アメリカ）

竣工	2006年 実施（インスタレーション）
設計者	Andrew Kudless
プログラム設計	MATSYS

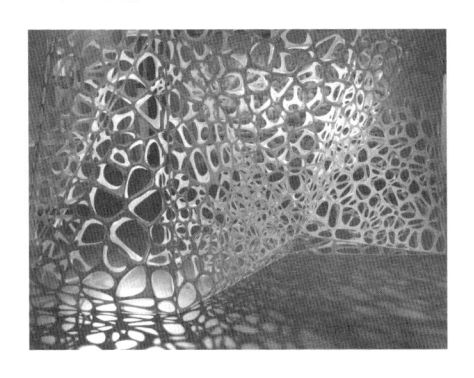

アルゴリズム

【目的】 任意の立体の表面に点を配置して、ボロノイ曲線[＊2]のアルゴリズムを用いて面の分割線を作成すること。
境界線を残し内部を抜き取ることにより、細胞が集合したような雰囲気を持つフレームを得る。

【プログラムの意義】 ボロノイ曲線という単純な外部ルールを用いることで、不定形な形態を生成することができる。
Andrew Kudlessが設立したMATSYSは、建築、工学、生物学とコンピュータが生み出す創発的な関係を研究している。
このインスタレーションは、ボロノイ曲線のアルゴリズムを使い、生体の組織を思わせる形態を生成することに成功しているが、現時点では、生物学的な意味での細胞に関する論理でこの形態がつくられたわけではないことに留意。

法 則 組 込　Natural Law

STOREY HALL
メルボルン（オーストラリア）

竣工	1996年 実施
設計者	ARM（Howard Raggatt）
プログラム設計	ARM
構造設計	John Mullen and Partners

アルゴリズム

【目的】 2種類のひし形の組み合わせでできるペンローズパターン[＊3]と呼ばれる非周期的な図形に、高さを与えて天井と壁面に用いること。
幾何学的でありながら洞窟のような複雑な空間をつくる。

【プログラムの意義】 ペンローズパターンの持つ非周期的な模様を建物の内外に用いることで、自己相似的な複雑さを3次元空間に用いることができる。
その方法を空間の演出に利用した最初の建築。パターンの非周期性や自己相似性は内外装として表現されており、構造体は別である。

構 造 生 成　Structural Generation　　　　　アルゴリズム

DRAGONFLY@ SCI-Arc Gallery

ロサンゼルス(アメリカ)

竣工	2007年 実施(インスタレーション)
設計者	EMERGENT(Tom Wiscombe)
構造設計	Buro Happold
プログラム設計	Buro Happold

【目的】　生物の体の羽のように、柔軟でありながら堅固でもある構造体を実現すること。セル分割の密度と形状と深さをパラメータとして操作する。

【入力／手順】　全体形状と支持点を与えた後、隣接するセルの間での力学的な応答と形状の変形を再帰的に繰り返すことで、分割パターンを得る。

【プログラムの意義】　異なる形に対して、支持点や振動、荷重、部材の許容応力度などの構造的条件の最適化によって決定される、昆虫の羽のような形状の構造体を得ることができる可能性がある。

体 系 形 成　Generation System　　　　　アルゴリズム

DESERT CITY SQUARE

バラカルド(スペイン)

竣工	2001年 実施
設計者	Edoardo Arroyo(no.mad)
プログラム設計	no.mad

【目的】　用途が特定されていない広場や公園のような場所で、利用者が自然に居場所や関係性を見出すことのできるような設計を得る。

【入力／手順】　もともとこの場所にあった緑やペーブメントなどの空間(質感)の総量(面積)を細かく分割されたセルに混合して再分配する。その際、新しい都市デザインの条件に従いながら、できるだけ同じ質感が隣接しないというセルの相互関係が、平衡状態に達するまで変位(交換)する。

【プログラムの意義】　広場空間の全体構成を意図的に決定するのではなく、小さな単位空間の要素から自己組織的に広場の状況を導くことができる可能性がある。

(操作応答) (Form Manipulation) 　　アルゴリズム

MADRID CIVIL COURTS OF JUSTICE

マドリッド(スペイン)

竣工	2010年(予定)
設計者	Zaha Hadid Architects
プログラム設計	Zaha Hadid Architects(Patrik Schumacher) Bentley Systems

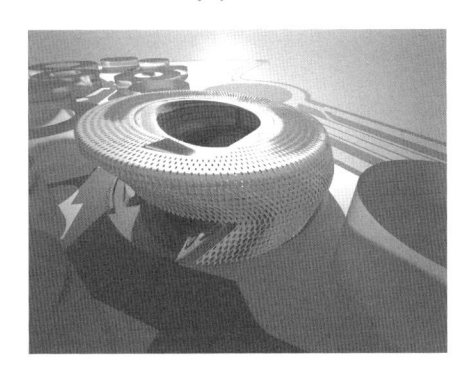

【目的】　曲面ファサードをパネル化するための、解析と制御。
この作品では、本書で定義したアルゴリズミック・デザインとは別な視点、つまり、設計者が定めた形態から実物(ファサードのパネル)を生産する過程にアルゴリズムが使われている。
ファサードを構成する表皮は、環境とプログラムの条件に反応する金属パネルで構成され、状況にしたがい開閉、伸張する。

【入力／手順】　NURBS曲面による建物の外皮をCGに入力し、ファブリケーションのための解析と調整を行う。
得られた形態の立体グリッドを、構造グリッド、スラブの高さ、地盤条件等に対応するよう調整する。ファサードのパネルは、種類が最小になるよう制御しながら、各パネルの基本平面からのゆがみの総量と重なり具合を調べ、それをフィードバックしてその形態に適した優れたパネル形状を得る。

【プログラムの意義】　ファサードをパネル化する際、多くの異なる選択肢を迅速に生成することにより、探査過程で様々な解をテストできる。
多数のパネルのゆがみを短時間に視覚化し、ヴォリューム変形とパネルの幾何形状を連携させて、設計者の意図に沿うと共に施工性の高いパネルを得ることができる。BIMの実施例。

---

*1 直角三角形の縮尺を1/2にした相似な三角形4つを、もとの三角形の形になるように並べることで得られるグリッド。この方法で、限りなく直角三角形を細分化できる。

*2 平面上に複数の点をランダムに配置し、隣接する2点を結ぶ線分を垂直に2等分する線分を引き、領域を分割することで得られる曲線。任意の位置が、どの点に近いかを示す。

*3 数学者ロジャー・ペンローズが考えた図形で、2種類のひし形を組み合わせることで、平面を非周期的なパターンで埋めることができる。ひし形ではなく正多角形を使う場合は、周期的なパターンになる。

第 III 章

技 術 篇

ALGORITHMIC DESIGN

マジックを可能にする手段

奥 俊信 *Toshinobu OKU*

　アルゴリズミック・デザインは形態を創りあげていく手続き（アルゴリズム）に基づいてプログラムを組み、それを実行することによって、計画的あるいは構造的に合理的な解や斬新な形態を生成するところに特徴がある。したがって、いわゆるCGソフトやCADソフトを用いて自由曲面などを巧みに操作して形態を組み上げる行為とは、デザインに対する概念と方法論で一線を画する。

　アルゴリズミック・デザインによる建築や都市の計画やデザインは、構造、機能、環境、経済などさまざまな制約条件を満足しながら、建築あるいは都市計画上の目的を達成する最適な解をもとめ、それをさらに造形性の高みに昇華させることをめざす、工学的で創造的な営みといえる。

　本篇ではアルゴリズミック・デザインで用いられる次の主要な手法を取り上げ、解説する。
・建築や都市に関する諸条件を満たす「解」をもとめる手法
・現象や結果を推測する「シミュレーション」
・形態を「生成」する手法

　以上の3つの手法のうち、諸条件を満たす「解」をもとめる手法は建築や都市の計画やデザインを直接的に扱う方法であり、推測する「シミュレーション」と形態の「生成」は、建築や都市の現象の仕組みや数学、物理学、生物学、言語学などの法則を援用する方法といえる。

建築や都市に関する諸条件を満たす「解」をもとめる手法

　建築や都市のさまざまな条件を満足する解を求める場合、達成すべき目標あるいは目的が数式で定式化でき、守るべき制約条件が明確であるときは、構成要素である設計変数の決定すべき量や寸法を「最適化問題」として解くことができる［最適化（三井）］。

　しかし建築や都市の計画やデザインにおいて、目標が定式化され制約条件が明確に限定されることはまれである。たとえば目標にしても、構造合理性、機能性、安全性、経済性、造形性など多岐に渡るし、ひとつを満足させれば別の特性の満足度が下がるといったトレードオフの関係が多い。また制約条件についても同様多岐多様にある。このため一般に完全な解をえるには膨大な情報や規則が必要になる（フレーム問題）。そこで、現実的に問題の解をみつけるには（解探索）、目標の種類と達成程度および制約条件を取捨選択し、参照すべき情報が不完全な状況下で（情報の部分性）、限られた時間内で（処理の部分性）、「多くの場合にはうまく行くがたまに間違ったり答えがなかったりする手法（ヒューリスティクス）」を用いることになる［AI：複雑系の処理としての人工知能の手法（中島）］。

さいわい建築や都市においては完全な「最適解」の必要性は少なく、実用的に充分な「近似解」や「優良解」を実時間内で求めることの方が重要な場合が多い。

その手法として、進化論をモデルにした確率的最適化手法である［GA／GP：遺伝的アルゴリズム／プログラミング(瀧澤)］や、脳の神経回路をモデルにしたネットワークを用いて自己学習することにより任意の入力に対し適切な出力を行う［ニューラルネットワーク(堤)］がある。

現象や結果を推測する「シミュレーション」

解を求めるための数式化が不可能な場合や、最終の解だけでなく解にいたる過程の現象も重要な場合がある。例えば避難時の群集の動きや土地利用の変化などである。

これは、局所的な要素の移動や変化を手続き的にルール化し（局所ルール）、「シミュレーション」することによって、部分から全体の状態や解を求める「ボトムアップ」方法である。

この方法には、比較的単純な原理による要素間の相互作用によって全体の組織化が生成される［自己組織化(瀧澤)］、自己の状態変化が自己とその周辺の要素の状態だけから決定される［セルオートマトン(奥)］、そして自己の周辺環境や他者との相互作用によって学習し自己の行動ルールを決定していく［マルチエージェントシステム(瀧澤・藤井)］がある。

形態を「生成」する手法

数学、物理学、生物学、言語学などで得られた、現象の仕組みや法則を援用しながら形態を直接創り出していくルールを構築し、それによって形態を「生成」する方法である。

この手法には、方程式や論理によって決定論的に状態変化が規定されているにも関わらず、その結果が予測不可能なランダムな状態になる［カオス(朝山)］、海岸線や樹木の枝振りのように、同じ形態が大きさを変えて構成されている自己相似性が特徴である［フラクタル(朝山)］、そして言語学における、言葉のつながり方のルールである文の構造原理をモデルとした［生成文法(藤井)］がある。

建築家や計画者は一定の意図のもとに建築や都市の計画やデザインを行うが、それは決して独断的な営為でありえない。クライアントや関係者との共同作業であることは言うまでもないが、そこには計画的合理性、構造や環境・設備の工学的合理性、造形性、周辺環境に適合する社会性や公共性が要求される。

従って、計画やデザインは第三者に説明可能な論理（アルゴリズム）に基づいて企てられる必要がある。慣習化された安全な計画方法やデザイン手法に頼るのではなく、それを超えて時代を切り開いていこうと志すならば、アルゴリズムの発案を通して建築や都市の計画を創意しデザインを生成することが有力な方向である。アルゴリズミック・デザインはその重要な理念となりうるし、実行のための有効な手法も蓄積しており、新たに開発もされつつある。

最適化

三井和男 *Kazuo MITSUI*

最適化の概念

　最適化(optimization)というのは、多くのさまざまな分野に自然に登場する。たとえば投資によって利益を最大化したいというような場合も一種の最適化問題である。金融商品を組み合わせることで分散投資を行うポートフォリオマネージャーは得られる利益を最大化しようと考える。生産管理の一場面においても、より効率的に生産を行って企業の利益を最大にしたいという要求がある。建築の分野に目を移せば、たとえば構造設計にたずさわるエンジニアなら安全でできるだけ経済的な構法や材料それに部材の寸法を選んで決定しようと考える。建築計画にたずさわるなら、建物の用途と利用者の要求にできるかぎり応えようと考える。

　いずれも単純な問題ではない。ポートフォリオマネージャーならリスクを低く抑えて、かつ投資効率を最大とする戦略を決定しなければならない。生産管理部門には顧客の需要を考慮しつつ、その工場で利用可能な資源すなわち材料、設備、労働力を使って企業の利益を最大とする計画を立案する使命がある。構造設計の問題も安全でありさえすればいいというなら難しい問題ではない。経済性はもちろん、その他いろいろな制約があるから難しい。建築計画においても立地条件に何の制約もないなら比較的簡単な問題になるだろう。立地条件という制約のなかで、換気や採光、音響、および動線などを考慮して、建物の用途と利用者の要求を十二分に満たす建物の配置やプランが求められる。これらはすべて次のような共通の立場をもつ最適化問題ととらえることができる。

　(1) 達成すべき目標あるいは目的(objective)が存在する。前述の構造設計の問題なら建設コストを最小にすることが目標であり、建築計画の問題なら利用者の要求を最大に満たすことが目標であると考えられる。ポートフォリオマネージャーは投資効率を最大とし、工場の生産管理部門は企業の利益を最大とすることが目標である。

　(2) 目標に加えて通常はなんらかの条件あるいは制約(constraints)が存在する。構造設計の問題では安全性を確保しなければならない。建築計画の問題なら立地条件のもとに換気や採光などの問題もクリアしなければならない。ポートフォリオマネージャーはリスクを低く抑えなければならないし、工場の生産管理部門ではかぎられた設備と労働力のもとで計画しなければならない。

　(3) 設計変数(design valuables)と呼ばれる利用可能な選択肢が存在して、これらを適切に調節すると制約条件を満足し、かつ目標を達成することができる。

最適化問題

　最適化問題では、上で述べたようにいく

つかの設計変数、目的関数、制約条件が設定される。目的関数と制約条件は設計変数の関数として表される。目的関数と制約条件が設計変数においてすべて線形（1次）式となる場合を線形計画問題といい、そうでない場合を非線形計画問題という。次の例題で最適化問題を構成してみよう。

例題：ビルの設計

一部を地下に埋め込んだ図1のような直方体のビルを設計するとする。ここでは地下に埋め込むことで外界の気温の影響を低減して、冷暖房に費やすエネルギーコストを節約できると考える。したがって、その目的だけのためなら全部を地下にするのが最良の方法ということになるが、それでは大量の掘削が必要となってかえって建設コストが増加してしまう。そこで、年間に必要となる冷暖房コストの上限を3,000万円とし、掘削に必要な建設コストが最小となるようなビルの寸法を見つけることにする。

建設可能な敷地は50m×50mとする。ビルの総床面積として20,000㎡以上、階高は3mが要求されている。一方、外気に接する表面積1㎡につき年間の冷暖房コストは12,000円が見込まれる。

設計変数：この問題では、地下階数k（整数）、地上階数n（整数）、ビル平面の長さd、ビル平面の幅wを設計変数とする。

目的関数：目的は掘削コストを最小にすることである。掘削コストは地下部分の体積$3kdw$に比例すると考えられるから、目的関数はkdwとなり、これを最小化することを考える。

制約条件：総床面積を20,000㎡以上としなければならないから$(k+n)dw \geq 20,000$、建設可能な敷地は50m×50mであるから$d, w \leq 50$、冷暖房にかかるエネルギーコストは外気に接する表面積に比例すると考えられ、これが年間30,000,000円以下とならなければならないから$12,000(6nd + 6nw + dw) \leq 30,000,000$、少なくとも地下1階、地上1階であるとすると$k, n \geq 1$、またビル平面の長さも幅も正の数であるから$d, w \geq 0$という制約条件が存在する。

定式化：したがって、

Find (k, n, d, w) in order to

Minimize kdw

Subject to

$(k+n)dw \geq 20,000$,

$d, w \leq 50$,

$12,000(6nd + 6nw + dw) \leq 30,000,000$,

$k, n \geq 1$,

$d, w \geq 0$,

と数理計画法の言葉で数学的に表現できる。

これに数理計画法の適切な手法を用いて最適解すなわちビルのデザインを決定することができる。図2は、この問題の解である。年間のエネルギーコストを低く抑えているので地下部分が多いデザインとなっている。ところで、この問題では設計変数のうち地下階数k、地上階数nは離散変数、ビル平面の長さd、ビル平面の幅wは連続変数と

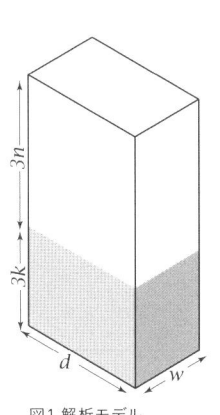

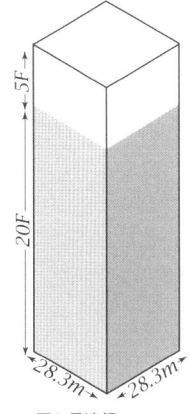

図1 解析モデル　　図2 最適解

なっている。

　しかし、実際の問題では設計変数がすべて連続変数でない場合も多い。たとえば、建築構造最適化の問題には、しばしば梁や柱などの部材断面を決定する問題が登場するが、連続変数を仮定して得られた部材をそのとおり特別に作成することは稀であり多くの場合、部材断面を製品として提供されるリストから選択しなければならない。したがって、設計変数は離散変数となり、問題は与えられた選択肢のなかから何を選択して組み合わせるかといういわゆる組み合わせ最適化問題となる。組み合わせ最適化問題は整数計画問題に分類され、連続変数の最適化問題で使われる解析手法をそのまま適用することはできない。

　一方、設計変数が連続変数であるか離散変数であるかにかかわらず、実際の問題では厳密解を得ることよりも実用的な近似解を現実的な計算時間で得ることの方が重要であることが多い。このような場合には、コンピュータの十分な性能を前提に考案された発見的手法と総称されるさまざまな手法が有効である。発見的手法は厳密解が得られる保証はないけれども、その近似解を現実的な計算時間のうちに十分な精度で得ることが期待できる探索手法である。

最適化とアルゴリズミック・デザイン

　建築構造最適化の問題には、しばしば梁や柱などの部材断面を決定する問題が登場する。安全で無駄のない部材の断面積や断面係数、断面2次モーメントなどを決定する問題である。安全性を制約条件として構造物の重量を最小化[1, 2, 3]するというアプローチが多くとられる。また、シェル構造などにおいて構造物の全体的な形状そのものを最適化の手法を用いてデザインするという試み[4]もある。一方、建築分野のデザインに関連する最適化問題は、構造最適化の問題だけではない。たとえば、居室の最適配置の問題[5]、地域施設の最適配置問題[6]、建築設備に関連した機器配置と配管の問題[7, 8]、感性評価を取り入れた形態生成の問題[9, 10]などさまざまである。それぞれの問題に対して目標を設定し、目標を達成するために調節が可能な設計変数を設定する。設計変数を適切に調節して制約条件を満足しつつ、目標を達成できる構造部材の断面やシェル屋根の形状、または居室や地域施設の配置などが決定される。構造最適化の問題では、重量を最小化することや剛性を最大化するという定式化が多く用いられる。重量を最小化する場合には、応力がある基準値を超えないという安全性を考慮した制約条件が設定されることが多い。剛性を最大化する場合には、使用できる総材料に制限を与える経済性を考慮した制約条件が設定される。居室の配置を計画する問題では、たとえば動線を最小化する目標が設定され、プランの全体形状や床面積などが制約条件となる。さまざまな最適化手法が提案され、比較的簡単に利用できるようになった今日、デザインにこれらの技術を応用すること、あるいはその解から何らかのヒントを得たりすることへの可能性や期待はますます高まっていると言えよう。

セルオートマトン

奥 俊信 *Toshinobu OKU*

　砂時計のなかの砂粒は、いまの自分の位置と自分に接して力を受けたり与えたりする周囲の砂粒との力学的関係によって、次の時点の自分の位置が決まる。このように、いまの自分の状態と自分の周囲の状態だけから次の時点の自分の状態が決まるシステムをセルオートマトン（英語では複数形表記）という[1]。

　セルオートマトンでは、砂粒や自動車や人間などの要素をセルと呼び、そのセルの周囲を近傍と呼ぶ。セルとは細胞の意味であるが、セルオートマトンのシミュレーションをする場合、空間を正方グリッドなどに分割する。その1マスが細胞のように見なせることからセルと呼ばれる。そして、いまの自分と近傍のセルの状態から次の自分の状態を決める規則を局所ルールまたは推移ルールと呼ぶ。つまり、セルオートマトンとは、自己セルと近傍セルの状態をインプット情報とし、局所ルールに基づいて、次の時点の自己の状態をアウトプット情報として産出する自動機械といえる。

1次元のセルオートマトン

　最もシンプルなセルオートマトンは、セルが1列の線状に並び、セルの状態が2種類しかなく、そして前後のセルだけを近傍にするという、1次元のセルオートマトンである。この場合について、セルの状態の推移を決める局所ルールの一例を示したのが図1である。3つ並んだセルの状態（白か黒）の組み合わせを1列目に示している。この8種類ですべての組み合わせである。また3つのセルのうち中央のセルが遷移する自己セルであり、左右両側が近傍セルである。そして中央の自己セルについて次の時点の状態を示したのが2列目である。この例の他にも、次の状態は8種類とも白だけであるとか、逆に黒だけであるとかも考えられ、すべての組み合わせを数えると256種類ある。ちなみに、図1の局所ルールはルール90と呼ばれている[2]。

セルオートマトンの実行

　先ほど例示した図1の局所ルールにしたがって推移するセルオートマトンを実行してみる[3]。まず、セルの初期状態がすべて白の場合の結果を示したのが図2（a）である。図1の局所ルールを適用するとステップ1ですべてのセルは白となる。ステッ

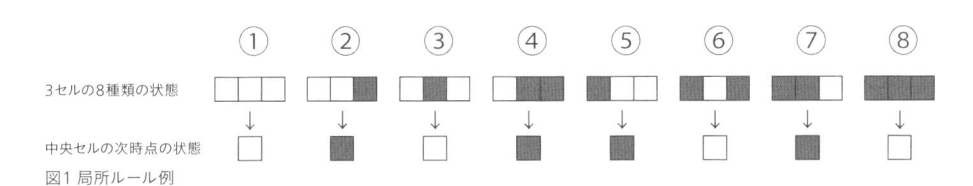

図1 局所ルール例

プ2以降もすべてのセルが白のままとなる。次に、セルの初期状態がすべて黒の場合が図2（b）である。この場合もステップ1以降のすべてのセルが白になる。そして、セルの初期状態が白白黒の順で繰り返し並んだ場合が図2（c）である。この場合は、初期状態が白のセルは、その後はつねに黒であり、逆に黒のセルはつねに白になる。

以上に示した初期状態では、一律の状態に固定化する。それに対し、初期状態でひとつのセルだけが黒で他はすべて白の場合が図2（d）である。この場合、三角形の幾何学的な図形を形づくる。これはシルピンスキーの三角形と呼ばれるフラクタル図形となる。そして、初期状態で白と黒がランダムに並んだ例が図2（e）である。この場合、大小の三角形がランダムに分布したパターンとなる。

2次元のセルオートマトン：ライフゲーム

平面を正方形グリッドなどで分割して、分割された小さな正方形をセルとしたのが2次元のセルオートマトンである。先に説明した1次元のセルオートマトンと同じように、セルの状態を白と黒の2状態として、白をセルが死んでいる状態、黒を生きている状態とみなした場合、ライフゲームと呼ばれる。近傍範囲については、自己セルに直接接する周囲8つを近傍セルとする。そして、局所ルールを自己セルの状態と近傍8セルのうちの黒セルの数によって図3のように設定する。

この局所ルールによると、まず、自己セルが生きている場合では、近傍セルのうち2つまたは3つのセルが生きていると、ほどよい密度なので生き続ける。しかし、生きているセルがひとつ以下だと寂しくて死に、逆に生きているセルが4つ以上だと過密となって死ぬ。次に、自己セルが死んでいる場合では、近傍セルのうち3つだけのセルが生きていると、非常に適切な密度なので生き返り、それ以外だと死んだままになる。

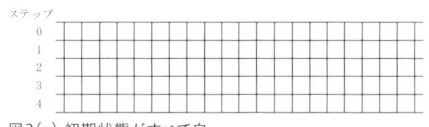

図2（a）初期状態がすべて白

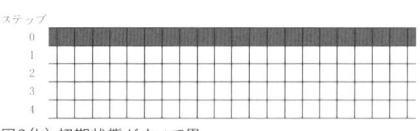

図2（b）初期状態がすべて黒

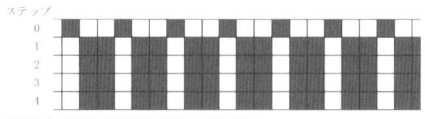

図2（c）初期状態が白白黒の繰り返し

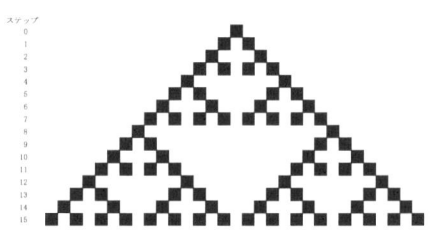

図2（d）初期状態で1つのセルのみ黒

図2（e）初期状態で白と黒がランダム

図3 ライフゲームの局所ルール

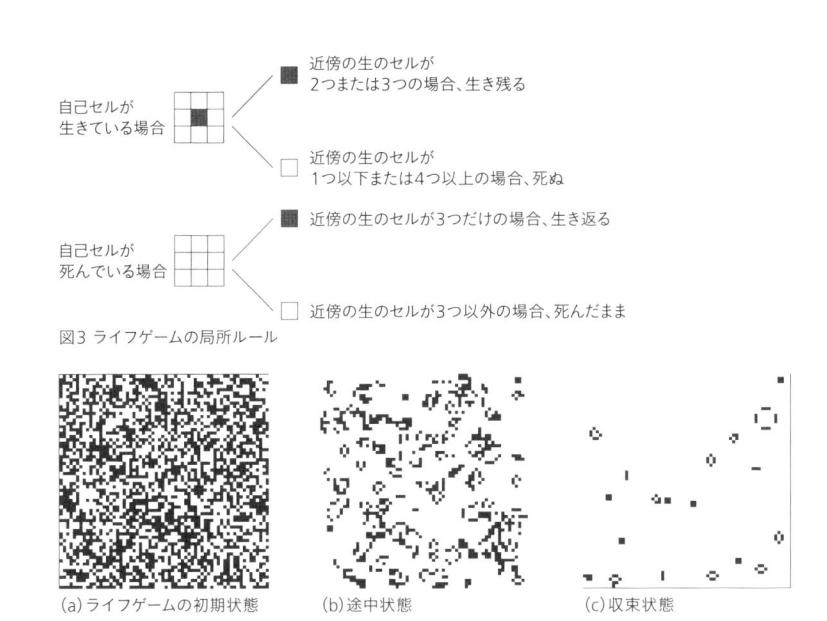

- 自己セルが生きている場合
  - 近傍の生のセルが2つまたは3つの場合、生き残る
  - 近傍の生のセルが1つ以下または4つ以上の場合、死ぬ
- 自己セルが死んでいる場合
  - 近傍の生のセルが3つだけの場合、生き返る
  - 近傍の生のセルが3つ以外の場合、死んだまま

(a) ライフゲームの初期状態　(b) 途中状態　(c) 収束状態

図4 ライフゲーム

ライフゲームの実行

　初期状態を図4の(a)のように、生きているセル(黒)と死んでいるセル(白)を50％ずつ同じ構成比率でランダムに配置する。次に、すべてのセルに局所ルールを適用し一斉にセルの状態を推移させる。これを1回のステップとして、同じ操作を繰り返す。図4の(b)は20ステップ程度での状態である。黒セルが初期より少なくなって、まとまりをつくっている。また、図4の(c)は収束状態である。黒セルがさらに少なくなって単純なセルのパターンが散在している。

セルオートマトンと建築・都市

　この節では、1次元のセルオートマトンと2次元のセルオートマトン(ライフゲーム)について説明し、その実行例を示した。1次元のセルオートマトンの建築・都市への適用として、銀行の窓口や劇場の切符売り場などでの待ち行列や、自動車の流動と渋滞など人やモノの移動状態を予測することが挙げられる。また、セルの状態推移を時系列に並べると2次元パターンが生成される。この方法で貝殻の模様などが調べられているが、2次元パターンの生成方法とみなせば、建築の表層デザイン開発に適用できる。一方、ライフゲームに代表される2次元のセルオートマトンの場合、生物の棲み分け現象などに応用されているが、都市の土地利用や人口密度の変遷などに適用できる。また、3次元のセルオートマトンも考えられる。3次元セルを室や住戸とみなせば、近傍の室や住戸との関係を考慮した集合住宅の構成に適用できる。このようにセルオートマトンはセル間の関係からパターンを生成する方法であり、形態生成上の可能性は広い[4]。

マルチエージェントシステム

瀧澤重志 Atsushi TAKIZAWA ＋ 藤井晴行 Haruyuki FUJII

マルチエージェントシステム（MAS）[1]とは個々が自律した多数の主体が相互に依存し合うことによって構成されるシステムである。比較的単純な動作原理によって他の主体を含む環境と相互作用する個々の主体のミクロなふるまいが多数集まり、システムの、時には複雑な、マクロなふるまいを創発する。システムのふるまいは環境としてエージェントのふるまいに影響を与える。MASはこのようなミクロ—マクロ間の関係を意識して個々の自律した主体からボトムアップでシステムを構成するシステム設計手法[1]でもある。エージェントベースシミュレーション（ABS）はエージェントとよばれる主体の計算モデルに環境との相互作用のアルゴリズムを与えてシミュレーションを行い、システム全体の複雑なふるまいの原理を探究する手法である。直接そのふるまいを制御できない複雑系をエージェントのふるまいを設計することによって実現させようとするアプローチは、アルゴリズミック・デザインのアプローチとよく似ている。

マルチエージェントシステムの概要

MASは多数の自律的な意思決定主体であるエージェントから構成される。エージェントという用語は、知的システムの分析・設計方法に関する抽象概念であって、定まった定義はないが、おおよそ以下の特徴を備えたソフトウエアやロボットをエージェントと呼ぶことが多い[2]。

ひとつ目は環境を認識する機能である。エージェントは自分が存在する場としての環境の状態に適切に対応して行動する必要がある。環境は時間を通じて不変な部分もあるが、MASでは環境が他のエージェントの行動の結果変化するので、動的と考えることが自然である。また、エージェントが環境の情報をどの程度認識できるかも重要な変数である。環境の規模や複雑さが小さい場合は環境全体の情報を認識しても問題ないが、それらが大きくなると、環境全体の情報を認識したり膨大な情報を行動と対応づけたりするのが困難になる。

ふたつ目は行動を決定する機能である。環境の状態を認識したエージェントは、それと自己の状態を照らし合わせて、問題に応じて適切な行動をとる必要がある。行動決定方法は、通常、後述する学習機能とセットで考えられ、たとえば、if〜then〜形式のプロダクションルール、ニューラルネットワーク、強化学習による確率的な決定方法など多くの方法がある。

3つ目は学習機能である。設計者が環境の状態を十分把握できる場合には、行動ルールをシステム設計者があらかじめすべて決定しておいても問題はないが、環境が動的・複雑な場合はシステム設計者がそれを十分把握できず、エージェントが期待した

とおりのパフォーマンスを発揮できない。このような場合は、エージェントが自分の行動ルールを学習により改善する必要がある。学習方法は前述した行動アルゴリズムによって異なり、たとえばニューラルネットワークなどでは、行動の結果を評価するために模範的な答えを用意することが多く、これを教師あり学習とよぶ。それに対して強化学習は教師なし学習の方法で、試行錯誤的に自分自身で行動を改善することができるので、高い自律性が必要なロボットなどへの応用が考えられている。強化学習では、行動の結果に応じて適切な報酬を行動に用いたルール群に与えることで学習を行う。なお、強化学習が成功する理論的根拠として、ある時点での環境の状態が、その直前までの環境の状態と行為のみに依存するマルコフ決定過程(MDP)(Markov decision process)であることが必要である。ただし前述したように、エージェントは部分的にしか環境の状態を観測できないことが多いため、このような場合、部分観測マルコフ決定過程(POMDP)(partially observable Markov decision process)として環境がモデル化される。

MASは、上記の性質を備えたエージェントを多数用いることで、単一のエージェントでは解くことが困難な大規模で複雑な問題を自律分散的に解くための方法論として研究されている。また、動物や人間社会は自律的な主体が多数集まって構成されていることから、その原理を明らかにするための分析方法論としても利用されている。MASではエージェント間の協力、競争、交渉などの関係をどのようにモデル化するかが重要な課題であるが、これらの関係をあつかう理論的枠組みとして経済学の分野で発展してきたゲーム理論があり、MASの分野でも大きな研究対象となってい

る。また、Swarm、Star Logo、artisocなど、MASのシミュレーションを容易に行うためのプラットホームが開発されている。

スティグマジー

MASとアルゴリズミック・デザインの関連性はスティグマジー(stigmergy)という生物学の概念を知ると理解しやすくなる。スティグマジーは、営巣する、雁行する、群れになって泳ぐなど、動物による集合的な行動を説明するものとしてGrasseによって提案された概念である[6]。集合的にふるまう個体は巣や群れの全体像の設計図を持っているわけではない。また、巣や群れをつくるために談合をするわけでもない。環境との局所的な相互作用の結果として全体的な形態が創発する。Grasseは営巣における個体の行動を決定するものは営巣中の環境からの刺激であり、この刺激が営巣のための正確でadaptiveな反応を引き出すと仮説だて、この仮説をスティグマジーと名づけた。刺激に対する反応としての決定論的な行動の集まりを持つことで、直接的な相互作用やコミュニケーションがない各個体の独立した行動によって営巣される[3]という考え方である。生物個体の行動をエージェントのアルゴリズムに、営巣や雁行などの個体たちの集合的行動をエージェントたちによるかたちの創成にそれぞれ対応づければ、スティグマジーを応用したMASとアルゴリズミック・デザインの本質的な関連性は、容易に理解できるであろう。

また、スティグマジーの考え方を最適化に応用した手法として、蟻コロニー最適化(ant colony optimization)[4]や、粒子群最適化(particle swarm optimization)[5]などのメタヒューリスティクスがある。蟻コロニー最適化は、蟻の餌の探索行動に着想を得たもので、最短

経路の発見などネットワークを対象とした最適化問題に適している。蟻はランダムに探索するが、餌を発見するとフェロモンを残しながら巣に戻る。後続の蟻はフェロモンをたどりながら餌を探すが、フェロモンは時間とともに蒸発するため、経路が短くなるほど残存濃度が高くなり、結果としてフェロモンの軌跡が最短経路に自己組織化されていく。なお蟻コロニー最適化は遺伝的アルゴリズムなどと異なり、環境が動的に変化する場合でも継続的に最適化を行うことができるので、リアルタイムな最適化が可能である。

一方、粒子群最適化は、魚や鳥の群れは通常ある程度散らばって行動しているが、そのなかの1匹が食料や安全な場所を発見すると、その他の群れが瞬時にそれに追随することを模した最適化手法で、他の手法と比較して局所最適解に陥りにくいという特徴がある。最適化したい変数ベクトルで構成される多次元空間を探索する、位置と速度を有する粒子をひとつの解候補として、これを多数用意して群れをつくる。群れのメンバーは自分の位置によって定まる適応度の情報を交換し、全体もしくは近隣の群れのなかで最もよい適応度を持つ粒子をめざして、次の時間ステップで進むべき方向と速度を変化させる。なおこれらの手法は、比較的単純なエージェントが集団で問題解決を行うことから、群知能(swarm intelligence)と呼ばれる方法論に分類される。

マルチエージェントシステムと建築・都市

MASの建築・都市分野での応用は、自己組織化の節などで説明されているように、都市シミュレーションや交通シミュレーションなどでの研究が多い。また、建築物内外での人間の移動行動のモデルとしてもさかんに研究されており、空間の安全性や利便性の評価などでの応用が考えられている[6]。建築デザインをMASで行った例としては、大学キャンパスの施設配置計画を、施設を構成する単位空間をエージェントとするMASにより定式化し、大学組織のまとまりを評価尺度として、各エージェントの移動により最適な建物形状と配置を自己組織化させた研究[7]や、2章で示した集合住宅を対象としたマルチエージェント配置シミュレーターなどがある。また、照明設計の分野になるが、同志社大学の三木研究室の進める知的照明システムと呼ばれるプロジェクトでは、これまでの照明制御方法と異なり、個々の照明が自律的分散的に学習を行うことによって各場所の照度制御を行う、対故障性や省電力性に優れた新しい照明システムを研究している。これからの建築や都市空間は無数のセンサやデバイスが付与されることでロボット化が進み、ユビキタス性を意識した空間や情報のデザインが必要となってくると思われるが、こうした大規模なシステムの制御方法として、MASのアプローチは有効だと考えられる。

遺伝的アルゴリズム／プログラミング

瀧澤重志 Atsushi TAKIZAWA

遺伝的アルゴリズム（GA）[1]は、1975年にジョン・ホランド（J. H. Holland）によって考案された、ダーウィンの進化論に着想を得た確率的最適化手法である。GAでは最適化したい変数の集合を配列で表現するが、1990年にジョン・コザ（J. R. Koza）[2]によって考案された遺伝的プログラミング（GP）[2]では、グラフ理論の分野で木構造とよばれる階層を表現できるデータ構造を用いることで、数式やプログラムなどの構造を有した変数を最適化することができる。GA/GPは定式化や多目的最適化が容易であり、人間が直接評価を行ったり、その評価構造をモデル化できるなどの特徴を有しており、最適化問題としては複雑になりがちなアルゴリズミック・デザインに適した最適化手法である。

GA/GPの概要

ダーウィンの進化論では、生物は環境に適応した種や個体ほどより多くの子孫を残し、親の遺伝情報が掛け合わさるとともに、突然変異により遺伝情報が若干変化することで、より環境に適応した子孫に進化していくとされる。GA/GPはこの考え方を模して最適化を行う。まず、最適化したい問題の解の候補（個体）の変数を、配列や木構造で表現した遺伝子型を定義する。GAの遺伝子型には1次元配列が用いられ、配列の値を遺伝子と呼ぶ。遺伝子には一般に2進数が用いられるが、問題に応じて10進数や実数が用いられることもある。実数の変数を用いるGAは実数型GAと呼ばれ、ここで述べる基本的な遺伝的操作と異なる統計的な方法が用いられる[3]。GPの遺伝子型は変数や定数を表す終端記号と、関数や演算子を表す非終端記号からなる木構造のグラフで表現される。

次に、個体の適合度を評価するための目的関数を設定する。目的関数はその値が大きい（小さい）ほど適合度が高くなるように、問題に応じて設定する。通常はひとつの目的関数で適合度を定めるが、強度とコストのように相反する複数の目的関数で多角的に評価を行いたい場合も多い。このような問題は多目的最適化と呼ばれ、ある目的関数の値を改善するために、他の目的関数の値を改悪せざるをえない解の集合（パ

図1 GAの遺伝子型の例

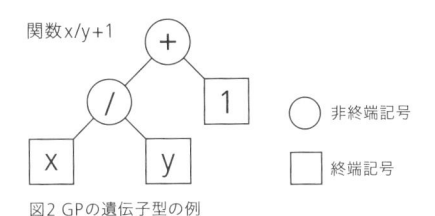

図2 GPの遺伝子型の例

図3 GAの交叉

図4 GPの交叉

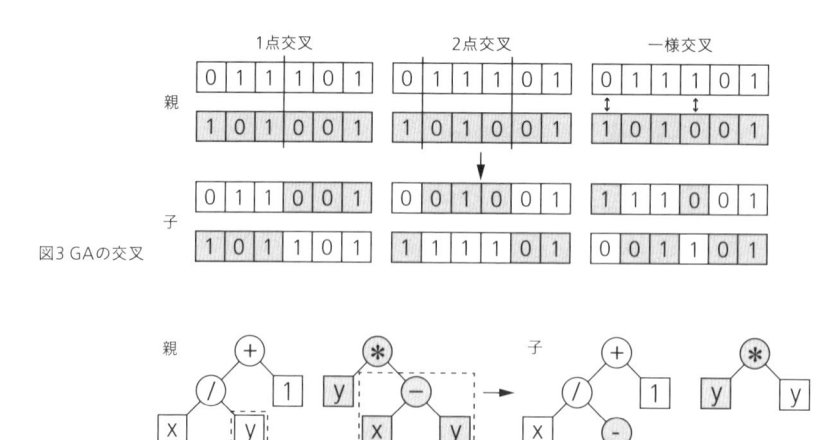

レート最適解[*]）を求める問題となるが、GA/GPは複数の個体で探索を行うので多目的最適化が容易である[4]）。

次に以下の手順にしたがって計算を実行する。（1）初期個体をランダムに複数生成する。（2）個体を目的関数にしたがって評価する。（3）適応度が高い個体を親として選択する。（4）親の遺伝子から交叉と突然変異により子をつくる。（5）終了条件をチェックし終了しなければ（2）へ戻る。

選択、交叉、突然変異は遺伝的操作と呼ばれ、GA/GPの処理の中心をなす。選択は、目的関数がひとつの場合、おもに以下の方法がある。なお多目的最適化の場合は、パレート最適集合から親を選択する。

・ルーレット選択：個体の適応度に比例した確率でランダムに複数回個体を選ぶ。
・トーナメント選択：ランダムに複数個の個体を選び、それらのなかで最も適応度が高い個体を選ぶことを所定回繰り返す。

交叉は、設定した交叉確率に基づき、選択したふたつの親の遺伝子を掛け合わせて、新しい遺伝子をつくる操作である。GAでは、染色体の任意の1点を切断して掛け合わせる1点交叉、切断点を2点とした2点交叉、すべての遺伝子をランダムに入れ替える一様交叉などが用いられる。GPの交叉では、親の任意の終端／非終端記号をランダムに選び、それらを頂点とする部分木を入れ替える。

突然変異は、突然変異率に基づき任意の遺伝子の情報を変える操作である。GPでは、同じ個体内でランダムに部分木を入れ替える逆位と呼ばれる操作も用いられる。なお、個体集団中で最も適応度が高い個体の遺伝子を破壊せずそのまま次世代に残す、エリート保存戦略が併用される場合もある。この戦略は最適化の初期段階で安定して適合度を上昇させる効果がある一方、個体の多様性が失われやすく、最終的な適合度が伸び悩みやすいという短所がある。

終了判定は、適合度が指定の値を上回った場合、既定の計算時間を超えた場合、適合度の上昇が見られなくなった場合など、問題に応じて設定される。

ここで説明したGAは基本的なものであ

り、性能向上のためにいろいろな拡張が試みられている[5]。たとえば、GAは解空間のなかで大域的に解を探索するが、それを補完するために局所的な最適解を厳密に求めるハイブリッドGA、他の手法と比較して計算回数が多くなりやすい点を、複数の計算機の並列計算で緩和する並列GA、突然変異率などの実行に必要なパラメータの設定が不要なパラメータフリーGA、解の多様性を保持することをめざした免疫アルゴリズム、適合度の高い個体の分布を統計的に予測して子を生成する分布推定アルゴリズムなどが提案されている。またGPでは、進化とともに木構造が急激に複雑化するブロートと呼ばれる問題があり、それを抑えるための方法などが研究されている。

アルゴリズミック・デザインとGA/GP

最適化手法は、線形／非線形計画法などの厳密な最適化を求める数理計画法、最適解の保証はないが近似解を得られるヒューリスティクス（発見的手法）、ヒューリスティクスのなかで解法が個別の問題に依存しないメタヒューリスティクスに分類され、GA/GPはメタヒューリスティクスに属する。数理計画法は厳密な最適解を求められるが、解ける問題の範囲が限定されているなど制限が多い。ヒューリスティクスは数理計画法では解くことが困難な問題でも近似解を得られるが、よい近似解を得るには問題に対する深い理解が必要となる場合がある。それらに対してGA/GPは、遺伝子型と目的関数さえ定義できれば、多くの種類の問題にすばやく適用できる。アルゴリズミック・デザインにおける最適化問題は、現実的な目的関数や制約条件をあつかったり、形状パラメータの自由度が高いなど複雑な問題設定になりやすく、定式化の手間を含めて最適でなくとも満足できる解をすばやく得ることが重要になると考えられる。このような目的にGA/GPは適した方法であると言えよう。さらにGA/GPは数理計画法と異なり、直接探索法と呼ばれる目的関数の微分が不要な最適化手法であり、目的関数が複雑で微分が難しいシミュレーションや、目的関数が明示的に定義されない人間による主観的評価を直接取り入れることができる。とくに後者は対話型GA/GPと呼ばれ、芸術作品への応用などが考えられている。

GAは構造最適化、室配置[6]、コンサートホール形状[7]、建物ファサード（II章のつくばエクスプレス柏の葉キャンパス駅）などで多くの研究事例がある。ちなみに建築物ではないが、N700系新幹線の独特な形のフロントノーズは、客室空間を確保しつつ空力性能を最適化するようGAを用いて決定されている。一方、GPの建築への応用例はまだないと思われるが、関連研究として、電気回路の自動設計、クラシック音楽の対話的作曲[8]、家具デザインに対する主観的評価を進化的に獲得する研究[9]などがある。

＊たとえば、小学生のテストの成績を（国語、算数）の2次元ベクトルで表現し、それらの成績が、A男が（60点、60点）、B子が（90点、70点）、C男が（70点、90点）だったとすると、パレート最適解となるのは、B子とC男である。A男は他のいずれの生徒に対しても両科目の成績が低いので、パレート最適解とはならない。

ニューラルネットワーク

堤 和敏 *Kazutoshi TSUTSUMI*

ニューラルネットワーク(Neural Network)は、人間の神経回路を模したネットワークを用いて自己学習することにより、任意の入力に対して学習にもとづく出力を行う工学的情報処理システム[1]である。教師信号の入力によって問題を最適化する教師あり学習と、教師信号を必要としない教師なし学習に分けられる。建築分野においては景観評価[2]、性能設計[3]、損傷推定[4]、形態創生における対話型GAの学習[5]等に利用されている。

基本原理

ニューラルネットワークの基本となる素子は、図1（a）に示される多入力1出力の素子であり、ニューロン、ニューロユニット、ユニット等と呼ばれるが、本書では、単にユニットと呼ぶことにする。ユニットの出力値は、ユニットへの入力値とそれぞれの入力値に対するユニットの重み係数、ユニットでのしきい値を用いて下式で表される。

$$y = F(\Sigma(u_i \cdot w_i) - \theta) \quad (i = 1, 2, \cdots n)$$

u_i：入力値　w_i：重み係数　θ：しきい値

$F(x)$は、ユニットの入出力特性を示し、図2に示す特性がよく用いられる。ここで仮に、常に1の値をとる0番目の入力を新たに考え、この0番目の入力に対するユニットの重みを$-\theta$と定義すると、上式は、次式のように簡略化でき、図1（b）のように図示される。このときw_0は、バイアスと呼ばれる。

これらのユニットが相互に結合し合ってニューラルネットワークが構成される。ニューラルネットワークの学習とは、入力値$u_1, u_1 \cdots u_n$に対して出力yとなるように重み係数$w_1, w_1 \cdots w_n$を求めることに等しい。この学習は、バックプロパゲーションアルゴリズム（BP法）[6]がよく用いられている。

$$y = F(\Sigma(u_i \cdot w_i)) \quad (i = 0, 1, \cdots n)$$

階層型ネットワーク

これはRosenblatt[7]により提案されたもので、パーセプトロン型ネットワークとも呼ばれている。図3に示すように、入力層、中間層、出力層からなり、それぞれの層は1個以上のユニットから成り立っている。あるユニットは、その層内のユニットとの結合はなく、その属する層のひとつ下の層に属するすべてのユニットの出力を入力として受け取り、その情報を加工してひとつ上の層に属するすべてのユニットに出力する。このようにして、入力層に入力された情報が、中間層を経るにしたがって加工処理されて出力層に伝達される。ある現象（入力値）から非線形な結果（出力値）を推測するのに有効であるが、その要因を分析するのは困難（ブラックボックス）である。

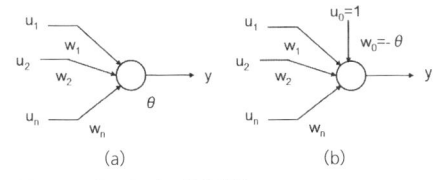

図1 ニューラルネットの基本素子

図2 入出力関数
(a) しきい値関数
(b) シグモイド関数

図3 階層型ニューラルネットワークの例
出力層 1unit
中間層 25unit
入力層 11unit

図4 相互結合型ネットワーク

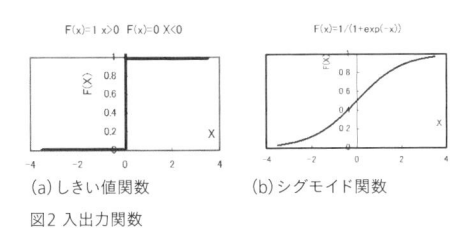

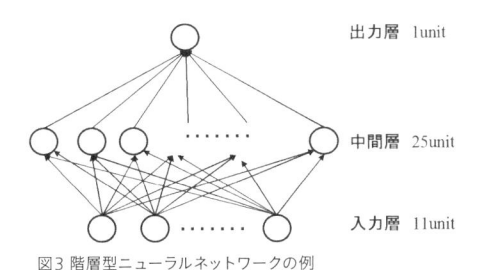

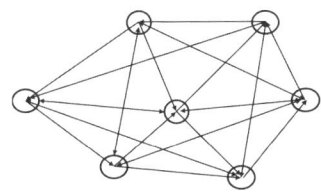

相互結合型ネットワーク[8]

このネットワークは、階層構造ではなく、図4に示すように相互に結合し合っているようなネットワークである。したがって、階層型ネットワークのように情報伝達が、入力側から出力側へ1度だけ加工処理されて終了するのではなく、ある初期状態から出発して、ある安定な平衡状態に達するまでネットワークの状態変化が続行される。ある安定状態になることを利用して最適化問題に利用されている。

バックプロパゲーションアルゴリズム[6]

ニューラルネットワークでの学習とは、ある入力値に対して特定の出力値(教師信号)が得られるように重み係数を求めることである。この重み係数の求め方として、バックプロパゲーションアルゴリズム(誤差逆伝搬法)が提案されている。

今、M層のニューラルネットワークを対象とすると、第m層iユニットの出力値は、第m層のi番目のユニットへの入力の総和と入出力関数とで関係づけられる。一方、第m層のi番目のユニットへの入力の総和は第(m-1)層のjユニットの出力によって定義される。

$$x_i^{(m)} = \sum_j w_{ij}^{(m)} y_j^{(m-1)}$$

$y_j^{(m-1)}$:第(m-1)層のjユニットの出力

$$y_i^{(m)} = F[x_i^{(m)}]$$

$x_i^{(m)}$:第m層のi番目のユニットへの入力の総和

出力層MのiユニットMでは、教師ベクトルが与えられており、教師ベクトルとニューラルネットワークの実際出力の2乗誤差の総和を次式で定義すると、重み係数は次式を使って繰り返し更新を行うことによっ

て求めることができる。この更新回数を学習サイクルというが、学習サイクルは、2乗誤差の総和 ε が十分小さくなるまで繰り返す必要がある。

$$\varepsilon = \frac{1}{2}\sum_{i=1}^{N_M}(y_i(M)-d_i)^2$$

d_i：教師ベクトル　　ε：2乗誤差の総和
N_M：M層のユニット数

$$w_{ij}^{(m)}[n+1] = w_{ij}^{(m)}[n] - \eta\frac{\partial\varepsilon}{\partial w_{ij}^{(m)}}$$

n：学習サイクル数
η：収束速度を決めるパラメータ

ニューラルネットワークとアルゴリズミック・デザイン

コンピュータで「おもしろいかたち」をつくりたい場合を想定する。具体的なイメージがある場合は、そのイメージを何らかの関数で表現（アルゴリズミック・デザイン）すれば「おもしろいかたち」をつくることができる。具体的なイメージがない場合や既成概念から離れたところにおもしろさを見つけたいときには、対話型GAを使って形態創生を行う方法がある[9]。これは、GAを使って自動的に複数個かたちを創生し、それらのなかから「おもしろい」と思うものを設計者が評価し、その評価結果を基にGA操作、評価を繰り返すことによって「おもしろいかたち」を創生する方法である。しかし、この方法ではすべての世代で人間が評価を行うため、設計者への時間的・精神的負担が大きい。

この時間的・精神的負担を緩和するために、対話型GAにニューラルネットワークを組み込んだ学習付き対話型GAが提案されている[10]。学習付き対話型GAでは、毎世代人間が評価を行うのではなく、たとえば10世代ごとに評価を行い、その他の世代では、過去の評価結果をもとにニューラルネットワークで学習した評価を使うことにより、設計者に負担をかけずに「おもしろいかたち」をつくることが可能になる[10]。文献[10]では、実験的段階ではあるが、対話型GAを使った場合と学習付き対話型GAを比較し、人間の評価回数が同じならば、学習付き対話型GAの方が「おもしろいかたち」を多くつくっていることを確認している。ただ人間への拘束時間は短いが学習時間がかかる点が、今後の課題である。

このように、ニューラルネットワークは、学習という機能を使って、人間の感性をもとに形態を評価することを可能にするため、アルゴリズミック・デザインの重要な要素技術として位置づけることができる。

カオス

朝山秀一 *Shuichi ASAYAMA*

　カオスは、フラクタルのような造語ではなく、ギリシャ神話や、キリスト教・ユダヤ教などに由来する言葉で、世界ができる以前の無秩序な状態（混沌）を表している。科学の世界のカオスとは、一見不規則な状態が、偶然ではなく方程式や論理などの決定論に支配される現象のことである。カオスという言葉が使われはじめたのは、1975年に発表されたティエン・イエン・リー（T. Y. Lee）とジェームズ・ヨーク（J. A. York）の「第3周期はカオスを導く」という論文[1]からであるが、カオス現象そのものは、その前から研究されていた。たとえば、1963年、気象学者エドワード・ローレンツは、温度勾配のある流体の状態を示す方程式を解き、カオス的な振る舞いを示すローレンツアトラクタと呼ばれる図形を発見したが、論文はその後10年間注目されなかった。メリーランド大学の教授がそれを同じ大学のジェームズ・ヨーク教授に紹介したことで、上述のカオスの定理が生まれたと言われている[2]。また、それ以前の1961年に京都大学の上田皖亮教授は、ダフィンの方程式を解く過程で不規則な振動現象（カオス）を発見しており[2]、その解の特性を示す図形はのちにジャパニーズアトラクタと呼ばれた[3]。力学系の論理に革命的な変化を生じさせたと言われるカオスではあるが、一方で定義は研究者ごとに違い、ある現象をカオスと断定することは難しいとされている。建築の設計と研究において、高度な数理であるカオスを役立てることは難しいテーマであるが、複雑で不規則な結果を明快に説明する数理が建築計画や構造と結びつけば、明快な設計論に基づく豊かな空間が実現するかもしれない。

カオスへの扉
——ロジスティック写像

　カオスをわかりやすく説明するために、次の漸化式がよく用いられる[4]。

$$x_{n+1} = ax_n(1-x_n)$$
$$n = 0, 1, 2, 3, \cdots$$
$$(0 \leq x_0 \leq 1, 0 \leq a \leq 4)$$

x_0：x_nの初期値　　a：パラメータ

(a) $a=2.8$

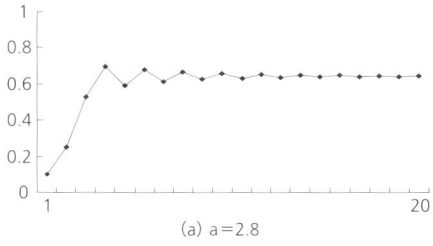

(b) $a=3.3$

図1 ロジスティック写像

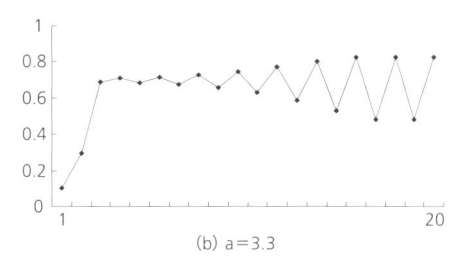

図2 周期倍化分岐

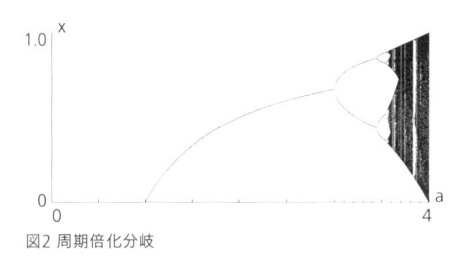

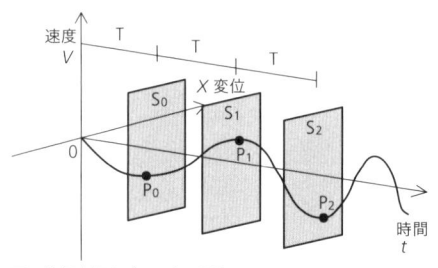

図3 位相空間とポアンカレ写像

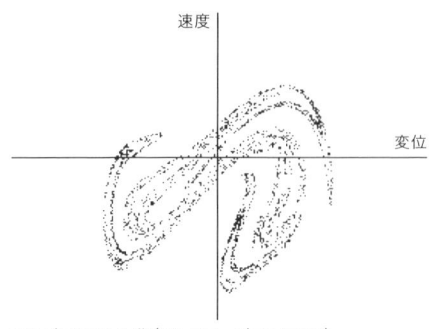

図4 ポアンカレ写像（ジャパニーズアトラクタ）

はじめに、x_0の値として0から1の間の数字を定め、上段の漸化式の右辺に代入してx_1を計算する。同様に、x_1を右辺に代入して、x_2を求める。これを次々に繰り返すことを、ロジスティック写像と呼んでいる。こうして得られたxの値は、パラメータaの値によって大きく変わることが知られている。a＜3の時は、xの値が1点に収束し、それは不動点と呼ばれている［図1 (a)］。aの値が3を超えるとxの値は、ふたつの平衡点を持つようになる［図1 (b)］。さらに、aの値が4に近づくにつれ、平衡点の数は4、8、16……と増えてゆく。これを周期倍化分岐と呼んでいる。やがてa＝4になるとxの値は収束せずに区間[0, 1]で様々な値をとる非周期軌道になる。これをピュアーカオスと呼んでいる。図2は、このようなaの値の変化に対して平衡点の数が変化してゆく状況、つまり周期倍化分岐を示したものである。

位相空間とポアンカレ写像

図3は運動する物体の速度と変位を時間軸に対して示したもので、これを位相空間と呼んでいる。位相空間を時間軸の方向から見るために、物体の動き（軌道）を変位および速度の軸上に投影したものを位相平面と呼んでいる。また、一定の周期Tで時間軸上に設置された平面を物体が通過する点を集めたものをポアンカレ写像と呼ぶ［図3、P1, P2, P3,……］。ポアンカレ写像は物体の動きの周期性を調べるための方法で、もし物体が周期Tで正確に運動していればいつも同じ点を通過するはずである。この時、位相平面に描かれる点はひとつで、これをポイントアトラクタと呼んでいる。もし、物体が無秩序に動いていれば位相平面

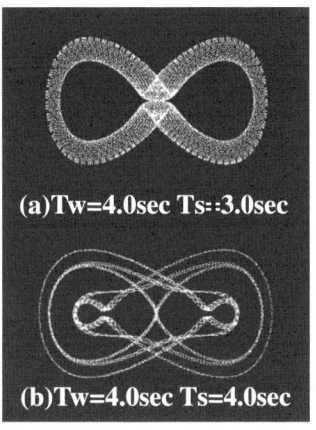

図5 免震構造物の揺れのポアンカレ写像

図6 ベイ・ステージ下田

上に無数のばらついた点が見られることになる。その中間的な状態として、位相平面内にある規則に支配されたかのような図形が現れる場合がある［図4］。描かれた模様が平面図形である限り内部の点は無数にあり、それは物体の動きが非周期的であることを示している。しかし、その軌道は決して図形の外にはずれることがないので、ある規則に支配されていると考えられる。それがカオス的振る舞いである。

次に、建築構造の振動に見られるカオス的振る舞いを示す。建物の固有周期が3秒と4秒の免震構造物に、地震波を簡単なsin波（周期4秒、振幅150cm／秒）として作用させた時の揺れを計算したもので、この時、建物を支える免震装置（アイソレータ）の剛性は、実験を参考に、変形の3乗に比例して硬化すると仮定している。図5は、そのポアンカレ写像で、図5（a）が、固有周期が3秒の建物に周期4秒の正弦波地動が作用した場合で、（b）が固有周期4秒の場合である。いずれも図形が描かれ、規則に支配されながら非周期的な振る舞いをしていることがわかる。

アルゴリズミック・デザインとカオス

カオスの不規則性が建築設計に用いられた例として、II章の作品「ベイステージ下田」が挙げられる［図6］。この建築には垂直な柱がなく、不規則に傾いた柱が連続しており、カオスが形のジェネレータとして使われている。具体的には、以下の漸化式

$$x_{n+1} = x_n{}^2 - a$$
$n = 0, 1, 2, 3, \cdots$　　x：任意の値　　a：パラメータ

を用いて発生させた不規則な振動波形を、設計で定めた構造体としての最大・最小スパンを満たし、かつ建物の機能的要求と内部ボリュームなどの条件を満たすように変換している。科学としてのカオスが建築設計に用いられた稀な例で、その意味では重要である。しかし、なぜカオスでなければならないか、建築計画あるいは構造としての必然性が明らかでない。カオスをアルゴリズミック・デザインに用いるならば、そこに道筋をつけることが、形のジェネレータを超えて、明快な設計論理と複雑な空間を実現することに発展すると考えられる。

フラクタル

朝山秀一 *Shuichi ASAYAMA*

フラクタル(Fractal)とは、数学者ベンワー・マンデルブロ (B. B. Mandelbrot) による造語で、不規則で断片的なものという意味である[1]。フラクタル幾何学とコンピュータは、古典的なユークリッド幾何学が「形がない」として取りあつかわなかった雲、山、樹木、海岸線などの形をあつかうことを可能にしたと言われている[2]。こうした自然界に存在する「かたち」のしくみや特徴には、まだ人間が知らない意味と合理性が残されている可能性があり、それを建築のデザイン、計画、構造等に生かせば、建築の新しい可能性を拡大することが期待できる。それが、フラクタルを建築に使う意味である。

フラクタルの概念

フラクタルは、基本となる図形を縮小した図形を複数個つくり、それを回転と平行移動でつなぎ合わせ、この操作を繰り返すことで得られる図形で、かつ後述するフラクタル次元が非整数なものと定義する。より本質的な集合論による定義は、文献[3,4,5]に譲る。はじめに、図1を用いて簡単なフラクタルの例を紹介する。最初の三角形を1/2に縮小し（λは縮小率）、それを回転させずにもとの三角形の各頂点に平行移動すれば、中央に逆三角の穴が開いた三角形が得られる。この三角形を再度1/2に縮小し、同様な平行移動を行い次の三角形を作る。これが、著名なシルピンスキー(Sierpinski)の三角形と呼ばれるフラクタルである。この操作を無限に繰り返して得られる図形が数学のフラクタルで、途中の有限の範囲で止めたものが物理学のフラクタルである。図2は、樹形図と呼ばれるフラクタルで、シルピンスキーの三角形と違う点は、縮小、回転、平行移動して得られた図形に、そのつど、最初の図形を加える点である。どちらの図形にも、小さな部分に図形全体と同じ形のパターンを見ることができる。この性質を自己相似性と呼んでいる。建築模型の近くに木の枝を置けば、それが大木のように見えるのは、樹形にこの性質があるからである。フラクタルには、もうひとつの重要な性質がある。数学上のシルピンスキーの三角形は、無数の穴が開いており、面積はないが、形は「線」と呼ぶには複雑すぎる。つまり、面積がある普通の「三角形」と面積がない「線」の中間的な図形なのである。この状態を示す数値をフラクタル次

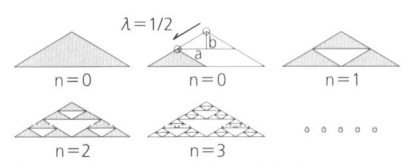

図1 シルピンスキーの三角形の生成過程

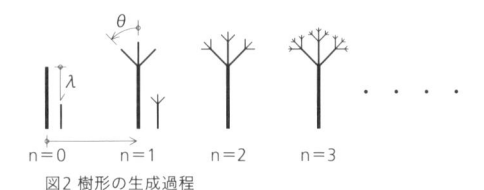

図2 樹形の生成過程

図3 コッホ曲線

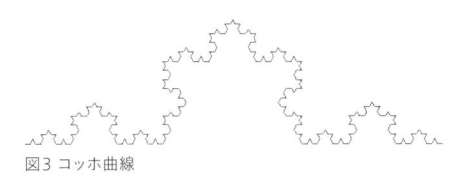

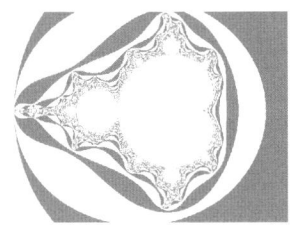

図4 マンデルブロの集合

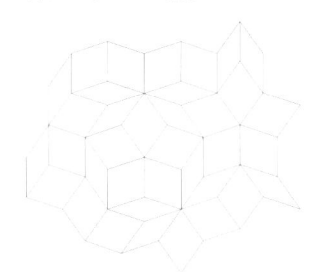

図5 ペンローズパターン

元と呼び、それは図形が空間（正確には数学の距離空間）を埋める密度であると言われている[3]。たとえば、平面である三角形は2次元、シルピンスキーの三角形が1.58次元、線が1次元、点が0次元となる。フラクタル次元を知るには、数学的な方法が必要となる[4]。コッホ曲線［図3］やマンデルブロの集合[図4]は、著名なフラクタルで、ペンローズパターン[図5]は、平面充填形として知られている。また、雲、海岸線、川、山、肺、血管などは、自然界のフラクタルとされている[2]。

フラクタルの数理

フラクタルは、基本となる図形を複数準備して、それを縮小、回転、平行移動してつくられる図形と定義した。はじめに、数式でフラクタルを生成する方法を説明する。図6のように、図形を縮小、回転、平行移動するには、下式が用いられる。この式を使えば、図形上の任意の点 (x, y) を新しい図形上の点 $W_i(x, y)$ に変換することができる。この操作をアフィン変換と呼んでいる。ここで、i は、変換の種類で、シルピンスキーの三角形なら、もとの図形から3つの三角形を作るので、$i = 1, 2, 3$ となる。

$$w_i \begin{Bmatrix} x \\ y \end{Bmatrix} = \begin{bmatrix} \lambda \cos \theta & -\lambda \sin \theta \\ \lambda \sin \theta & \lambda \cos \theta \end{bmatrix} \begin{Bmatrix} x \\ y \end{Bmatrix} + \begin{Bmatrix} a \\ b \end{Bmatrix}$$

ただし、λ:図形の縮小率　θ:回転量
(a, b):平行移動量

この式は、ひとつの点 (x, y) を新しい点に1回だけ変換することを意味しているが、もうひとつ別の意味がある。それは、もとの三角形内のすべての点 (x, y) をアフィン変換し、得られた値 $W_i(x, y)$ を、再度 (x, y) に代入して次の変換を行い、これを無限回繰り返して得られる点全体を示す式と考えた場合である。シルピンスキーの三角形で言えば、極限の図形を示す。その時、この式を反復関数システム Iterated Function System

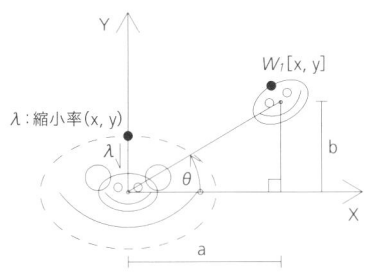

図6 アフィン変換

W	α_{11}	α_{12}	α_{21}	α_{22}	a	b
W_1	0.5	0	0	0.5	$a_1/2$	$b_1/2$
W_2	0.5	0	0	0.5	$a_2/2$	$b_2/2$
W_3	0.5	0	0	0.5	$a_3/2$	$b_3/2$

ただし、$\alpha_{11} = \lambda \cos \theta$, $\alpha_{12} = -\lambda \sin \theta$,
$\alpha_{21} = \lambda \sin \theta$, $\alpha_{22} = \lambda \cos \theta$

表1 シルピンスキーの三角形のIFSコード

と呼び、$\lambda \cos\theta$などの行列の要素と平行移動量a, bをIFSコードと言う。表1にシルピンスキーの三角形のIFSコードを示す。ただし、(a_i, b_i), $i=1, 2, 3$は、もとの三角形の頂点座標である。

次に、フラクタル次元D（正確にはハウスドルフ次元）を求める方法を説明する。フラクタル次元Dは、

$$\Sigma \lambda_i^D = 1 (i=1, 2 \cdots m)$$

但し、λ_i：i番目図形の縮小率

なる式から求めることができる[4,5]。また、シルピンスキーの三角形のように縮小率λ_iがiの値によらず同じ値Sをとり、m個の縮小図形で作られるフラクタルでは、

$$Ds = \log(m) / \log(1/S)$$

で定義される相似次元Dsとハウスドルフ次元は一致する。シルピンスキーの三角形なら、

$$Ds = \log(3) / \log(2) ≒ 1.58 (次元)$$

となる。自然界に存在するフラクタルは、数学的な規則性以外に統計的なばらつきを含んでいる。したがって、一定の縮小率を見つけることは難しいが、フラクタル次元を近似的に求める方法があり、それをボックスカウント法あるいは次元解析と呼ぶ[4,5]。くわしくは、Ⅵ章の「建築の幾何学的解析」に記述してあるが、図7のように図形を長さdの正方形メッシュに分割して、その図形が該当する箇所の正方形要素の数N（d）を数える。正方形メッシュの辺の長さdをd/2、d/4、d/8と変えて、それぞれのN（d）を数えて両対数軸のグラフで表示し、最小2乗法でその近似直線の勾配を求めれば、統計的ばらつきを持つ形のフラクタル次元kが得られる。

アルゴリズミック・デザインとフラクタル

フラクタルを用いたアルゴリズミック・デザインの例として、Ⅱ章、積層アーチの家の分岐性、自己相似性、非整数次元を持つ構造、慶應義塾大学SFC納品検収所のペンローズパターンを用いた非周期的な壁面デザインなどが挙げられる。これらは、単純な要素の組み合わせで複雑な非ユークリッド幾何的形態を生み出している。その「かたち」は、自然の摂理を背景に丈夫な構造になることが多い。まだ、研究段階ではあるが、Ⅵ章の地形の生成過程を模した空間構造も同じである。図8のような山や谷の形をそのまま真似するのではなく、形のしくみを共有してその合理性と特徴を生かす建築が手の届くところまで来ている。空間に不規則なかたちを与えるだけでよければ、京都ホールの天井やStorey Hallのように内外装のかたちとして使う方法がある。また、柏の葉キャンパス駅のように、壁面の複雑な曲面をウェーブレットと呼ばれる自己相似な波形群で表現することもできる。

図7 植物（娑羅の木）の次元解析

図8 山と谷の風景

自己組織化

瀧澤重志 Atsushi TAKIZAWA

自己組織化とは、外部からの細かな制御なしで自らの秩序を自発的に形成する現象であり、進化やカオスなどと並んで複雑系の科学[1]の主要概念のひとつである。結晶の生成、個体の発生、動物の縞模様、脳の発達、蟻の社会構造など、自己組織化の働きは自然界のいたるところで見られる。近年では自己組織化はナノテクノロジーを実現する工学技術のひとつとして注目され、半導体の製造などへの応用がはじまっている。さらに自然科学の枠を超えて、人間の組織、経済、社会の成り立ちやありかたを説明するための枠組みとして幅広く利用されている。建築や都市との関連では、都市の説明原理やシミュレーション、ボトムアップな新しい設計方法論としての可能性などが期待されている。

自己組織化の基本概念

自己組織化を説明するために次の用語を定義する。
・構成要素：対象を構成する機能単位。たとえば、分子、細胞、人間など。
・相互作用：構成要素間に働く局所的で比較的単純な関係。分子間力、物質の移動、化学反応、コミュニケーションなど。
・システム：複数の構成要素とその相互作用の集合。自己組織化でいう自己とは、このシステムのことを指す。なお、外部とエネルギーなどの入出力がないシステムを閉鎖系、あるものを開放系と呼ぶ。
・秩序：構成要素の相互作用の結果、システムに現れた安定したパターンや機能。何を秩序とみなすかは、観察者の主観に委ねられることが多い。

現象としての自己組織化

自己組織化が最初に注目されたのは、生物、化学、物理などの自然科学分野であった。数学者のアラン・チューリング（A. M. Turing）は、シマウマなどに見られる動物の模様（パターン）がなぜできるかに興味を抱いていた。素朴に考えると、模様をつくる化学物質は時間の経過とともに拡散して均一な濃度になっていき、パターンは発生しないからである。彼は1952年に、パターン形成を説明する反応拡散系と呼ばれる数学モデルを発表した[2]。これは、パターンの活性化と阻害化に作用する2種類の化学物質が細胞内で反応し、細胞間に拡散することをモデル化したもので、阻害化物質の拡散が活性化物質のそれよりも速いと、安定したパターン（チューリング・パターン）が生じることを示した。

この業績とは別に、1951年に化学者のボリス・ベロウゾフ（B. P. Belousov）が、クエン酸による生物の代謝経路を模した実験を行ったところ、溶液中の金属成分が酸化と還元を周期的に繰り返すという奇妙な現象を発見した。この現象は当時の学会

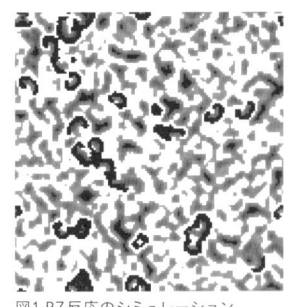

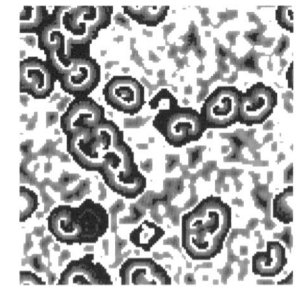

図1 BZ反応のシミュレーション
(Five Cellular Automata：http://www.hermetic.ch/pca/pca.htm)

の常識では認められなかったが、1964年にアナトール・ジャボチンスキー（A. M. Zhabotinsky）の追試により正しいことが証明された。さらに、この反応溶液を静置しておくと同心円状のパターンが生成されることがわかり、ふたりの名前をとってBZ反応と呼ばれるようになった[3][図1]。当時の化学は、平衡状態で閉鎖系の化学反応をおもな研究対象としていたが、パターン形成は非平衡状態にある開放系で生じることが多い。化学・物理学者のイリヤ・プリゴジン（I. Prigogine）は、このような状態で生じる秩序を散逸構造（dissipative structure）[4]と名づけ、1977年にノーベル化学賞を受賞した。

物理学の世界では、パー・バック（P. Bak）が提唱した自己組織化臨界状態（self-organized criticality）[5]が有名である。この例として有名な砂山崩しのモデルでは、砂粒をある1点に落とし続けると、堆積した砂の崩壊（雪崩）を起こしながら、傾斜角度が一定の砂山に成長していくが、この砂山が一定の傾きを保つ状態を自己組織化臨界状態と呼ぶ。砂山は自己組織化によって安定した形状を保っているが、その安定性は、動的な砂の流れによってかろうじて維持されているという意味で臨界状態にある。この状態の特徴として、大規模なイベント（雪崩）の頻度は少ない一方で小規模な雪崩は非常に多く、この規模と頻度の両者の対数をとってグラフに描くと綺麗な負の比例関係となる。これをべき乗則（power law）という。べき乗則は、地震の規模、固体が割れたときの破片の大きさ、単語の使用頻度、都市の人口など、様々な対象に共通して現れる。

なお1980年代の後半には、人工生命や複雑系の科学がブームとなり、多くの自己組織化とみなされる現象が、セルオートマトンやマルチエージェントによるシミュレーションで再現・視覚化され、研究やエンターテイメントに活用された。

技術としての自己組織化

実用的な手法としても自己組織化は活用されている。たとえば、ニューラルネットワークの一種である自己組織化マップは、多次元データをその類似度が高い同士が近接するように平面上に写像できる。これは、格子状に配置されたニューロンを学習させる際に、自己だけでなく近傍ニューロンの重みベクトルも同時に更新させるパターン形成的な学習方法により実現されている。また、21世紀になると、ナノテクノロジーの分野で自己組織化が注目を集めるようになった[6]。たとえば、現代の半導体は非

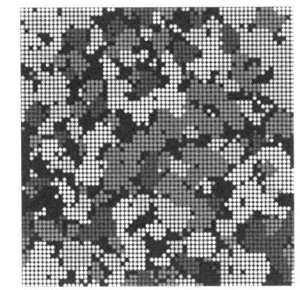

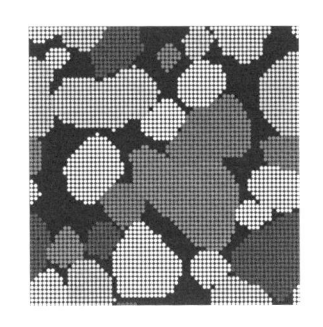

図2 シェリングの棲み分けモデルによる人種のクラスター化
(Five Cellular Automata：http://www.hermetic.ch/pca/pca.htm)

常に微細な回路となっており、フォトリソグラフィと呼ばれる回路図面を直接現像する従来の製造方法では、光の回折現象などにより製造限界が生じつつあった。この限界に対してIBMが開発した方法では、基板上に特殊な化合物を配して焼く自己組織化プロセスにより、絶縁体の役割を果たす微細な真空の穴を多数規則的につくることで、従来よりも微細な回路の製造が可能になった。

建築・都市と自己組織化

経済学者が基本的な都市現象を説明するために、自己組織化の概念を援用することが行われてきた。たとえばノーベル経済学者のトーマス・シェリング（T. Schelling）は、人種によって居住地が分化することを説明する棲み分けモデルを提案した[7][図2]。このモデルでは、近隣に同じ人種の人間が一定割合以上存在する場所を求めて人々が移動を繰り返す結果、その割合を大きく上回る居住地の分化が発生することを示している。また、ノーベル経済学者のポール・クルーグマン（P. Krugman）は、エッジシティと呼ばれる自然発生した郊外都市の形成プロセスを、自己組織化の考え方で説明した[8]。このモデルでは、他の商業施設が近隣に立地すると集積の利益が生じ、新たな顧客を呼び込むため歓迎されるが、それが少し離れて立地すると、顧客をとられるために嫌われる。これを立地の評価尺度として企業が移動を繰り返した結果、ごく少数の地域（エッジシティ）に商業施設が集積することを示した。

自己組織化の考え方は、トップダウン的な近代都市計画に対する批判として、1960～70年代に発展した建築・都市計画思想に通じるものがある。たとえば、建築・都市計画家のクリストファー・アレグザンダー（C. Alexander）は、自然発生的な建築や都市を再評価し、それを模した環境設計のためにパタン・ランゲージ[9]を考案したが、これは局所的なプロセスから環境をつくろうとする意味で、自己組織化的なアプローチだったといえる。

現代のアルゴリズミック・デザインでは、たとえばII章で紹介されているtopological grid、誘導都市、アルゴリズミック・ウォール、マルチエージェント配置シミュレーターなどが、自己組織化的なアプローチによる設計例に分類できる。

生成文法

藤井晴行 *Haruyuki FUJII*

本節では生成文法を用いて形態を生成する手法を紹介する。前半で生成文法の概略を説明し、後半で形態生成への生成文法の応用について述べる。生成文法の概略説明は形態生成に特化したものであり、言語学的ないし数学的に厳密な議論を必ずしも行っていない。生成文法の詳細については文献[1,2]などを参照することが望ましい。

生成文法とは

生成文法とはノーム・チョムスキーによる言語学の理論のひとつである。統語論という文の構造に注目する領域でおもに用いられる。生成文法は「言語」を数学的に定義するものである。ここでいう言語とは最小単位となる有限個の記号を特定の規則にしたがって配置することによって得られるすべて（通常、無限個）の有限長の記号列の集合である。すべての論理式の集合、計算機プログラムを記述するすべての文の集合、すべての日本語文の集合は、それぞれ、言語である。形式文法は構文解析および文の生成に用いられる。構文解析とは任意の記号列の文法的な構造を解析し、その記号列が特定の形式言語の要素であるか否かを判定することである。正しくないプログラム文を入力すると計算機が Syntax Error と応答し、処理を中止するのは構文解析による。文の生成とは特定の開始記号に特定の形式文法の規則を適用し、当該形式文法で定義される言語に属する記号列を生成することである。

生成文法の概略

アルファベットと記号列

言語を構成する最小単位の記号の集合をアルファベットという。形式言語におけるアルファベットは私たちが日常につかう意味とは異なる。英語であれば英単語の集合をアルファベットという。いわゆる、a, b, c, …, x, y, z, A, …, Z ではない。アルファベットの任意の記号を有限個並べたものを記号列という。アルファベット Σ からつくれるすべての記号列の集合を Σ と表記する。たとえば、$\Sigma = \{a, b\}$ ならば $\Sigma = \{\lambda, a, b, aa, ab, ba, bb, aaa, aab, \cdots\}$ である。

生成文法

生成文法は次をみたす4つ組 (V, Σ, P, S) によって言語を定義する。言語とは当該文法の上で有意味とされる記号列の集合である。このような記号列は文とよばれる。V は非終端記号の有限集合、Σ は終端記号の有限集合（アルファベット）、S は開始記号とよばれる V の要素、P は生成規則の有限集合である。終端記号は文に現れる最小単位の記号である。非終端記号は文には現れないが文の生成に中間的に用いられる記号である。各非終端記号は、それぞれ、文法的カテゴリーに対応する。開始記号は文と

いう文法的カテゴリーを示す非終端記号である。生成規則は $a \rightarrow \beta$ なる形式をもつ記号である。a と β は V と Σ の和集合上の記号列を示し、$a \rightarrow \beta$ は記号列 a を記号列 β に置き換える操作を示す。

チョムスキー階層

生成文法は生成規則の制限に応じて4つのタイプに分類される。Type-0文法は制限のない文法である。生成規則は $a \rightarrow \beta$ なる形式をもつ記号である。a は V と Σ の和集合上の長さ1以上の記号列を、β は同集合上の記号列を示す。Type-I文法は文脈依存言語を生成する文脈依存文法である。$\gamma a \delta \rightarrow \gamma \beta \delta$ という形式の生成規則をもつ。a, β, γ, δ は非終端記号と終端記号の和集合の上の記号列を示す。この生成規則は記号列 a の左と右に記号列 γ と記号列 δ がそれぞれある場合にかぎり、記号列 a を記号列 β に置き換える操作を示す。Type-II文法は文脈自由言語を生成する文脈自由文法である。生成規則は $a \rightarrow \beta$ なる形式をもつ。a は非終端記号の集合の上の記号列であり、β は非終端記号と終端記号の和集合の上の記号列である。Type-III文法は正規言語を生成する正規文法である。生成規則は $a \rightarrow a$ および $a \rightarrow a\beta$ または $a \rightarrow \beta a$ なる形式をもつ。a はひとつの非終端記号であり、β はゼロまたはひとつの非終端記号である。a は終端記号である。

文の導出

生成文法において、開始記号に生成規則を適用して、開始記号を生成規則の右側の記号列で置き換え、さらに現れる非終端記号に生成規則を適用し、終端記号のみからなる記号列に到達するまで生成規則の適用を繰り返すことを導出という。

次の文脈自由文法 Gcf を考える。

Gcf = ({A, B}, {a, b}, {A→aB, B→Ab, B→b}, A)

開始記号 A には生成規則 A→aB が適用可能である。これを適用し、記号列 aB を得る。非終端記号 B には生成規則 B→Ab と B→b が適用可能である。前者を適用すると記号列 aAb を得る。後者を適用すると終端記号のみからなる記号列 ab を得る。記号列 aAb に生成規則 A→aB を適用すると記号列 aaBb を得る。これに、生成規則 B→b を適用すると終端記号のみからなる記号列 aabb を得る。生成規則 B→Ab を適用した場合には aaAbb を得る。このように文脈自由文法 Gcf によって、記号列 ab, aabb, aaabbb, aaaabbbb, … が導出される。言い換えると、文脈自由文法 Gcf によって左から a が N (>0) 個並び続けて b が N 個並ぶ記号列のみからなる言語が生成される。文法 G によって生成される言語を L(G) と表記する。

L(Gcf) = {ab, aabb, aaabbb, aaaabbbb, …}

生成文法による形態の導出

記号の概念を拡張することによって生成文法を形態の導出に応用できる。形態文法[3] (grammars)、図式文法[4] (schema grammars)、L-System (Lindenmayer System) は生成文法による形態導出の代表的な例である。形態文法は具体的な図形や図形のラベルを記号として用いる文法である。図式文法は空間図式を記号として用いる文法である。空間図式は図形そのものではなく、空間の認識のしかたを表

103

$V_{G2} = \{ \triangle \}$ $\Sigma_{G2} = \{ \triangle \}$ $S_{G2} = \triangle$

$P_{G2} = \{ \triangle \rightarrow \triangle , \triangle \rightarrow \triangle \}$ 図1 形態文法 G_{cf2} の非終端記号・
終端記号・生成規則・開始記号

す概念である。形態文法や図式文法は建築や都市などのデザインの研究において考案された。L-Systemは植物の形態の分析のために考案された文法である。図形や図式を必ずしも直接あつかうのではなく、生成文法によって導出される記号列に対応させて形態を生成する。各記号は図形に対応したり、作図手順に対応したりする。

形態文法（文脈自由）の例として $G_{cf2} = (V_{G2}, \Sigma_{G2}, P_{G2}, S_{G2})$ を示す。図1は非終端記号、終端記号、生成規則、開始記号を示す。図2（a）、（b）に G_{cf2} によって導出される図形を例示する。ひとつの黒い三角形（非終端記号）からひとつの白い三角形をとりまく3つの黒い三角形（非終端記号）を生成する規則（規則A）を再帰的に適用することによって、三角形が入れ子になっている図形が導出される。三角形の分割の細かさが一様ではないのは形態文法が文脈自由であり、規則Aの再帰深度が任意であることによる。（b）はシェルピンスキーのガスケットである。シェルピンスキーのガスケットのみを導出する形態文法では規則Aの再帰深度を制御する必要がある。

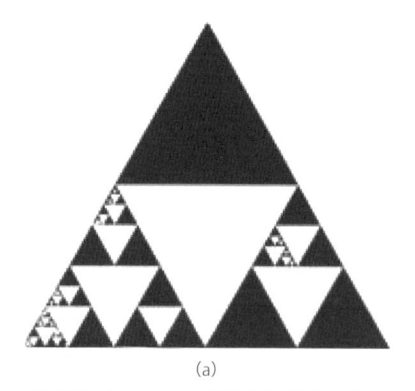

(a)   (b)

図2 形態文法 G_{cf2} によって導出される図形の例

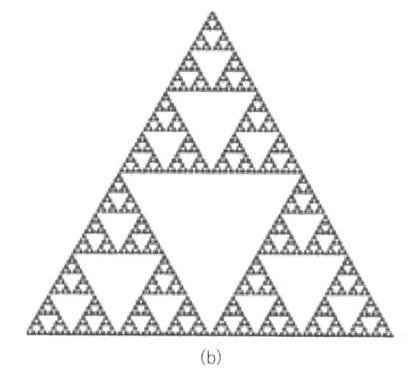

AI

中島秀之 *Hideyuki NAKASHIMA*

AIの歴史概観

　人工知能という研究分野は、知能の本質を探るという科学的側面と、知的システムを構築するという工学的側面を持っている。アルゴリズミック・デザインという分野の興味は人工知能の工学的側面にあると思われるので、本節ではとくに複雑系の処理手法としての人工知能の手法に焦点を当てる。

　電子計算機はもともと（「計算機」の名が示唆するように）数値計算用に開発されたが、その誕生とともにそれを記号処理に使う研究がはじまった。そして、記号処理こそが知能の本質であると初期のAI研究者たちは考えていた（記号主義）。これは、我々が知的だと思う作業はすべて記号の操作に還元できるという主張である。今では単純すぎる仮説であると考えられているが、当時の動物行動学などの知見に照らせば妥当な仮説だったと言えよう。

　研究課題は問題解決であった[1]。定理の自動証明やパズルやゲームといった対象があつかわれた。様々な手段のうちから目標に到達できる組み合わせを探すという意味では基本的には探索問題である。初期AIの典型的な問題であった積木の問題（初期状態から最短手順で与えられたゴール状態を達成する）でも、遠回りしなければ解けない問題や部分ゴールどうしが干渉する問題があり、のちに様々な手法が研究された。

また、問題の規模が大きくなると計算時間やメモリ容量などの計算資源が指数関数的に大きくなりすぐに手に負えなくなる。そのため別の概算手法を考える必要があるが、このような「多くの場合にはうまく行くがたまに間違ったり答が出なかったりする手法」をヒューリスティクスと呼ぶ。

　記号処理だけがAIのテーマであったわけではない。パターン認識も重要なテーマのひとつであった。パターン認識とは実世界のシーンにある対象を認識し、記号化する行為である。記号処理に入るための前段階ということもできよう。

　また、実際のパターン認識は素直にシーンから記号という方向に進むわけではない。シーンからのボトムアップな特徴抽出の他に記号表現を用いたトップダウン予測（たとえば「ここは部屋だから天井や壁があるはずである」とか、「角から伸びる直線（辺）は次の角まで続いているはずである」とかいった知識に基づく予測）を併用しないと良い結果は出ない。実際我々人間は細部の観察の前に全体を把握しているようである[2]。

　問題解決やパターン認識において知識の重要性が認識され、研究の中心は知識表現へと移っていった。Minskyはパターン認識をトップダウンに行うための知識表現手法としてフレーム表現[3]を提案した。他にも心理学に端を発する意味ネットワーク、論理式による知識表現などが研究された。

1980年代に入って実用になる知識処理プログラムを構築する動きが盛んとなった。これは従来からの知識表現の枠組がある程度実用になったことをうけて人間の専門家の知識をプログラム化し、高度な判断をコンピュータに行わせるものである。Feigenbaumらによる伝染性血液疾患をあつかったMYCINは医師やインターンと同等以上の能力を示したが実用には至らなかった。その大きな理由は専門知識以外の常識（たとえば注射は痛い）を持ち合わせていなかったためと言われている。MYCINはプロダクションシステムとして知られるIF-THEN型の単純な互いに独立する規則群から構成されており、その後のエキスパート・システム[4]の標準となった。最近では、計算機の高速化と記憶容量の増大により、統計的手法の実用性が高まっており、インターネット上の情報検索や大量のデータの統計処理による「知識発見」などに多く使われている。同様の方向性として、事例ベースのように抽象的知識ではなく具体的事例をそのまま記憶しておき、類似度を尺度として検索する手法なども重点的に研究されている。また、外界との相互作用を重視し、外界に関する完全な情報を持てないこと（情報の部分性）、それを処理するのに無限の時間を持てないこと（処理の部分性）を前提にした知能の設計手法も盛んに研究されている[5]。つまり、知識（情報）や推論時間が限定された状況でいかに最大限うまくやって行くかという行為主体（エージェントと呼ぶこともある）の視点に立脚した新しい考え方が求められている。完全処理のアルゴリズムではなく、適切な部分処理を行なうヒューリスティクスが重要である[6]。物理学を中心として「複雑系」世界観が台頭してきたが、これも、完全予測を前提としないという意味で上記の知能観と通じる観点である。

知識表現と推論

　知識表現とは、なんらかの知識を、推論などに使える形で表現することである。知識のなかには住所や電話番号のように記号で表現しやすいものから、人間の顔のように画像情報としてしか持ちようのないものまで様々あるが、普通に知識表現というと記号で表現することを指す。ただし、記号で容易に表現できるものでも、それを推論に使える形で表現するのは困難なことが多い。法律文などはその良い例で、文章の形にはなっているが、その解釈は多様であり、機械的な表現法ではそれがとらえられない。

オントロジー

　様々な知識表現システムが混在するが、それでは不便ということで、最近では知識表現に用いる用語や関係を根本的に見直そうという動きがある。概念の実在性を問題にするため、存在論（オントロジー）と呼ばれている[7]。

　しかしながら、私見を許していただけるなら、このような標準化されたオントロジー構築の試みは決して成功しないであろうと思われる。無用というのではない。様々な場面で利用はされているが、根本的なところでは過去の知識表現の様々な問題を再度なぞっているように思える。

　たとえばCYCという大規模知識ベース構築プロジェクトなどでもオントロジーは公開されているが、世界標準になりそうな気配はない。英語と日本語の間の翻訳ですら、そのような標準／共通オントロジーを

構築することはできていない。少なくとも当面は様々な知識表現システムの混在とそれらの間の2者間翻訳をめざすしかないのではないかと考える。むしろ、推論の問題に集中した方が良いと考えているが、残念ながらあまり広くは認められていない。

推論

覚えるだけの（想起のない）記憶に意味がないのと同様、知識は表現しただけでは何の意味もない。複数の知識を有機的に結合して使うことを推論という。狭義には論理的（すなわち、形式的）推論のことを指すが、広義には常識推論や定性推論など、人間の思考に近い仕組みを探るものを含み、確率や事例に基づく推論（類推）なども研究されている。

従来方式では、知識の増加にしたがい計算時間や探索時間も増大するという欠点がある。人間の場合は、逆に、知識の増加にしたがい効率が向上する。残念ながらこのメカニズムはまったく解明されていないが、事例ベースのアプローチが手はじめかもしれない（参考文献2が参考になる）。

状況依存表現（後述）を用いることにより、特定の状況に関する知識を多く得れば、その状況における推論が効率化される。その問題の状況に適した（特化した）推論／計算方式を用いることが可能になる。

環境との相互作用

情報の部分性やフレーム問題を解決する糸口が環境の利用にある。環境が主であるとするアフォーダンス[8,9]の考え方、環境と認識主体の間にはあらかじめ設定された境界が存在しないとするオートポイエシス、環境と情報の関係を定式化しようとする状況理論などがある。

状況推論

旧来の情報処理では、すべての情報を計算機内に取り込んでから処理をするという大前提があったように思う。そのようなシステムでは、問題が複雑になり、知識が増えるにしたがい、これまでに述べてきたように組み合わせ爆発を起こし、計算が実用的な時間では終らなくなってしまう。また、フレーム問題にも悩まされることになる。

このような、知識表現とそれに基づくプランニングという旧来のAIモデルに対する反省から、最近は外界とのインタラクションが強調されている。さらには、従来の意味での知識表現は無用であるとの提案すらある。

> 非常に単純なレベルの知能を調べてみると、世界の明示的な表象やモデルは全く邪魔であることがわかる。つまり、世界をそれ自身のモデルとして用いる方がよい、ということが判明する。[10]

つまり、複雑さは世界にあるのであって、計算機内の表現が複雑である必要はないという考え方である。基本的にはこの考え方に賛成するが、内部表現がまったく無用であるというのは行き過ぎと感じる。たしかに、規則にしたがって行動すればよい状況ではさほど知能は必要としない。しかしそれがうまくいかない場合にどうすればよいかを考えるのが知能である。

様々な意味と手段により状況を参照しながら推論を行うことが考えられている。そのひとつが状況理論[11]をもとにした状況推論[12]の考え方である。これは、たとえ

ば囲碁を打つ場合に、盤面の内部表現を持たなくても盤面を参照しながら手を考えられるようなものである。一部を内部表現に持ち、他を外部情報に頼るのである。このような推論においては、その推論の正しさは状況の方が保証することになる。つまり、ある推論の仕方はつねに通用するとはかぎらず、たまたま特定の状況でのみうまくいくのである。

たとえばPerryが好んで用いる例[11]（残念ながら推論の例ではないが、推論との類推でみることが可能である）としては、ねずみとりがうまく働くのはねずみが特定の大きさや重さであるという状況をうまく利用しているからであるというのがある。ねずみとりは、ねずみの大きさを測定してそれに合わせた位置にバーを落しているわけではないし、ましてやねずみの大きさ等に関する内部表現を持っているわけではない。ねずみが小さければバーは空ぶりするし、ねずみがチーズが好きでなければそもそもバネが落ちない。つまり、ねずみとりの側だけを「閉ざされた系」として取り上げてみても、これでねずみが取れるという保証はないのである。実際のねずみとねずみとりの構造が一致していることが重要なのである。この考え方は推論だけではなく、システムと人間のインタフェースを考えるときにも重要である。

オートポイエシス

「オート」は「自己」、「ポイエシス」は「産出」であるから自己産出システムと訳されることが多い。あるシステムが動作することによって、そのシステムをつくり出している様をいう。神経生理学的知見と位相空間論が一体となって生まれたのがオートポイエシスの概念である[13, 14]。生命概念の定式化をめざすシステム論のひとつとして捉えるのが正しい。

第1世代システム論は物質代謝する有機体がモデルとなっている。有機体は、開放系として外界と物質・エネルギー代謝を行いながら自己維持するシステムである。これが動的平衡システムである。ベルタランフィの一般システム論[15, 16]においては要素の単純代数和は全体と等しくないことが主要な話題である。ここで問題になっているのは、個々の部品には還元できないような性質を持った構成のことであり、これを有機構成と呼んだ。還元主義の否定である。

第2世代システム論においては自己組織化が焦点となる。自己、境界、階層などの問題があつかわれる。とくに第1世代とは異なり階層の成立が問題になる。ここでは円環[17]形成による階層の形成が考察される。構成要素のシステムが作動しなければ、全システムは作動しないが、にもかかわらず全システムからみれば、構成要素のシステムは、他のシステムに代替可能な要素システムのひとつにすぎなくなる[14, p.136]。多田富雄が免疫に関してスーパーシステム[18]と呼んだのもこのようなシステムの一種である。

第3世代、オートポイエシスは神経系をモデルとするシステム論である。Maturanaはハトなどの視神経の研究を通じて神経の反応は外界の刺激には素直には対応していないことを発見する。ハトの眼前に様々な色紙を置くとニューロンに電気的刺激が生じるが、光の受容器の後方の神経鞘の活動ですら光の物理的特性にも、各スペクトルの持つエネルギーにも対応しておらず、あえて対応するものを探すとすれば、

人間が色を識別するさいに用いている色の名前である。我々にも同様の経験が可能である。両側から赤と白のふたつの光源で照らした物体にできる影の一方は青緑色になる。しかし、青緑に対応する刺激は存在していない[19]。ハトにおける発見を押し進め、MaturanaとValeraは「システムには入力も出力もない」と主張している。

視覚系を考えるとき、眼の水晶体の表面で外界と区切られた視覚システムを考えるのではなく、光の発生源から水晶体、網膜、神経系、大脳、身体などが一体となって存在する刺激（情報）のシステムを考えることによって上記の言明の意味がはじめて明らかになろう。このような、主体と環境を一体とした捉えかたは最近の大きな流れのなかに位置づけることができる。これは自然科学の方法論ではとらえきれないものであることに注意する必要がある。

複雑な問題のあつかい

一般に、複雑な問題は、より簡単な問題に分割して解けばよい（分割統治方式と呼ばれる）。分割統治においては、部分問題は各々「ほぼ」独立であることが要請される[20]。線形連立方程式は変数の数を減らしていけば解ける。複雑な機械は部品を組み立てていけば完成する。しかし、世の中にはより簡単な部分問題に分解できない問題も存在する。非線形方程式はその類である。筆者はこれらを「非単調問題」と呼んでいる。部分解を結合する場合に、ある解が必然的に他の解をこわしてしまい、結合により新たな部分問題が生成されるクラスである。

NP完全（Non-deterministic Polynomial complete）とは計算オーダーが多項式のオーダーを越えてしまう（たとえばK^nのように指数オーダーになる）問題のクラスのことである。NP完全問題はアルゴリズミックに解こうとすると、大きな手間がかかるため、現実的ではない。それに代わるアプローチとしては、最適解を捨て、近似解でよいとするものがある。もうひとつの道は、完全性を捨てることである。多くの場合に解を得ることができるが、たまには失敗するヒューリスティクスを探すのである。人工知能研究というのは、複雑な問題に対するヒューリスティクスの研究であると言ってもよいだろう[21]。

構成的手法

人工知能がその典型例であるが、自然に存在するシステムを分析する自然科学と異なり、これまでに存在しなかった人工物を新たに構成する学問体系が存在する[22,23]。我々はそのような構成的学問体系の方法論の定式化を試みている[24]。孤立した系で行われる自然科学的実験と異なり、構成したものは使用に供されるのであるから、環境と相互作用することが本質的である。建築物の場合には使用者もこの環境の一部である。ほとんどすべての構成という行為にはこういった制御不能の相互作用が絡んでくる。従来このことはあまり重要視されて来なかったように思うが、環境との相互作用があることによって、構成が非常に困難になる。企業で製品をつくる場合には、ユーザーが思わぬ使い方をすることがある。ただし、芸術などではこの相互作用を積極的に利用している例も少なくない。書道におけるにじみや墨の掠れ、陶芸（萩焼など）における火のまわり具合や灰の付着などはその好例である。

いずれにしても構成という行為には予期せぬことがともなうため、1回では望むものが得られず、ループを回す必要がある[図1]。場合によってはこのループに終わりはない。図のFNSダイヤグラムにおけるノードと矢印の意味は以下の通りである。

- NF(t)：時刻tにおける未来ノエマ（「ノエマ」と「ノエシス」という用語は木村敏[25]による。ここでは「創りたいものの構想」の意）。
- C1：未来ノエマを実現すべく行われる行為。
- A($t+1$)：生成されたモノ（ノエシス）。
- C1.5：生成されたノエシスが起こす環境との相互作用。
- C2：環境との相互作用の結果、何が生成されたのかを認識する行為。
- NC($t+1$)：ノエシスの認識結果としての新しいノエマ。通常はC1.5の存在によりNF(t)とは違ったものになっている。
- C3：新しい構想NF($t+1$)を練るという行為。必要に応じて新しい要素にも着目する。

上記のプロセスは音楽の演奏のような短い時定数のループになる場合もあるし、航空機の設計や建築・都市設計のような長い時定数のループもある。建築のような場合にはC2は分析科学の行為に近いものとなろう。また、C3という行為にはちょっとした目標の修正から、イノベーションとも呼ぶべき大飛躍まで含まれる。

おわりに

人工知能研究における複雑な問題の解決手法を主として述べた。従来の分割統治法では本当に複雑な問題はあつかえない。そのような問題では、完全解をあきらめ、近

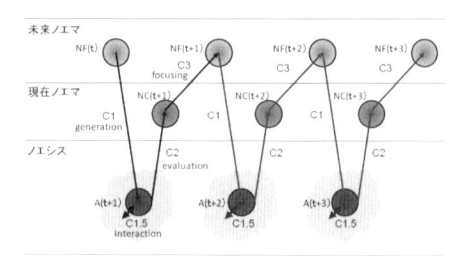

図1 構成のFNSダイヤグラム

似解で満足することが必要であると考える。そのような近似解法の例として、ヒューリスティクスの概念、ニューラルネットによるアプローチ、そして、環境との相互作用を視野に入れたアプローチを中心に紹介した。状況依存性によるアプローチでは、問題の分解を止め、問題を全体としてとらえるかわりに、その問題に同調した計算手段を使うのである。そうすることにより、外部にある状況の複雑さを利用し、内部では簡単な処理でも問題が解ける場合がある。

環境との相互作用は、状況依存性としてうまく使える場合もあるし、新しい構成の障害（制御できない要素）となる場合もある。いずれにしても、人工知能のような構成的学問体系としては重要な概念である。

第 IV 章

研　究　篇

ALGORITHMIC DESIGN

アルゴリズミック・デザインと研究

朝山秀一 *Shuichi ASAYAMA*

　本書のはじめで、アルゴリズミック・デザインは、要求される課題を解くためのアルゴリズムを用い、解答としての形態や構成を生成する設計方法であると述べている。つまり、これまでの設計方法では、設計者の知識と経験に感性を加えて手作業で行われることが多い建築の形態や構成を生み出す部分に、コンピュータのアルゴリズムを加えようとしているのである。それは、人間の発想力とコンピュータの処理能力の高さを相互的に働かせ、手作業では達成することが困難な新しい空間の可能性を開拓しようとする試みである。コンピュータのアルゴリズムを用いて、課題の要求を満たす形態や構成を生成するためには、何らかの科学的な論理や判断が必要であるが、それには、マルチエージェント・シミュレーションに代表される複雑系科学、その要素技術となる遺伝的アルゴリズム（GA）、セルオートマトン、ニューラルネットワーク、カオス、フラクタル、あるいは構造の最適化などの技術が使われることが多い。これらの科学思想と技術は、アルゴリズミック・デザインに深く係わっており、その研究の進展は、アルゴリズミック・デザインのさらなる展開に重要な役割を果たすと考えられる。

　アルゴリズミック・デザインと背景となる研究の関係について眺めると、乖離もしていないが一致もしていない、ある種の相互関係がある。共有部分を持つふたつの異なる集合とも言える。これは、アルゴリズミック・デザインに限らず、設計と研究の本質的な関係を物語っている。いつの時代も、研究は、一見すぐには使えない基礎的研究から今日の課題を解決するものまで幅がある。研究者の研究テーマを設計者の希望でコントロールすることはできないし、設計も学術研究の成果を忠実に使うようにはできていない。しかし、研究成果をわかりやすく整理したエッセンスは、両者の共有部分として、広く設計に使われる可能性が高いことは確かであろう。同時に難しい研究成果が設計に使われる余地も残っている。たとえば、建築構造では、複雑なコンピュータプログラムを作成し、建物が地震で崩壊する状況を研究した成果は、わかりやすい耐震設計の基準式に姿を変えて構造設計に使われている。しかし、同時に、原子炉のように高い安全性を要求される建物では、難しい内容を含む耐震設計の研究成果が直接構造設計に利用されたりする。

　アルゴリズミック・デザインと複雑系を中心とする研究も、こうした関係によく似ている。平易なプログラムを形のジェネレータに使って、後は手作業で設計した作品があると同時に、複雑な研究的プログラムを駆使した作品がある。作品としての評価は、あくまで建築としての総合評価であるから、

どちらを選ぶか、あるいは中間的立場をとるかは設計者の考え方による。しかし、この分野の研究の進展が様々な事象を解決する手段を見出し、それを駆使したアルゴリズミック・デザインにより建築の形態や構成が生まれれば、従来の手作業だけでは達成できない新しい空間となることが期待できる。以上のような理由から、ここでは、現実の設計と研究の距離にとらわれず、アルゴリズミック・デザインに関連する最新の研究を紹介する。

「誘導都市（渡辺）」は、コンピュータプログラムを駆使して非直交の街区、起伏、日照の確保、風の通る広場、都市施設の相互距離を評価した配置を実現しており、「集住体（池田）」は、ある一定以上の採光と通風を満たしながら住戸ユニットを集積させたもので、これらはアルゴリズミック・デザインそのものを研究的に試みた例である。また、構造形態の創生に関する一連の研究となる「自然の形態システムと構造（朝山・前）」は、樹木や地形のしくみを構造体に応用した力学的合理性を含む形態、「形と力（大崎）」は、デザイナーの要求と力学的合理性に対する目的関数を定め、インタラクティブに立体構造の最適化を行う方法である。「発見的最適化手法と構造形態（三井）」では、外力に対して構造体の各部に生ずる応力を評価して、構造形態を進化させる拡張ESO法、「感性工学とかたち（堤）」では、アンケートに基づき感性の評価結果を学習させたシステムによる感性評価と形態の力学評価を組み合わせた構造形態を紹介した。これらの研究は、いずれも設計もしくは設計法の研究で、実際の設計との距離は極めて近く、実際、作品篇で取り上げた建築作品のなかで使われたものがいくつかある。また、セルオートマトンを用いた自動車交通モデルと土地利用パターンの形成をあつかった「都市現象とシミュレーション（奥）」、マルチエージェント・シミュレーションにより交通渋滞をあつかった「交通流動のジレンマゲーム（谷本）」などは、これらの研究をベースとした都市設計が現在の都市問題の解決に役立つと期待できる。

建築の形態や構成の発想を支援する「形のジェネレータ（池田・木村）」は、設計の条件を満たす解を生成するわけではないが、設計者のイメージやアイディアを刺激する別の効果がある。また、それは、国内外のアルゴリズミック・デザイン教育の現状を紹介した「アルゴリズミック・デザインと建築教育の状況（池田・木村）」とともに、新しい時代の建築教育に役立つと考えられる。

また、形の複雑さを評価する方法であるボックスカウント法を修正した形状解析法により建物の平面形の非直角度を解析する「建築の幾何学的解析（佐藤・新宮）」、設計に求められる問題解決のプロセスとしてのデザインを定式化することの可能性を論じた「デザインの定式化とそのアルゴリズム──かたちの構成論的シンセシスの基底（藤井）」は、一見、直接的な設計との距離があるように見えるが、アルゴリズミック・デザインの根底にある形態や設計方法の認識に深く係わっている。

これらの研究は、いずれもアルゴリズミック・デザインを考える設計者に大きな示唆と刺激を与え、アルゴリズミック・デザインの今後の展開に大きく寄与することが期待される。

建築・都市のデザイン

「誘導都市／INDUCTION CITIES INDUCTION DESIGN」

渡辺 誠 *Makoto Sei WATANABE*

　1992年に開始された「誘導都市／INDUCTION DESIGN」は、「アルゴリズミック・デザイン」の実践版の研究／実施プロジェクトである。「誘導／INDUCTION」という言葉を使ったのは、「設計」という行為に対して、それまでとは別な「方法」を考えていたからである。

　設計とは、物理的実体をひとつ決めることに他ならない。その決定は線を1本選ぶことで行われる。15,000年前のラスコーの壁画以来、ルネサンスの透視画法から茶室の起こし絵に至っても、技法や素材は違うが、とにかくみな、「よい」ものを求めて「よい線」を引いたのだ。線や面がコマンドで描かれる今も、その仕組みは変わらない。

設計は、勘である

　「よい」、とは、求められる機能や形やコンセプトを満たすこと、で、いわば建築の「性能」といえる。車や飛行機の性能のように、同じ人工物である建築にも「性能」を想定できる。速く走る代わりに、気持ちがいい、すごい、使いやすい、安全だ、というようなたぐいの、性能だ。性能のうち、構造計算はYesかNoかをはっきり決めるし、CO_2の排出量も計算できる。コスト計算は（多くの場合）実に厳しく査定される。安くて丈夫でエネルギーコンシャスな設計、はきちんと性能評価ができるのだ。しかし建築に求められる性能はそれだけではない。誰にとって使いやすいのか、子供、学生、高齢者。いつ何をするときにと、使いやすさを書き出そうとするとすぐに行き詰まる。気持ちよさ、は難しい。すごい、はほとんど不可能だ。要するに建築の性能のうち、あるものは数値化が容易であり（構造安全性のように）、あるものは困難なのだ（快適さのように）。

　だから望む性能を設計が発揮しているかどうかを「確実に」知る手だてはない。そのため、線を選ぶその一瞬の決め手は結局、「勘」になる。もう少しよく言えば、ひとの「総合的直観力」だ。

設計から、誘導へ

　この手順を変えて、「直観」で線を決めるのではなく、求める「性能」から「よい線」を生成できないか。この転換が、「誘導都市」のはじまりであった。決めるのではなく、「導く」こと。

　電球をつないだコイルのなかに磁石を出し入れすると、電源がないのに電球が点灯する。磁石の運動による磁界の変化で、離れたコイルに「誘導」電流が発生する。ある行為によって、離れた対象に、別な現象が出現する。直接に線を決めるのではなく、目的の性能を発揮する「よい線」が（ひとりでに）描けるように、「何か」を行う。その「何か」が、「設計」だ。それでこう

した方法を「誘導」と呼んだ。

誘導「都市」としたのは、ひとりの設計者がすべてをあつかうことのできない「都市」を、それでも「設計する」には、こうした新しい方法が必要と考えたからである。

「誘導都市」第Ⅰ、Ⅱ期

こうして開始した「誘導都市」であったが、1990年の時点ではまだ大学のPC環境が貧弱であったため、当初はコンピュータではなく手作業で行った。ゲーム理論の盤上実践だ。アルゴリズムの手順が進むにつれて可能性の枝分かれはすぐ膨大な数になるため、これは学生にしかできない人海戦術となる。本格的な展開は必要な数のPCが入ってからで、1994年にbasic言語を使った最初のプログラムがつくられた。これが「誘導都市」第Ⅰ期、ID-Ⅰである。

続いてC言語を用いた第Ⅱ期、ID-Ⅱで都市全体の生成を試みた（以下、第Ⅱ章作品篇参照）。

これは都市の性能をいくつかに分け、それを個別に解くユニットプログラムをつくり、ひとつのユニットの結果を次のユニットの条件にするという手順で都市全体を生成しようというものである。

ユニットのひとつ、「太陽神の都市」では、日照を条件にして集合住宅の「集合」の「いままでとは異なる」方法を試した。従来（そして現在）の方法だと、互いに日陰にならないように隣棟間隔をあけて建物を並べる。住戸単位の形がどうあろうと、基本原理は同じだ。そうではなく、まず多数の住戸が隙間なくぎっしり詰まった超立体を考える。そしてそこに孔をうがち、孔の奥の住戸に光を届ける。太陽は動くから、あちこちに孔をあければ、それらの日照を足し合わせて、いつかは望む日照時間が得られる。これを繰り返して、残った住戸が所定の数になればいいわけだ。この方法で得られる多孔質の立体は、従来の隣棟間隔方式の結果とはだいぶ違う、多様で複雑な構成になる。しかし、日照と密度という要求条件は同様に守っている。

STEP1: 生成した街路パターンの、すべての2点間を結ぶすべての可能なルートの、「アクセス性」と「おもしろさ」の評価点を算定する

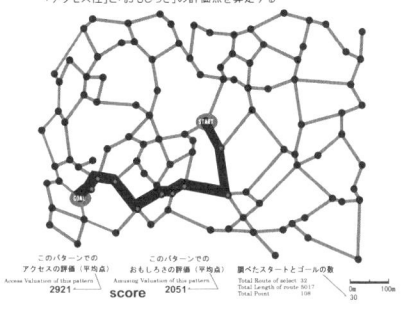

「発生街区の都市」

このプログラムがうまくいったので、次は道に着目した。街路を新規に計画すると、直交グリッドか扇形程度の整形な案が多くなる。しかし、歴史のある街、特に古代や中世以来の街路は、必ずしもまっすぐではない。そういう街の多くは歩いて楽しい。歩いて楽しくて、かつ目的地にたどり着きやすい街路はできないか。それを可能にしようというのが「発生街区の都市」プログラムである。発生条件をクリアして生成される膨大な街路案を、評価プログラムが上記の評価基準で次々と評価することを繰り返し、スコアの高い案を提示してくる。つまり、出力された成果品は、高得点の優秀案になる。さらに、そこで得られた街路に、快適な起伏を与える「坂道の都市」プログラム、そして機能配置の高適解を求める「オンデマンド・シティ」、気持ちのよい風の

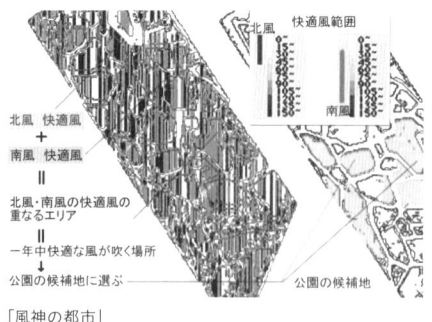

北風 快適風範囲
北風 快適風
＋
南風 快適風
＝
北風・南風の快適風の重なるエリア
＝
一年中快適な風が吹く場所
公園の候補地に選ぶ
南風
公園の候補地

「風神の都市」

吹く街を得ようとする「風神の都市」と続く。

「風神〜」ではまず正確な流体シミュレーションを行おうとしたが、1994年当時はスーパーコンピュータが必要だったのでそれはあきらめて、障害物にぶつかったときの風の挙動に単純な場合分けを行ってその代用とした。他のユニットプログラムで生成した街に、敷地の統計による季節の風を吹かせ、その結果から一部のプランを変更し、再度風の具合を確認してまたプランを変えることを繰り返し、最後は夏冬それぞれに「ちょうどいい」風が吹きわたるような設計を得ようとした。このプログラムは他のユニットと違い、評価プログラムを持たずシミュレーションに近いが、その点で現在のCFD（数値流体力学）ソフトを用いた街区や配置計画のさきがけと言える。

「誘導都市」第Ⅲ、Ⅴ、Ⅵ期

研究プロジェクトとしての「誘導都市」を実行段階に移したのが2000年に完成した大江戸線飯田橋駅の「WEB FRAME」（誘導都市-Ⅲ期／ID-Ⅲ）である。これは、要求される課題条件をオリジナルのコンピュータプログラムで解いて形態・構成を発生させ、それを実施した世界初の建築と思われる。WEB FRAMEは自立構造として計算されているが、構造生成はプログラムによるものではなかった。構造架構と形態生成を一体的にプログラム化しようとしたのが同じ建築でのID-Ⅲ「換気塔／WING」である。未完のそのプログラムを継承したのがID-Ⅴ「形力-1」であり、「新水俣門」で実施された。「形力-1」と後継の「形力-2」はインターネット上で公開され、誰でも使える最初のプログラムとなった。また「WEB FRAME」に基づく改装版「WEB FRAME-Ⅱ」も進展中である。これらと少し方向が異なるものがID-Ⅶ「環境色彩プログラム」で、これは色彩パターンを対象として、発生プログラムは持たず評価プログラムだけから成っている。

「誘導都市」第Ⅳ期

これらのシリーズの間に、ID-Ⅳ「流れのプログラム」が位置する。

「流れのプログラム」での課題は、「何がいいのか、ことばでは表せないという条件下で、それでもいいものを生成するにはどうするか」、であった。これは前述のように「誘導都市」開始時からの課題である、価値基準を書き出すことができない、という「本質的」な問題に、正面から答えようとするものだ。何をもっていいものとするか、その価値の基準を決めないかぎり、「いいものを生みだすプログラム」はつくれない。「太陽神の都市」では、「1日何時間以上陽が当たる」、という単純な価値基準が設定されている。こうした数値化できる基準であればプログラム化できる。

一方、「発生街区の都市」では、「歩いて楽しい」道が、「道のパターンの変化率の微分値」を使って設定されている。しかし、それらの設定が「いいか」どうかは保証の

かぎりではない。たまたまそう設定しただけだ。日照時間の定義は容易だが、「楽しい」道はそうはいかない。「楽しさの基準」は仮定だ。前提に仮定が多いと、そのあとに続くアルゴリズムの有効性が減少する。

そこで、発想を逆転し「価値の定義をせずに」、価値を持つと評価できる成果品を生みだす方法、を考えた。その鍵は「何がいいのかは言えなくても、いいものを見ればわかる」、という点にある。多くのプログラムではプログラムが出してくる成果品を並べて、そのなかから気に入ったものを選んでいる。それなら、並んだ成果品に評価点をつけてプログラムに返せばよい。プログラムは評価点と内容を照合して、高い評価点がつきそうだとプログラムが「判断」できる案を出してくる。それにまた点数をつけて返す。これを繰り返しているうちに、いつかはよいものにたどり着くはずだ。これは「学習する」プログラムである。しかし思ったより難しい。いわゆる対話型GAもニューラルネットNNも、いくら教え込んでもプログラムはなかなか、かしこくならなかったのである。

「誘導都市」で何がよくなるのか

絡み合った紐が解けること

絡んだ2本の紐は、相手を巻いてどっちに抜けるかという、とても単純でわかりやすい仕事をしているだけだ。別に複雑な現象ではない。しかしそれが多数になると、こんがらがってどうにもならない複雑な状態になる。こういう相手を解くのはプログラムが得意だ。

「太陽神の都市」ではひとつのユニットの影は周囲のユニットに落ちる。相互に影響し合う多数の要素を求める条件に合うように配置するのは、人間業では無理だ。「WEB FRAME」の、繰り返しのないすべて違う形に、指定した約束事を守らせるのも難しい。このように「多数の要素が、単純な相互作用を行う」場合に、「誘導都市」の方法は威力を発揮する。

下から上へ、向かうこと

ふつう設計は上から下へと物事を決める。いきなり細部からは入らない。大きなことから小さなことへ。これはものごとを進める際の当然の順序だ。末端から先に決めていったのでは全体のバランスが壊れる。しかし「誘導都市」の方法は逆である。

まず、部分の関係を決める。これとあれは隣どうしがいいか離れているべきか、分岐はいくつまでか、というように。部分を決める際には全体がどうなるかは考えない。考えてはいけない。全体を考えてしまうと、ふつうの設計に戻ってしまう。全体は考えず、構成要素の相互作用（局所ルール）を決めることに専念する［*］。そして決めるルールは少ない方がいい。少数の約束だけを守って多数の要素を動かすと、結果としての全体の秩序が現れる。だからこそ、上からの設計では思いつかないような新しい全体が登場する可能性があるのだ。

これしかない、ではないこと

ビーナス像でもピラミッドでも、完璧に美しいものはどこか1点でも変えると、その美は崩れてしまう。これしかない、という完成品は、変更を許さない。しかし、「誘導都市」では、そうではない。変更は比較的簡単だ。なぜなら、そこにある設計は、全体の統合性から決められたものではなく、部分の相互のルールから決まったものだか

らである。部分間のルールさえ守られていれば、全体の配列や形が変わっても、所定の性能を発揮する。「WEB FRAME」も「新水俣門」も、これが決定案という唯一の完成形ではない。選ばれた実施案は、いくつかの条件の重なりあう瞬間に固定化されたものであり、もし条件や時間が動けば、違った姿で実現していたであろう。

みんなでつくる、ことができる、かもしれないこと

変更が容易ということは、設計をしているときでも随時、可変的に進められるということである。条件を決めるのは、ひとりの設計者にしかできないわけではない。「誘導都市」のユニットのひとつ、「オンデマンド・シティ」では、学校、病院、コンビニ、住宅、といった都市の基本機能施設の、互いの望ましい「近さ／遠さ」を条件にして配置を生成する。もちろん、ひとによって好ましい「近さ／遠さ」は違う。だからこそ、対象とするひとびとの要求が、その街に適した配置を生むことになる。利用者の要求から生成された街は、どういう形になるのか、その街が姿を現す。

直観と論理

「誘導都市」の方法は、総合的直観力では解けない対象に有効なのであって、その対象とは、複雑極まりないと思えるような相手、のことである。だから、「かっこいい３Ｄ曲面の流体」をつくる、というような場合は、直観の方が早い。普通のCGで充分だ。しかし、できた形が日影規制を満たし、指定環境負荷で、どこも製作可能な曲率限界に収まっていること、という条件をつけると、直観ではお手上げだ。つくっては直す、を繰り返して、時間切れだからもうこれに決めよう、となる。一方、プログラムだと追加した条件を解くことは容易だ。しかし、最初の条件、「かっこいいかたち」は難しい。というか、ふつうは無理である。「流れのプログラム」のような対話型学習プログラムを組んでも、思った成果を得るのは容易ではない。ただ、ハードウエアの能力向上は早く、いずれは力技で可能になるかもしれない。画期的なプログラム技法も登場するだろう。それまで、「総合的直観」と「アルゴリズム」は、それぞれの得意分野を受け持つことで、連携して、単独ではできない高いレベルの成果品を生み出すことが期待される。

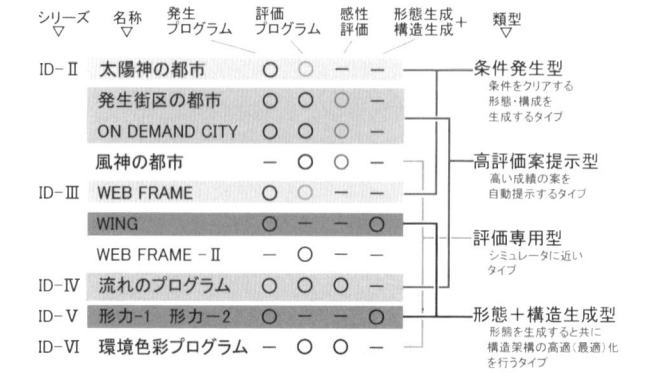

シリーズ	名称	発生プログラム	評価プログラム	感性評価	形態生成＋構造生成	類型
ID-Ⅱ	太陽神の都市	○	○	−	−	条件発生型 条件をクリアする形態・構成を生成するタイプ
	発生街区の都市	○	○	−	−	
	ON DEMAND CITY	○	○	−	−	
	風神の都市	−	○	○	−	高評価案提示型 高い成績の案を自動提示するタイプ
ID-Ⅲ	WEB FRAME	○	○	−	−	
	WING	○	−	−	−	評価専用型 シミュレータに近いタイプ
	WEB FRAME −Ⅱ	−	○	−	−	
ID-Ⅳ	流れのプログラム	○	○	○	−	
ID-Ⅴ	形カ-1　形カ-2	○	−	−	○	形態＋構造生成型 形態を生成すると共に構造架構の高適（最適）化を行うタイプ
ID-Ⅵ	環境色彩プログラム	−	○	○	−	

＊局所ルール以外にマクロな数式モデルも併用する。

「誘導都市」のタイポロジー。「発生プログラム＋評価プログラム」が基本構成。形態発生時の指定条件を満たした上で、さらに最もスコアの高い案を見つけるのが「評価プログラム」。

建築・都市のデザイン

集住体

池田靖史 Yasushi IKEDA

　建築の形態を決定する要因には当然ながら様々なものがある。構造的強度はそのなかでも重要なもので、コンピュータのアルゴリズミックな反復計算能力を利用する手法の研究が最も進んでいる。その一方で情報技術のデザイン一般への浸透にともなって、構造以外の建築形態決定要因にもアルゴリズミックな方法論を適用する試みや研究がはじまっている。たとえば自然界において1枚の木の葉の形態はそれを1点で支える構造的強度の合理性だけでなく、光をくまなく受け、水分や養分の循環を無駄なく行える形態に近づく最適化のアルゴリズムが作用しているであろうことは容易に想像がつく。同じように建築計画においても採光やサーキュレーションの条件に対し、アルゴリズミックな方法論によってコンピュータに有効な形態を追求させる手法がありそうである。ただ建築の形態を決定する要因は考えようによっては無数にある。それにたくさんの要因の間での優先順位もふまえた最終的な総合化の方針、複合的要因の「さじ加減」次第によってデザインの上での判断はまったく異なることも一般的である。コンピュータのアルゴリズミックな反復計算能力を利用する方法を研究したとしても、現実の建築物を建設するための人間の意思決定にとっては参考意見程度にしかならないかもしれない。しかしながらデザインに数多くの複合的要因があることは、可能な限りの試行錯誤やできるだけ広い選択肢の理解がそのプロセスに有効であることを意味し、むしろシミュレーションによる選択肢の示唆というデザイン支援の意義を示しているとも言える。計画条件を分析してアルゴリズミックな解法を考案し、コンピュータの計算能力の速度を活かして、これまでは気づかなかった形態や配置への示唆を得ることは、デザインの価値に説得力のある裏付けを与えるものになるはずだ。

　集合住宅はこうした構造以外の要因の計画手法にとってのアルゴリズミック・デザインの意義と可能性を研究する上で格好の題材である。なぜなら、十人十色の住民が住む「住戸ユニット」という部品の多様性や自律性にも配慮しつつ、集合体全体を制御して計画するシステムを構築しなければならないこの建築の本質的命題が、アルゴリズミック・デザインが得意とする有機的な柔軟性を持つ部分と全体の関係の解法にぴったりだからである。

「集合住宅」という都市的命題

　集合住宅は個人や家族の多様な生活単位を高密度に集約化するための技術的手段という意味で、そのまま「都市のデザイン」という命題に等しい建築タイプである。そのためにその配置・配列の方法や更新手法などの点について、近代都市デザインの問題点と近い位置で議論が続いてきた経緯が

ある。すなわち「人工的な団地」という言葉のイメージに代表されるような、均等な繰り返し配列を主体とする近代的な合理性の単調さや硬直性の問題である。そして長い歴史を経た自然発生的な街が豊かな多様性を許容しながら、それでいて全体としての確かなまとまりをも獲得しているようにみえることとの大きな違いについての疑問である。先に述べたような各住戸への採光の条件やアクセスの分配方法を近代的合理性のもとにできるだけ公平で単純明快なルールで解決しようとすれば、均等な隣棟間隔や、全体から割り込まれた間口、階数などが求められることになる。しかしそれがまさしく「人工的な団地」と批判される単純階層的な空間構造を生み出して、本来多様であるはずのそれぞれの住戸を単調な反復に追いやってしまう。採光やサーキュレーションのような居住のための要因を「全体の均等な分割」に代わる方法で、ある程度のばらつきを多様性として許しながらも

許容範囲内に分配できることこそが、集住体のアルゴリズミック・デザインに期待されることである。例として前節の渡辺誠「誘導都市／太陽神の都市」では一般に行われている連続的な日照確保ではなく、断片的な日照を得られるように、徐々にボリュームを減じていくシミュレーションで求められる集合住宅の形態を示している。また図1の慶應義塾大学池田研究室の集住体計画研究プロジェクト[*]のように、集合住宅でアルゴリズミックな方法を使えば全体を均等割りして住戸ユニットを求める方法ではなく、たとえば部品としての住戸ユニットを条件に合うように追加展開していくことで生成的に配列を求めることもできる。その全体としての形態はいずれも一見ランダムな空隙を含んだ立体ブロックのようになっていて、計画上の条件に対するアルゴリズムの利用が、自然発生的街並のような全体像を計画できることを示している。このように部分と全体の間の関係という都市デ

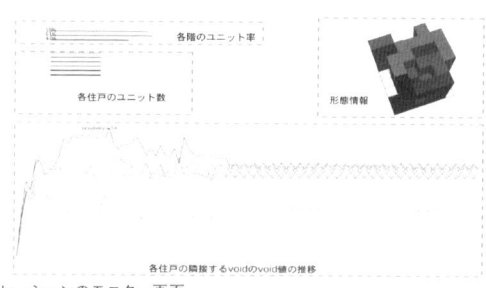

図1 複雑系シミュレーションによる集合住宅計画とシミュレーションのモニター画面

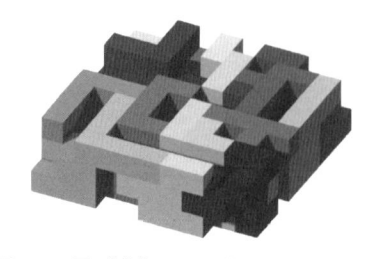

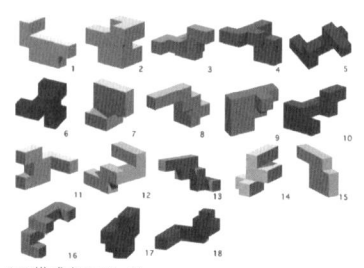

図2 この3層の集住体は18戸の住戸の立体的な組み合わせで構成されている

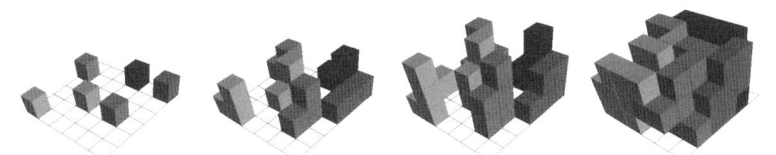

図3 住戸ユニットを増やしながら採光や通風を考えて成長させるシミュレーション

ザイン的に根本的な課題が背景としてあることが、アルゴリズミックな集合住宅の計画手法の研究では大きな意味を持っている。

図2の例では集合住宅の計画の採光・通風・サーキュレーションを考慮しながら、いくつかのキューブ状のブロックで構成された住戸の単位が立体的なパズルのように組み合わさった状態を求めるために、陣取り合戦のようにブロックを増減させる計算を繰り返してボリュームの配置を求めるアルゴリズムを使っている。このとき毎回住戸ユニットで占められていない空隙部分、すなわちボイド部分を採光や通風の評価基準と考えて上空への開放率から各ブロックの評価値を計算する。ユニットは評価値の合計が大きくなる方へ成長し、住戸がすでに規定の最大ブロック数になっていれば、評価値の小さなブロックを手放してボイドにする。図3のようにこのアルゴリズムを繰り返すことによってボイド部分の形状と

その環境的な効果も毎回の計算のたびに移り変わっていく。つまりこのアルゴリズムは住戸のユニットをエージェント（要素単位）としてその間にボイドを媒介にした相互作用が働いているマルチエージェント・モデルのシミュレーションだと考えられる。言い換えれば集合住宅1棟があたかも生き物のように形態を変えるシステムのデザインを求めていることになる。

アルゴリズミック・デザインの適応能力

アルゴリズムを利用した計画手法がこれまでの設計手法に対して強い優位性を持つのは、同じアルゴリズムを使って違う条件の計画が計算可能な点にある。たとえばこの集合住宅のシミュレーションでは図4、図5のように敷地の形状や、1住戸当りの上限ブロック数が違うものでも同じように計算可能である。これは部分から全体へ展開して行く計算方法だからこそ可能な特徴

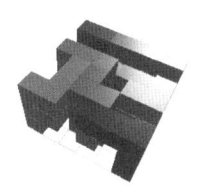

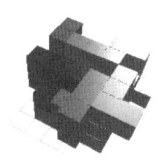

図4 住戸数の違うシミュレーション結果。左から7住戸、5住戸、4住戸

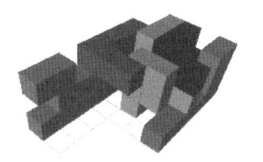

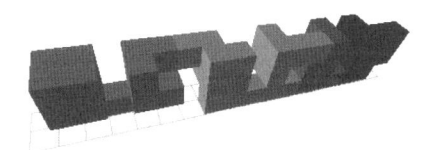

図5 敷地形状の違うシミュレーション結果

であり、生態的なシステムに似たこうした性質は自己組織的な適応能力と呼ばれる。この柔軟な適応能力こそが集合住宅のような都市的な環境のデザインにとって最も大きなアルゴリズミック・デザインの意義だと言える。このシミュレーションの結果ではこうした適応能力はあまり極端な条件の違いには対応できず、一定の範囲の条件の違いで認められること、また計算の途中で条件を変更して再度繰り返し計算の続きを開始しても適応できることを確認している。図6は計算途中で敷地を拡張して、そちらに住戸が触手を伸ばすように徐々に展開していって順応していく様子である。このように与えられた環境に適合して成長しようとする生物のようにシステムが働くためにはアルゴリズムとそのプロセスを制御するパラメーターが適切に調整されていなければならない。

集合住宅を成長や
変化のプロセスとして設計する

注目すべき点はこのシミュレーションが結果として、集合住宅の計画を「成長や更新のプロセス」として設計していることである。図6の敷地拡張のような例は実際には稀でも、たとえば住民の移動や出産、結婚などの家族形態の変化のように、住戸ユニットに対する要求の更新は普通の集合住宅でも起こりうることである。一般的には困難な集住体内での住戸面積の増減にたいしても適応能力のあるアルゴリズムを見出すことが可能である。だとすればこのシミュレーションはただ単に集合住宅をブロック状のボリュームの多様な配列の集合体として設計するだけでなく、最初の設計が建設された後に起きる増築や改修による将来の更新をあらかじめ予測するシミュレーションとして効果的である。これまでも建築計画において、コンピュータは避難時の群衆流動のような時間軸変化をシミュレーションしてデザイン選択の判断材料にする場合に使われている。時間の流れを早めれば集合住宅の空間要求もダイナミックな設計条件の変化であり、シミュレーションによってその変化に適合できるシステムを設計することができるとも言える。

シミュレーション結果の現実的利用と
デザインのフェーズを貫くアルゴリズム

増築や更新のシミュレーションとしても計画と同じアルゴリズムが使えることは、そのデザインが将来の変化に対してどのような柔軟性や適応性を持っているかを分析するのに有効に利用できる。しかしそれだけではなく、実際に住戸ユニットの条件変化が起きて更新をする機会には、アルゴリズムによって適切な新しい配列を求めることもできる。もちろん現実に住戸ユニットのボリュームとボイドを入れ替えるような配列の更新をするためには、ブロックの構造や施工方法などに非常に高度な工夫を必

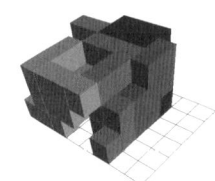

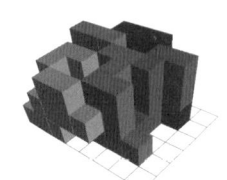

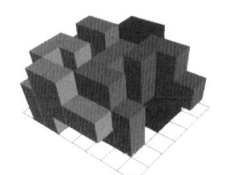

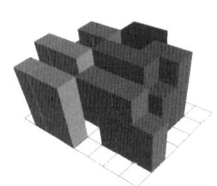

図6 計算後に敷地を拡張して再計算した様子。既存の住戸が伸びてゆく

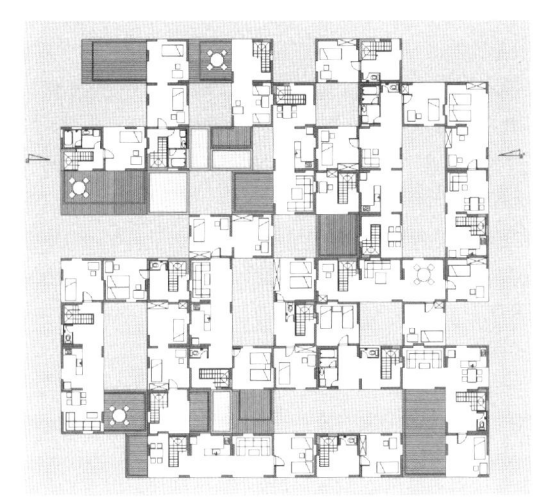

図7 計算結果に基づくプランニング

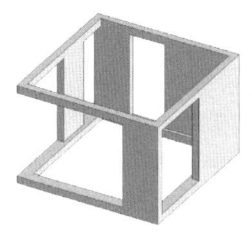

図8 プランニングの自由度を考慮したユニット

要とすることになる。またこのケースのように住戸ブロックが計算された後、デザイナーはその結果を住戸として利用可能なようにプランニングする作業をしなければならない［図7］。この作業を実質的に可能にするために同じユニットで柔軟なプランニングをする技術も必要になる。この例ではプレキャストコンクリートの非対称ブロック［図8］の回転配置によるバリエーションがプランニングの柔軟性への対応を追求しているものの、具現化するにはまだ課題も多い。しかし最初に述べたようにこれは自然発生的な歴史的都市である程度は実現されてきたことでもある。都市というシステムのデザインの追求としては、将来起こりうる変化や許容すべき多様性の分析方法、現時点での条件を満たす計画の具体的選択肢の提示による計画方法、完成後に継続的に起きる条件変化に適応するための更新方法の3つのフェーズすべてが問題となる。シミュレーションは分析・計画・更新のすべてを貫く共通のアルゴリズムの発見を課題とすることになる。

*池田靖史、岩瀬隆太、半田貴昭との共同による「複雑系システムを応用した集合住宅シミュレーションに関する研究」

建築・都市のデザイン

形のジェネレータ

池田靖史 *Yasushi IKEDA* ＋ **木村 謙** *Takeshi KIMURA*

　構造や採光や交通流動など明確な計画条件を解決することを目的にすることはデザインに対する比較的に理解しやすいアルゴリズムの利用方法である。しかしデザインは必ずしも問題解決的な方法で決められるのではなく、発見的な方法で進められることも多い。予想していないところからインスパイアされた形態が結果として新しいデザインを生み出す大きな飛躍のきっかけとなるような体験は誰もがしたことがあるものだ。これまでより複雑な幾何形状であっても、アルゴリズミックにあつかうことでたくさんのバリエーションの生成ができるようになり、そこからデザイン展開のきっかけをつかむケースも少なくない。

　コンピュータを操作していて、単純な形態描画コマンドであってもパラメータを変化させることで、様々な形のバリエーションが次々にディスプレイに表示されるのを見ると、コンピュータが新しい形を考え出してくれているような錯覚を持つことがあるかもしれないが、それは決められたルールにしたがって、黙々と計算をして結果を表示しているに過ぎない。ところが、こうした試行錯誤を繰り返していると、この「単純なルールにしたがって黙々と計算する」性質をうまく利用して、これまでにない新しい形態をつくり出すことができるのではないか、そうやって側面から人の創造的な行為を助けることができるのではないか、ということに思い至る。つまりこのとき生成のルールは明確な問題解決のためよりも、とりあえずできるだけ豊かなバリエーションを生成して、デザイナーの発想の展開を刺激するために、自動化された「形態のジェネレータ」として使われる。もちろんこのコンピュータによる「思いつき」はその後、生成ルールとその設計で求められていることの関係を再度見直し、そこに論理的な目的を見出すことによってデザイ

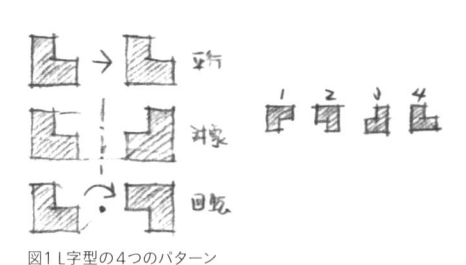

図1 L字型の4つのパターン

図2 組み合わせバリエーション

第IV章［研究篇］

ンが説得力のあるものになることは当然である。これはコンピュータにかぎらず、「思いつき」から「目的」そのものを逆流して探すことで発見的な展開を可能にするデザイン特有のプロセスである。設計のプロセスのなかで、計画条件が曖昧な企画段階や、固定化された発想を一度壊して新たな展開を見出したいといった場面では思ったよりも有効である。

単純なルールから多様な形態を生み出す

形を作り出すルールに対する期待は、コンピュータの利用がはじまった当初からあった。渡辺仁史と木村謙らによる「デジタルエスキス」の研究例は、L字型を平行移動、反転、回転させてできる図形を4つ考えて[図1]、それらの組み合わせを検討したものである。様々な組み合わせのなかから、設計者がよいと思うものを選びレイアウトを検討している[図2]。グラフィックの表示がまだほとんどできないころから、人手だけでは考えつかない可能性を求め、アルゴリズムによる形のバリエーションの生成を試みていた。

ほどよいばらつきを生み出すジェネレータ

先の例は、すべてのパターンがちょうど90度刻みで回転するというルールに律儀にしたがったものだが、あまり律儀すぎると、意外性に欠け、おもしろみがないと感じることがある。バリエーションを生成するのは単調さを避けてばらつきがある集合体にしたいことが理由である場合が多い。こうしたときに登場するのが乱数[*1]である。ルールに乱数をかけることで、思い

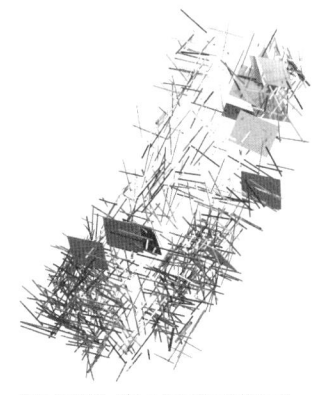

図3 ほどよいばらつきを持つ形態生成

がけない形に出会う確率が高くなる。乱数発生自体もアルゴリズムと言えなくもないが、うまく調整すれば、出てくる結果はまったくのでたらめ（乱数）というわけでもなく、密度等にある許容範囲を保持した「ほどよいばらつき」を持つことになる[図3]。

こうしたほどよいばらつきは自然物の造形にもよく見られるが、カオスやフラクタル（第III章技術篇参照）など、複雑系の理論のなかにもこうしたばらつきに関係するものが多い。外部条件に対して均等配列以外の解を得られることはアルゴリズミック・デザインの持つ優位性であり、それを意識させる「形のジェネレータ」を使うことができればデザイナーの発想を支援する大きな可能性があると考えられる。

群れをなす形を生み出すジェネレータ

ここまで見てきたようにアルゴリズムを利用して生成された形態は、その単体よりも共通のルールを持つ「群」として捉えた方が論理的な構造を直感的に理解しやすい。単純な要素の組み合わせで構築された全体は、それぞれの要素が群れをなす「群造

図4 群れをなす形態生成の例

形」ととらえられる［図4］。「群造形」とは、古い民家の集落のように、人間の活動のなかから自然発生的に現れた建築デザインのひとつの様式である。都市計画的な規則に則っていないにもかかわらず、隣接する住戸の関係が一定の許容範囲のなかに限定されることが、全体として調和の取れた空間を作り出しているところに自己組織性（第Ⅲ章参照）を見ることができる。その多様性のなかに隠されたルールの存在が現代もデザイナーの関心を呼ぶのである。アルゴリズミック・デザインの魅力のひとつは、観察者からは見えないルールを内包している（であろう）ことで、個々の要素が協調して構造をつくり出し、美しい形態、空間の創出に繋がることである。次に述べるGrowing Objectでは、この形の群れの調和を、個々の要素の形態と、要素間で形の性質（単純に「丸い」とか「四角い」ということ）を引き継ぐ（性質の伝搬）ことで再現している。

Growing Object

設計者によるCAD利用が普及し、さらには3次元形状もそのなかで検討するようになってくるにつれ、こうした手法をCADに取り入れる試みもなされるようになってきた。

産学共同研究プロジェクトとして開発されたGrowing Object［*2］はそのひとつで、ここにあげた形態生成の手法を、植物にたとえて解釈し、タネとなる形を設定し、それが群れとして周囲と影響し合いながら成長し、世代交代を重ねていくように育つ形をつくるシステムを意識した形のジェネレータである。タネは、CADであつかえる簡単な幾何形状に、大きさ、位置、向きそれぞれの変化量をパラメータとして持っている［図5］。基本的には、タネが場に置かれると、変化量にしたがって次の世代のタネを生み出し、自らは消滅する。次の世代のタネには元のタネのパラメータが継承される。たとえば、大きさの変化量が2で他のパラメータが0であった場合、次々と大きさが2倍のタネを生み出してゆき、あたかも元のタネが倍々と大きくなっていくように見える［図6］。

このままではパラメータはすぐに巨大化して発散してしまう。あるいは単純なパラメータの平準化のルールでは決まった値に収束してしまう。カオス理論（第Ⅲ章参照）が示唆するようにパラメータの変化に方向づけをしつつも発散しないような状態をここに与える必要がある。そこで、優性遺伝（顕性遺伝）の考え方を取り入れ［*3］、各パラメータを対（遺伝子対）にして、顕在する遺伝子（形態決定に使う）とそうでない遺伝子（形態決定に使わない）を保持し、ある範囲のなかでパラメータが変動することとした。タネが複数置かれると、お互いに近くのタネ同士でパラメータを交換して次の世代のタネをつくり出す。たとえば、はじめのタネの横に大きさの変化量が0.5のタネを置くと、次の世代のタネは、倍に

なったり、半分になったりと、より多様な形が生まれるようになる［図7］。世代交代をさせると様々に形が変化し、形のバリエーションを自動的に発生するという目標がこれで達成されている。

さらに、突然変異の考え方を取り入れ、ある確率でパラメータが大きく変化するようにした。決まった幅のなかでの変化を見たい場合にはこの確率を小さくし、意外性を追求したい場合には、この確率を大きくして調整する。その一方で一定の許容範囲のなかにある形態が生き残りやすいように、交配する形態の相互関係を評価する仕組みも準備している。

設計者はこうした緩やかで間接的な手法によってのみこのGrowing Objectのまとまりを制御できる。

アルゴリズミック・デザインと形態生成

Growing Objectはばらつきとまとまりを持った群を生成することを可能にして設計者の発想を支援することを目的につくられた。ここで植物や遺伝など自然界のアナロジーを使っている理由は、そうすることでルール操作の理解を助けると考えてのことである。ここではプログラム言語という形でアルゴリズムを理解しない設計者がアルゴリズミック・デザインに取り組めるように、その論理的プロセスをあつかいやすくすることを重視しているのである。同時にGrowing Objectは既製のCADに組み入れる形で、できるだけ他のデザイン行為と連続した直感的な使いやすさも重視した。これはアルゴリズミックな形態の構造を気軽にあつかえるインターフェースが、実用的な形のジェネレータ実現のためには重要だと考えたからである［図8, 9］。

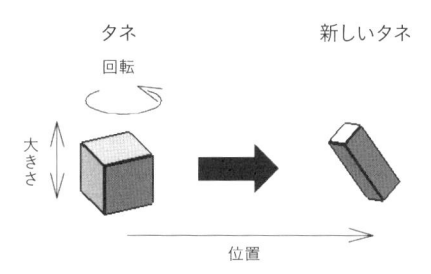

図5 タネとそのパラメータ

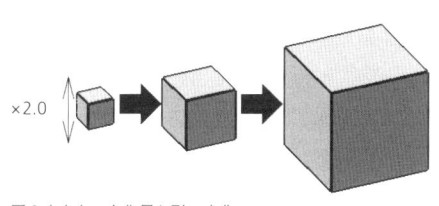

図6 大きさの変化量と形の変化

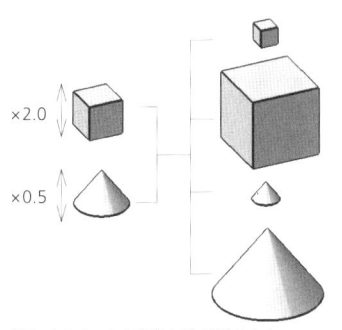

図7 パラメータの交換と次世代のタネ

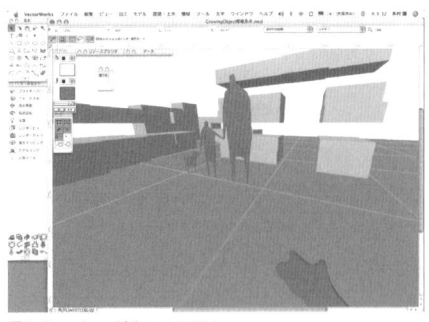

図8 Growing Objectシステム

図9 学生の作品例

さらに、よりインタラクティブに形のアルゴリズミックな変化や生成されたバリエーションの視覚的効果を体験するための試みとして、任意の断面を表示するタンジブルインタフェースや、没入型のスクリーンと組み合わせることも試されている。ここではアルゴリズムを利用した形のジェネレータとして、できるだけプログラム言語を意識させずにおくにはどうするかということが追求されている［図10, 11］。

Growing Objectはアルゴリズミック・デザインの考え方をこれからのデザイナーに理解させるため実際に慶應大学等の教育の現場でも使われている。一方、ほどよいまとまりとばらつきを持った群造形が構造力学的にも意味があるケースや、ダイナミックに変化する利用アクティビティに適合しやすいことに利点があるケースなどが理解されるにつれ、こうしたアルゴリズミックな形のジェネレータが今後、実際の建物にも応用されていくだろう。

*1 一般のコンピュータプログラムでは、疑似乱数（pseudo random）で代用する。
*2 「デジタルエスキースツール開発コンソーシアム」慶應義塾大学池田靖史研究室＋早稲田大学渡辺仁史研究室＋竹中工務店＋エーアンドエー
*3 遺伝的アルゴリズムとは直接関係ない。

図10 タンジブルインタフェース

図11 没入型スクリーン

建築・都市のデザイン

デザインの定式化とそのアルゴリズム
かたちの構成論的シンセシスの基底

藤井晴行 *Haruyuki FUJII*

はじめに

アルゴリズミック・デザインという語から連想することはデザインする過程の全体あるいは一部をアルゴリズム化するという試みである。その可能性について考察する。

デザインとアルゴリズム

「デザイン」という語は多様な意味をもつ。日常用語としても術語としても用いられる。意匠とか図案とかを指すこともあるし、何かを創出する人間の活動を指すこともある。後者の概念を指す語として「デザイン」を用いよう。デザインには知的で創造的なイメージがある。デザインでは論理的に思考したり、直感的に思い描いたりして、何かを決める。デザインにはおおまかな枠組みや流れはあるが、あらかじめ逐一定められた手順があるわけでなない。指示された通りに行えば必ず答え（設計案）が出来上がるというものではない。デザインはそういう特徴をもつものであると私たちは認識している。

アルゴリズムはある種類の問題を解決する機械的手順を構成する数学的操作の集まりである[1]。アルゴリズムに問題を入力し、あらかじめ定められた手順にしたがって操作すれば、それに対応する答えが出力として得られる。同じ問題を同じアルゴリズムに入力すれば毎回同じ答えが出力される。

四則演算の答え（出力）が、問題（入力）が同じであるにもかかわらず、毎回異なるものになることはない。何かを手順どおりに行って結果を得ることに創造的なイメージはあまりない。誰がアルゴリズムを遂行しても、手順を誤らなければ、必ず同じ結果が出る。アルゴリズムはそういう特徴をもつものである。

デザインのプロセス全体をアルゴリズム化することは可能だろうか。デザインがある種類の問題を解決する営為だとすれば、その問題を数学的論理的に定式化することからはじめて、デザインの問題を解くアルゴリズムがあるかないかを探究することができるかもしれない。もしも、そのようなアルゴリズムがあることがわかったら、デザインにおける創造性と私たちが信じるものごとはアルゴリズムにおいてどのように表現されるのであろうか。デザインがアルゴリズム化されたときに、デザインにおける創造性は幻想にすぎないということになるのだろうか。

デザインについての経験的仮定

デザインは目的を有する有目的な営為である。デザインには、事物現象を強用美の理に適うべく実現させるという目的、自分の世界の中心を構築するという目的、金銭を得るという目的、自己表現をするという目的など、様々な種類の目的が関わる。

デザインされる事物現象はその設計における目的を反映する。

　デザインは意図的な営為である。目的を果たすという意図をともなう行為が、デザインにおいて、選択され、実行される。意図的な行為をまったく含まないデザインがあるとすれば、それは行動の選択の余地がまったくないデザインであるか、すべての行動が任意に選択されるデザインである。行動の選択の余地がまったくない状況というのは、投了直前の将棋のように、選択しうる行動がそれまでの行動の来歴から因果的に決定されてしまう状況か、あらかじめ定められた手順（アルゴリズム）や行動の制約からの逸脱がまったく許されない状況であろう。任意に選択された行動をなすことによってのみ目的が果たされるならばデザインには目的を果たすための行動計画を策定することは必要ないことになる。

充足問題の解決プロセスとしての デザインの定式化

　デザインの目的はその実現をめざす事物現象の特徴によって記述される。「かくかくしかじかなる建物や空間を実現する」とか「かくかくしかじかなる環境を構築する」とか「かくかくしかじかなる生活を営む」とかにおける「かくかくしかじか」が建物や空間や環境や生活などの事物現象の特徴を示す。目的として記述されるのは関心をもたれている特徴である。必ずしもすべての特徴が明示されるわけではない。住まいのデザインにおいては、たとえば、構造、材料、空間構成、熱的性能、コストなどの住宅の特徴、その住宅で営まれる生活の姿や質などの特徴が目的として示される。

　事物現象概念の集合をAとする。集合Aはいまここにある事物現象や過去に存在した事物現象のように顕在化している事物現象概念や未来に現れる可能性がある事物現象のように潜在的な事物現象概念からなるものとする。事物現象概念はそれぞれがもつ特徴の差異によって互いに異なるものとして区別することが可能である。特徴pをもつすべての事物現象概念からなる集合Aの部分集合をApとする。特徴pをもたないすべての事物現象概念からなる集合は集合Apの集合Aに対する補集合である。特徴pと特徴qの両方をもつすべての事物現象概念の集合は集合Apと集合Aqの積$Ap \cap Aq$である。特徴pと特徴qのどちらかをもつすべての事物現象概念の集合は集合Apと集合Aqの和$Ap \cup Aq$である。これらの関係を図1に示す。楕円は事物現象概念の集合を、楕円内の黒丸は個々の事物現象概念を、それぞれ示す。事物現象概念a、b、c、dが特徴pをもち、事物現象概念d、e、f、gが特徴qをもつ。事物現象概念dは特徴pと特徴qの両方をもつ。集合Apと集合Aqと集合Arの積$Ap \cap Aq \cap Ar$は特徴p、q、rのすべてをもつ事物現象概念の集合を示す。図1ではそのような事物現象概念は存在しない。

　目的に適うデザインを行うということは目的として記された特徴をもつ事物現象の概念を発見または発明することである。デザインの最終目的は特徴pをもつ事物現象を実現することであるとしよう。デザインは「事物現象概念の集合Aが与えられているとき、ある特徴pをもつ要素の部分集合Apの要素を見つけること」と定義できる。この定義はサイモンらによる問題解決 problem solving の形式的な定義と同等である。すなわち、デザインが有目的な営為であるならば、デザ

a concept of object or phenomena

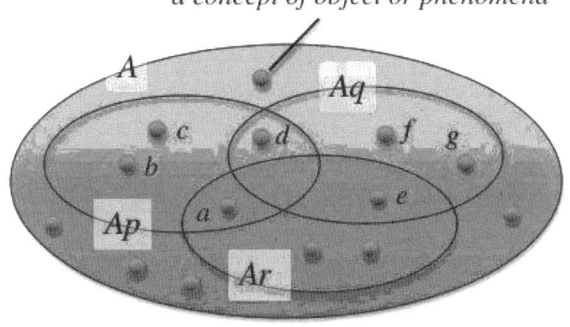

図1 事物現象概念の集合(1)

インは問題解決として定式化可能である。

　個々の特徴を記号によって区別することにする。特徴を区別する記号の集合をUとする。図1ではp、q、rがUの要素にあたる。目的を記すときに「特徴pをもたない建物であること」という否定形を用いることがある。否定形をあつかうために記号$\bar{p}$を用いることにする。特徴$\bar{p}$は特徴pをもたないという特徴を示す。集合Uの要素、および、その否定をリテラルという。有限個のリテラルの集合を集合Uの上の節という。デザインにおいて目的とする特徴を集合U上の節の有限集合Cとして記述し、集合Cを充足するために制作する事物現象の特徴を決定することをデザインとする。ここで、節の有限集合Cが充足するということは集合Cに属するすべての節が充足するということである。節が充足するということは節に属するリテラルが指す特徴の少なくともひとつが実現されていることであるとする。たとえば、$C = \{\{p\}, \{q, r\}\}$は「特徴pをもち、かつ、特徴qと特徴rの少なくともひとつをもつ」ということを表す。集合Cを目的集合とよぶ。

　デザインにおいて決定する事物現象の内容も特徴によって記される。目的として記された特徴をもつ事物現象概念の探索はデザインすることによって決定できる特徴を明確にしていくことによってなされる。デザインの進捗につれてデザインされている事物現象の特徴が明確になり、それに応じて、目的である特徴が実現されているか否かが明確になる。デザインにおいて決定する特徴も目的と同様に集合U上の節の有限集合Caとして記述することにする。たとえば、$Ca = \{\{\alpha\}, \{\bar{\beta}\}, \{\gamma, \bar{\gamma}\}\}$は「特徴$\alpha$をもち、かつ、特徴$\beta$をもたず、かつ、特徴$\gamma$をもつかもたないかどちらかである」ということが明確にされていることを表す。集合Caを形式集合とよぶ。目的に適うデザインが行われたということは形式集合Caと目的集合Cの和集合$Ca \cup C$が充足しているということによって示される。図2は図1にデザインにおいて決定する特徴を示す部分集合を加えたものである。この例は、「特徴aと特徴gをもち、かつ、特徴bをもたない」事物現象が「特徴pをもち、かつ、特徴qをもつ」事物現象であることを示している。すなわち、「特徴aと特徴γをもち、かつ、特徴βをもたない」をデザインすることによって「特徴pをもち、かつ、特徴qをもつ」という目的が果た

される。このとき、$Ca \cup C = \{\{a\}, \{\bar{\beta}\}, \{\gamma\}, \{p\}, \{q\}\}$ は充足している。

特徴のなかには法則的な関係をもつものがある。関係は、たとえば、「特徴pをもつならば特徴qをもつ」、「特徴pと特徴qは同時に実現しない」、「特徴pと特徴qのどちらか一方が必ず実現する」などの形式で示される。節を用いると、それぞれ、$\{\bar{p}, q\}, \{\bar{p}, \bar{q}\}, \{p, q\}\}$ が充足するということによって表される。図2においては、「特徴γをもつならば特徴qをもつ」、「特徴aと特徴βは同時に実現しない」という関係がある。すなわち、$\{\bar{\gamma}, q\}, \{\bar{a}, \bar{\beta}\}$ が充足する。このように、事物現象の特徴の間にある法則的な関係も集合U上の節の有限集合によって表現できる。この集合をCtとし、法則集合とよぶ。

目的集合、形式集合、法則集合を用いると、デザインは法則集合の制約下で目的集合を充足する形式集合を得る営為であると定義できる。すなわち、$Ca \cup C \cup Ct$を充足するという問題の解Caを見つける問題解決過程として定式化できる[2)]。記号の集合上の節の有限集合が充足するか否かを決定する問題は充足問題 (SAT) とよばれる。充足問題はNP-完全問題という、問題の規模が大きくなるにつれてその問題を解決するために有する時間が爆発的に増加する問題である。ただし、非決定論的チューリングマシンという仮想計算機を用いたアルゴリズムによっては爆発的には増加しない計算時間で解決できる可能性はあると言われる。問題解決過程としてのデザインが解決すべきは充足問題と同等である。すなわち、デザインをアルゴリズミックに遂行することは可能であるが、巧みなアルゴリズムを用いなければ、計算量の観点から手に負えない問題となる。

デザインのアルゴリズム

デザインが問題解決のプロセスとして定式化できるということは、デザイン問題に解があればそれを提示し、解がなければそのことが判明した時点で終了するアルゴリズムがありうることを含意している。いかなるアルゴリズムであろうか。

代表的なアルゴリズムは生成—検証アルゴリズムである。形式集合Caを解の候補として生成し、充足すると仮定する。このとき、$Ca \cup C \cup Ct$が充足すればCaが解であることが検証される。$Ca \cup C \cup Ct$が充足しなければ新たなCaを生成し、それ

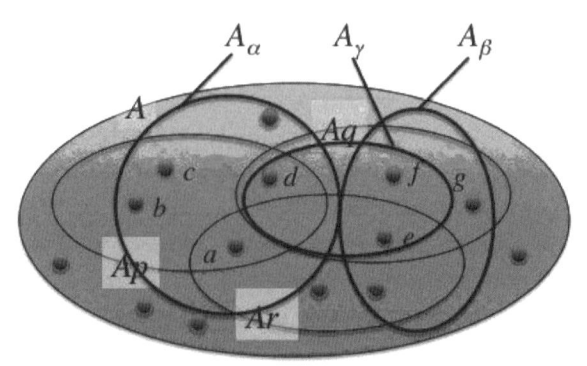

図2 事物現象概念の集合(2)

が解であるか否かを検証する。この手順を Ca が解であることが検証されるまで繰り返す。運が良ければ、1番目の候補が解となりうる。最も計算時間が長くなるのは、デザインによって決定する特徴がN個のとき、2^N 番目の候補まで生成した解の候補が検証されない場合である。運が悪ければ、2^N 番目の解の候補も検証されない。このアルゴリズムは、解候補の生成に特段の工夫がなければ、任意に解の候補を生成し、それが解であるか否かを検証することの単純な繰り返しである。解が存在するならば確実に得られるアルゴリズムであるが、人間が行うデザインと比較すると意図的または知的な感じがしない。

検証されると期待される解の候補を生成し、検証の期待が薄い解の候補の生成は避けるという直観的な判断を人間はするように思われる。たとえば、事物現象が特徴 γ をもつならば特徴 q が実現するという法則性を意識的に適用するとき、特徴 q の実現が目的に含まれているデザインにおいて特徴 γ をもたない解の候補の生成は行わない。このような論理的な推論によって解の候補がしぼられる。また、論理学的に合理的な根拠があるわけではないが、経験的な蓋然性や直観に基づく判断によって、何らかの法則性を仮定し、その仮定に基づく論理的推論によって解の候補をしぼり、解を探索する方法もある。不確定な特徴を暫定的に措定してデザインを進める。その後の過程において確定していく特徴と措定や措定から導かれる特徴などが論理的に矛盾することが判明したとき、措定までデザイン過程を遡り、措定した特徴を偽と確定し、想定から導出された特徴の真偽を全体の論理的整合性が維持されるように修正する。この

ような推論は非単調推論とよばれる。非単調推論では、一度確定した特徴は取り消されない。

デザインの思考過程を科学的探究になぞらえると次のようなモデルになる[3]。こんな特徴をもつ事物現象を実現させたいという意識をもつことからデザインがはじまる。経験や現況の観察を踏まえ、事物現象にかくかくしかじかなる特徴を与えればこのような特徴が実現されるという法則性の仮定のなかからもっとも正しいと思われるものを選択する発見的推論を行う。選ばれた仮定が真である場合、かくかくしかじかなる特徴を実際に与える行為をなすことによって目的とする特徴が確かに得られることを演繹的に推論する。この行為を実際になし、予測と実際の帰結の一致度を経験的に捉え、予測と帰結が異なる場合、何が得られたかを帰納的に推論する。実現させたい事物現象の特徴とそのために適用する法則性の仮定を修正し、上記サイクルを繰り返す。すなわち、発見的推論、演繹的推論、環境とのインタラクション、帰納的推論の繰り返すアルゴリズムによって解を探索する。

まとめ

デザインする過程の全体あるいは一部をアルゴリズム化する可能性について考察した。

建築・都市の解析とシミュレーション

建築の幾何学的解析

佐藤祐介 *Yusuke SATO* ＋ 新宮清志 *Kiyoshi SHINGU*

自然のかたち、人工のかたち……その別にかかわらず、私たちの身のまわりには様々なモノがあり、モノには固有のかたちがある。かたちをいかに数学的に捉え、解明するかということは非常に困難をともなう作業であるが、従来取りあつかわれていなかった複雑なかたちのなかにフラクタルというひとつの数学的アプローチを示したのがマンデルブロであった。自然界に存在する多くのかたち（ランダムなパターンを含む形態）の特徴を知るうえで、フラクタル次元は有効な指標となる。

たとえばリアス式海岸のような海岸線の形状のフラクタル次元は、線の次元である1よりも大きい値（1.3程度）となり、その値からも図形としての複雑さが理解できる[1]。

本節ではさらに一歩踏み込んで、人工的なかたちである建築形態を対象とした、フラクタル次元のような形態的特徴を知ることのできる指標の創出を考える。

かたちの定量化

建築形態の特徴を考えるうえで、対象となる形態が直線による直角構成か否かに着目し、ある程度パターン化して捉えてみたい。

直線による直角構成は理知的で硬直・明確な印象を与えるものが多く、建築の形態としては今日においてもなおポピュラーな存在である[2]。そのためか、円形や斜方向の壁面、あるいは歪曲した壁面等を備えた形態に対して、どこか非日常を想起させる奇妙な印象を受けることがある。こうした形態を、直角構成に相対するものとしてここでは非直角構成と呼ぶ。

ただ、一口に非直角構成といっても、形態のある一部分のみに異なった構成を持つものから、各部分にあらゆるスケールで多様な変化を見せるものまで様々なかたちが含まれる。であるならば、対象形態がどのくらいの非直角の部分を有しているか、その度合いを定量化することで、建築形態の特徴を評価するうえでひとつの指標となるのではないだろうか。そうした非直角の度合いを定量化する手法を考えてみたい。

ボックス・カウント法

平面図形におけるフラクタル次元の定量化手法としては、ボックス・カウント法（以降、BC法と略す）が知られている[3]。BC法とは、正方形（通常ボックスと呼ぶ）メッシュによる細分の被覆によりフラクタル次元を近似的に算出する簡易的な手法である。以下に算出手順を示す。

① 対象となる図形を正方形メッシュで被覆する。
② 図を含むボックスを抽出する。
③ ②で抽出されたボックスの総数を算出

する。さらにボックスのスケールを変えた上で、同様の作業を行う。
④ ③で得たボックスの総数および使用したボックス・スケールの逆数を、両対数グラフにプロットする。
⑤ ④で作成した両対数グラフより得られる回帰直線の傾きを算出する。この算出値が対象図形のフラクタル次元である。

なお③では、メッシュを構成する正方形の辺の長さをd、d/2、d/4と何度か変えて、図を含むボックスの抽出を行うものとする。

ここで問題となるのが、あくまでBC法はフラクタル図形（巨視的に見ても微視的に見ても、その複雑さや特徴にあまり変化がない図形）を対象とした定量化手法であるということだ。このような性質は自己相似性と呼ばれており、自然界に存在するかたちには統計的にこの性質を有しているものが多いことが確認されているが、もちろん建築その他の人工物のかたちには、一般的に自己相似性はない。

試みに、既存の建築形態（平面のかたち）をもとに作成した図形A〜CをBC法での評価対象とした場合、各々の算出値に顕著な相違は見られない結果となる［表1］。BC法において建築のかたちは適切な評価対象ではないことの証左といえよう。

修正ボックス・カウント法

従来のBC法におけるボックスの抽出方法に少しの工夫を加えることで、建築のかたちを対象とした定量化手法となりえる。それが修正ボックス・カウント法（以降、修正BC法と略す）である[4,5]。以下は修正BC法におけるボックス抽出の手順である。

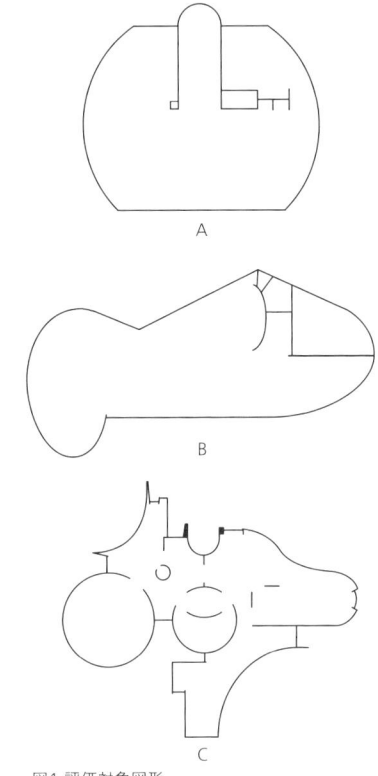

図1 評価対象図形

ⓐ 対象となる形態を正方形メッシュで被覆する。
ⓑ 図を含むボックスを抽出する。
ⓒ ⓑで得たボックス群のうち、ふたつ以上の線が交差・包含する箇所の図を含むボックスを削除する。
ⓓ ⓒで得たボックス群のうち、ふたつ以上のボックスが斜方向に連結されている部分のみ抽出する。

以降、ボックスを抽出した後の作業はBC法と同様であり、前項③〜⑤の手順にしたがう。

評価対象は先の図形A〜C［図1］とした。なお正方形メッシュのスケール変換は4回

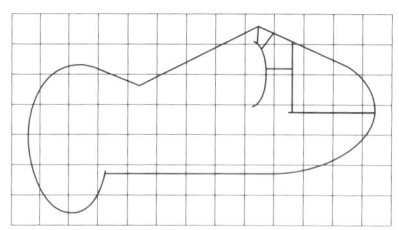

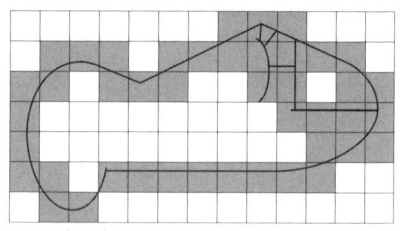

a 正方形メッシュで被覆
b 図を含むボックスを抽出
c 線が交差・包含するボックスを削除
d 斜方向に連結されているボックスを抽出

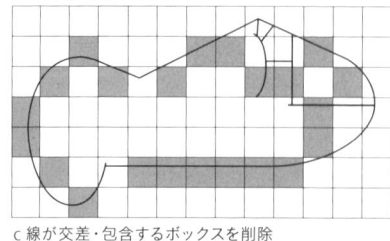

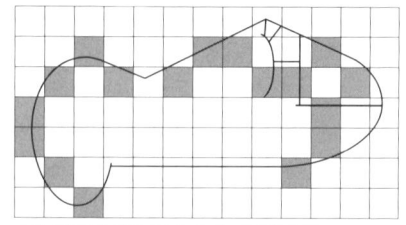

図2 修正BC法におけるボックス抽出フェーズ

（1辺の長さがd、d/2、d/4、d/8）としている。

非直角の度合いを定量化する試み

先に述べたようにBC法により算出した値にはほとんど差が見られないが、修正BC法による算出値には少なからず差異が生じた［表1］。

修正BC法による算出値が高くなる要因は、正方形メッシュの細分にともなう、ボックス抽出範囲の拡大の度合いである。図3〜5は、各評価対象におけるボックスの抽出範囲（図中破線で囲まれた箇所）を大まかに捉えたものである。各図を比較することで、正方形メッシュの細分の縮小にともないボックスが抽出される範囲が拡大していく様が理解できよう。

対象図形	A	B	C
B.C.法による算出値	1.05	1.05	1.06
修正B.C.法による算出値	1.05	1.14	1.32

表1 BC法および修正BC法における算出値

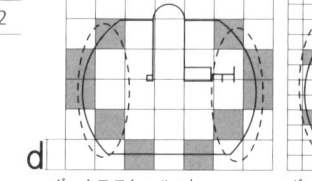

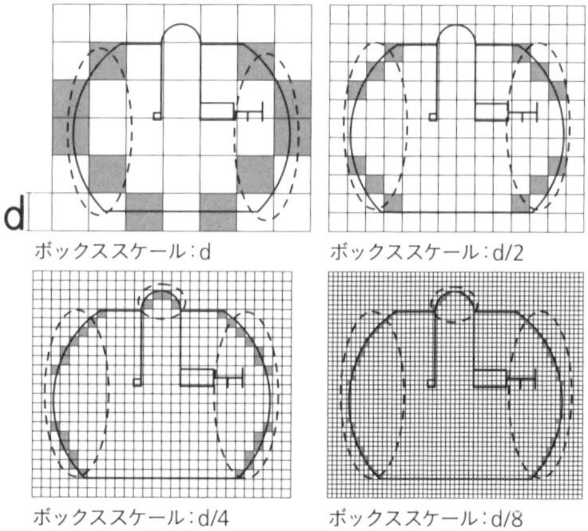

ボックススケール：d
ボックススケール：d/2
ボックススケール：d/4
ボックススケール：d/8

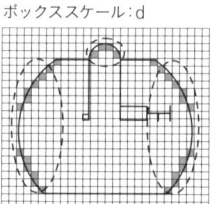

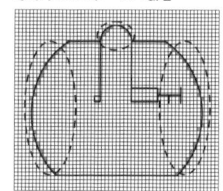

図3 図形Aのボックス抽出範囲

ボックススケール:d

ボックススケール:d/2

ボックススケール:d/4

ボックススケール:d/8

図4 図形Bのボックス抽出範囲

ボックススケール:d

ボックススケール:d/2

ボックススケール:d/4

ボックススケール:d/8

図5 図形Cのボックス抽出範囲

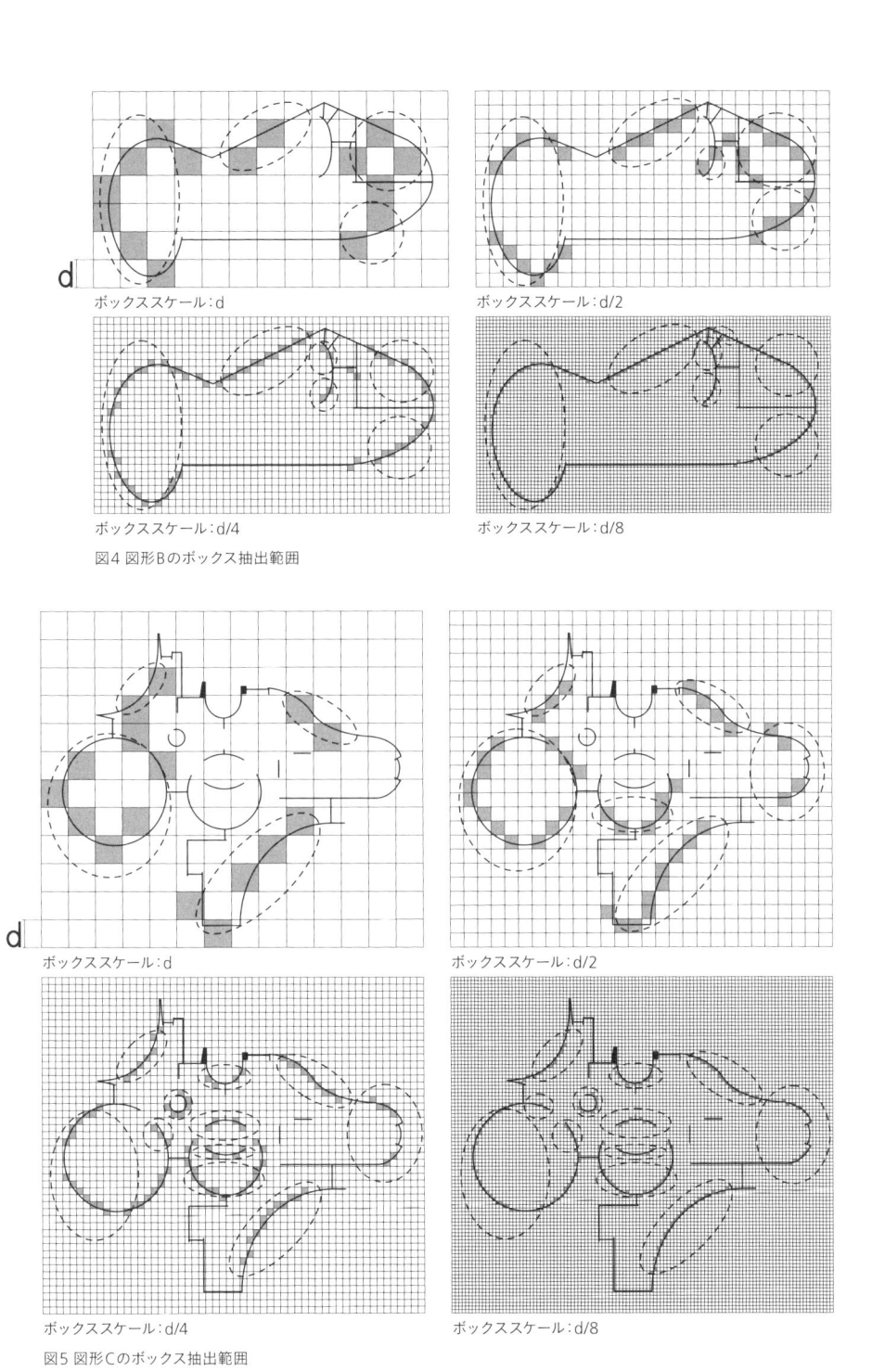

対象Aのボックス抽出範囲はほとんど拡大していないのに対し、対象BおよびCのそれは、メッシュが縮小するごとに抽出範囲が増しており、とくにCにおいてその拡大の過程は顕著である。つまり修正BC法は、単一ではなく大小さまざまなスケールにおいて非直角の部分を有する図形ほど、高い算出値となる定量化手法なのである[6]。

アルゴリズミック・デザインと幾何学的解析

建築にかぎらずかたちをつくる過程には、感覚や経験による把握のみならず、数値により分析的に突き詰めていく作業を要する。とりわけ後者は客観的な理論体系に則っていることから、さらなる発展的な試みを誘引する情報ともなろう。

かたちを幾何学的に解析する手法は、前記の後者におけるツールのひとつとして位置づけられる。本節ではその一例として、建築のかたちにどのくらい非直角の部分が混在しているかを定量的に評価する手法を紹介した。本手法を利用することで、従来は多分に目視による曖昧な情報として捉えられていた非直角構成の量的情報を、数値データとしてあつかうことが可能となる。

その他、建築のかたちを定量的に評価する手法として、フラクタル次元を利用することも可能であることを付言しておきたい。その一例として、茶室の内部意匠に顕在するリズムの複雑さをフラクタル次元により定量化した研究[7]を挙げておく［図6］。

アルゴリズミック・デザインをはじめるうえで、まずは数値解析を通してかたちを評価する、あるいは評価の方法を模索することで、そのかたちにはどのようなルールが潜んでいるのかを探求することもアプローチのひとつとなるのではないだろうか。

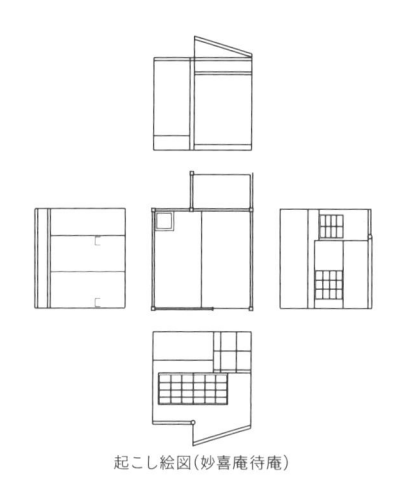

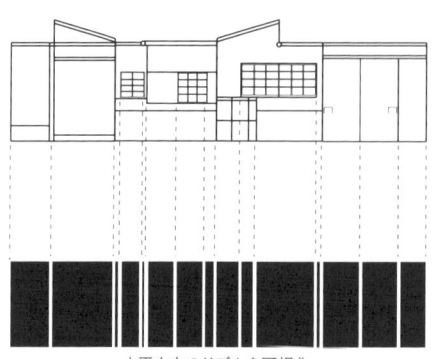

起こし絵図（妙喜庵待庵）

水平方向のリズムを可視化

図6 茶室意匠のリズムを可視化する過程

建築・都市の解析とシミュレーション

都市現象とシミュレーション

奥 俊信 *Toshinobu OKU*

建築・都市の分野からみて都市現象といえば、公園や駅など公共空間での人々の動き、自動車の流れや鉄道などの交通、建物や土地の利用状況、そして景観などがあげられる。これらの都市現象を把握して、現状の都市問題の解決方策や将来の都市計画や都市デザインに役立てるために従来から都市調査が行われている。たとえば、人口、人々の1日の移動（パーソントリップ）、自動車交通量、建築物の用途、土地の利用種類などである。そして、これらの調査結果を分析して現況を把握するだけでなく、できれば将来を予測する法則を導き出すことが試みられる。その予測に使われる手法には、マクロな人口予測のように数式で表す数式モデルと、それとは別にミクロな敷地の土地利用の予測のように、その現象を支配している挙動をルール化してアルゴリズムで表す手続きモデルとがある。

この手続きモデルの代表的な手法にセルオートマトンがある。セルオートマトンとは、自己のいまの状態と周囲の状態から次の自己の状態が決まる推移モデルであった。このモデルを用いて、自動車交通、宅地と空地（オープンスペース）の配置、そして都市の土地利用パターンについてシミュレーションし、セルオートマトンのもっている特徴をみる。

自動車の流れと渋滞

最も単純な自動車交通を表すモデルとして、図1のように自動車1台が入る正方形のセルが一直線に連なった道路を想定する[1]。そして、自動車はそのセルをひとつずつ前に進むとする。進み方は、すぐ前方のセルが空いていたらそこに移動し、他の自動車で埋まっているなら、そのまま留まる、というルールである。では、このような局所ルールに従って自動車を一斉に動かした場合、セルオートマトンはどのような振る舞いをするであろうか。

図1は、20個のセルが連なった道路に、初期状態として10台の自動車をランダムに配置した場合の自動車の動きを示している。図で■が自動車のいるセルで、□が空のセルを示している。初期配置では2箇所に渋滞が見られるが、ステップ3回目で渋滞が解消し自動車がいるセルと空のセルが交互に並ぶようになる。この10台の初期状態に1台だけ自動車を増やして11台にしたのが図2である。最初3箇所に渋滞があるが、そのうち2箇所の渋滞はすぐ解

図1 自動車10台のときの流れ

消する。しかし、1箇所の渋滞は継続しながら後方に移動していく。そして、道路区間の進入口まで後退してはじめて渋滞が解消する。ここでの初期状態にかぎらず、20個のセルのうち10セル以下が自動車でうまっている場合は、当初渋滞があっても必ず途中で解消する。しかし、半分を超え11セル以上が自動車でうまっている場合は、初期状態ですでに1箇所以上の渋滞ができるが、そのうち少なくとも1箇所の渋滞はステップが進んでも継続する。そして、その渋滞場所は後方へ移動していき、道路区間の進入口にとどいてやっと解消する。このように、ひとつ前方のセルが空いていると進み、ふさがっていると留まるという移動方法の場合、セルにしめる自動車の密度が0.5以下では渋滞が継続しないが、0.5を超えると必ず渋滞が継続する。そして、この密度0.5のときが自動車の流量が最大となる。このように、流量が最大になるような密度を臨界密度といい、この自動車セルオートマトンのモデルの場合は0.5が臨界密度である。

ここではひとつ前のセルが空いていると進み、他の自動車がいると留まるという単純なモデルを紹介した。より現実的な走行では、前方の自動車との車間距離に応じて速度は変わるし、2車線では車線変更があり、合流地点では強引に割り込む自動車もある。このような複雑な自動車流のモデルについては、本章の「交通流動のジレンマゲーム」を参照されたい。

宅地と空地のセルオートマトン

都市を宅地と空地（オープンスペース）の2種類だけで構成したセルオートマトンを考える。そのとき、宅地と空地の割合を変化させて、宅地が低密度の都市、中密度の都市、高密度の都市という3タイプの都市を想定する。そして自己セルとその周囲を取り囲んでいる8セルを合わせた9セルに占める宅地セルの割合（宅地密度）に応じて、低密度ルール、中密度ルール、高密度ルールといった3種類の局所ルールを図3のように設定する。

宅地と空地のセルオートマトンの実行

図3に示した3種類の局所ルールにしたがって、宅地と空地のセルオートマトンを実行した結果が図4である。なお、初期状態を宅地セル50％、空地セル50％の割合にし、ランダム配置としている。また、すべてのセルを一通り計算することを1ステップとし、ステップを繰り返す。その際、1ステップでひとつのセルを計算した後に別のセルの計算にうつるという逐次的な計算方法をとった。さて、図4（a）は低密度ルールでの結果である。空地が多く、宅地（■）は空地（□）のなかにほぼ均質に散在している。あたかも、緑地のなかに点在する戸建て住宅のようにみえる。この宅地

図2 自動車11台のときの流れ

自己セルと近傍セル　　■ 宅地
　　　　　　　　　　　□ 空地

自己セルと近傍8セルを加えた9セル中の宅地セルの割合を宅地率として:

低密度ルール
宅地率20％以下の場合、自己セルが宅地ならば宅地のまま、空地ならば宅地に変える。
宅地率20％超の場合、自己セルが宅地ならば空地に変え、空地ならば空地のままにする。

中密度ルール
宅地率50％以下の場合、自己セルが宅地ならば宅地のまま、空地ならば宅地に変える。
宅地率50％超の場合、自己セルが宅地ならば空地に変え、空地ならば空地のままにする。

高密度ルール
宅地率80％以下の場合、自己セルが宅地ならば宅地のまま、空地ならば宅地に変える。
宅地率80％超の場合、自己セルが宅地ならば空地に変え、空地ならば空地のままにする。

図3 宅地と空地の局所ルール

の密度は約0.2である。図4（b）は中密度ルールでの結果である。宅地と空地は同じ特性の複雑な形態をし、両者が噛みあって迷路のような縞模様を形成している。この配置形態は密集長屋地区のようである。宅地の密度はちょうど0.5である。図4（c）は高密度ルールでの結果である。宅地が多く、空地は宅地のなかにほぼ均質に散在している。これは中近東の都市のように中庭形式の住戸が密集しているパターンにみえる。

同期と非同期

セルオートマトンの計算では1ステップですべてのセルを一通り計算し、そして次のステップでまたすべてのセルを一通り計算することを繰り返す。このとき、ステップごとにすべてのセルを一斉に推移させることを同期という。それに対し、1セルずつ逐次推移させることを非同期という[2]。

これまでのシミュレーションのうち、自動車の流れと渋滞については同期で計算し、宅地と空地のパターン形成では非同期で計算した。同期計算にするか非同期計算にするかは現象をモデル化する場合の重要な点である。さきの自動車のセルオートマトンの場合では、すべての自動車が同時に前方の状態に反応すると仮定して同期計算にした。それに対し、宅地と空地のセルオートマトンでは、個々のセルの推移に逐次影響されて次のセルの推移もきまると仮定して非同期計算とした。しかし、逐次的ではなく一斉に次の状態に推移するという同期計算をするとどうなるかを示したのが図5である。いずれも充分な回数のステップ計算後の安定した状態を示したものである。

図5（a）は低密度ルールの場合である。

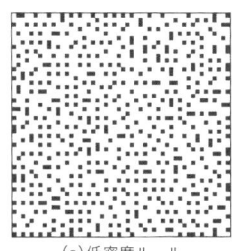

(a)低密度ルール　　(b)中密度ルール　　(c)高密度ルール

図4 宅地と空地のパターン

(a) 低密度ルールでの振動パターン　(b) 中密度ルールでの振動パターン　(c) 高密度ルールでの振動パターン

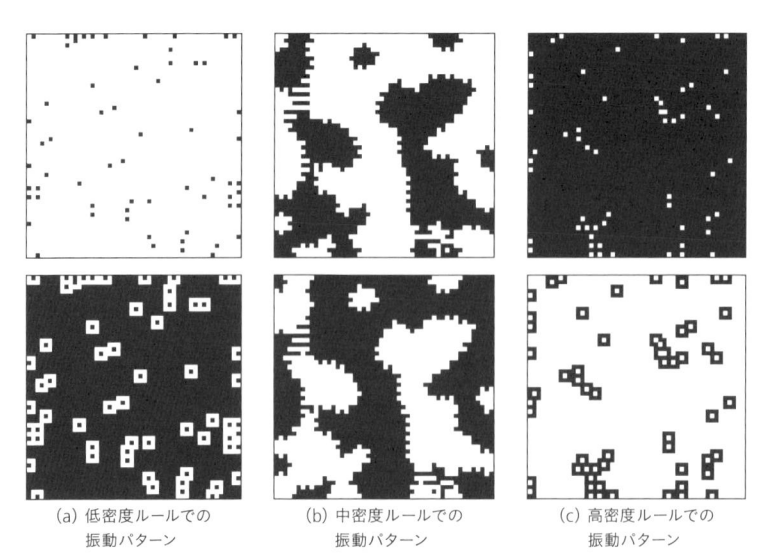

図5 宅地と空地の同期パターン

空地のなかに宅地が散在するパターンと、その逆に宅地と空地が入れ替わって宅地のなかに空地が散在するパターンが交互に繰り返される振動となる。このように振動するのは、すべてのセルが近傍セルの状態を検索し、宅地密度が判定基準以上だと一斉に空地になって空地が多くなりすぎるので、その次のステップでは一斉に宅地になるからである。図5（b）は中密度ルールの場合であり、図5（c）は高密度ルールの場合である。これらも宅地部分と空地部分が入れ替わったパターンが交互に繰り返される振動となる。

宅地と空地のセルオートマトンを例にして、初期条件と局所ルールが同じでも非同期［図4］と同期［図5］とでシミュレーション結果が大きく異なった。それは、非同期ではひとつずつセルを逐次計算していくので、セル全体の状態がゆっくりと変化して熱移動のようにやがてひとつの状態に収束するが、同期の場合はすべてのセルを一斉に推移させるので、大きく変化しすぎて振り子のように反対側にふれるため、戻りの作用が働き振動するためである。現実の宅地と空地の都市現象は、非同期のようにある状態に収束して固定化するわけでも、同期のように大規模に振動し続けるわけでもない。この両極端のなかで微妙にかつ複雑に変動している。つまり同期と非同期とが混在しているといえる。

土地利用のパターン形成

先ほどの宅地と空地の2種類だけから、住居地、商業地、工業地、緑地、空地、そして郊外地の6種類に増やしたセルオートマトンを考える[3]。この6種類の土地利用でほぼ都市が構成されているので、都市の土地利用パターンがシミュレーションできる。次に局所ルールを設定することになるが、その前にまず、土地利用間のなじみやすさとして親和度を想定する。ここでは用途地域制の方針にしたがって基本的に用途

純化の方針をとる。具体的数値は省略するが、同じ用途同士の親和度を高くし、異なる用途とは親和度を低くする。そして、土地利用セルは、いまいる自己の近傍セルとの親和度を計算すると同時に、別の場所にある空地に移転した場合の親和度も計算する。その結果、空地に移転することで親和度が増えるなら移動する。そうでなければ今の位置に留まる。これが局所ルールである。そして、土地利用セルをひとつずつ非同期的に計算していった結果が図6である。なお、土地利用の初期配置はランダムにしている。図6をみると郊外地のなかに都市としてまとまりが形成されている。外周部の黒い境界が空地であり、それぞれの土地利用がまとまりをもち、そして緑地が散在している。このようなパターンの特性自体は土地利用間の親和度と局所ルールを設定したときに予想できるが、具体的な形態としてのパターンは計算してみないとわからない。

セルオートマトンと都市現象モデル

セルオートマトンというシミュレーションの特徴は、まず、対象を細かく分割してセルの集まりとみなすか、もしくはひとつの対象にひとつのセルを対応させて多くの対象をセルの集まりとみなすかして、現象の構成要素をセルに置き換えること、そして次に、セルのいまの状態とその周り（近傍）のセルの状態だけから次の時点のセルの状態を決める規則（局所ルール）を設定すること、という2点にある。こう考えると、このモデルを適用できる建築や都市の現象は多い。たとえば、人間や自動車をセルとし、群集や道路上の自動車群をセルの集合とし、人間や自動車の動き方をその近傍の人間や自動車の状態との関係で決めれば局所ルールであり、セルオートマトンとなる。この他に、都市の個々の建築物、敷地などもセルに置き換え、建築物、敷地の形態変化や用途変化をその周辺の状態との関係で決めればそれが局所ルールであり、セルオートマトンとなる。また、セルオートマトンにはスケールの概念が規定されていないので、小さなスケールのものにも大きなスケールのものにも適用できる。たとえば、小さなスケールとしては建築構造部材の力学的分析にも適用されている。ただ、セルオートマトンの特徴のひとつは局所ルールにあるので近傍というごく狭い周辺との関係しか取りあつかわない。したがって、より遠くから影響のある現象、たとえば都心駅からの距離の影響などは一般に局所ルールの要因にしない。しかし、都市現象のモデル化として論理的に不可能という意味ではないので、セルオートマトンと他の手法を組み合わせることで実際の現象に近いモデル化が可能である[4]。

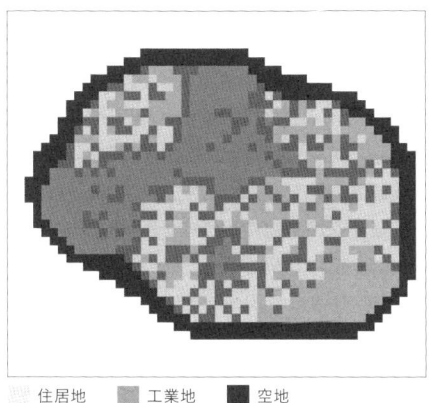

図6 土地利用パターンの形成
（凡例：住居地、工業地、空地、商業地、緑地、郊外地）

建築・都市の解析とシミュレーション
交通流動のジレンマゲーム

谷本 潤 Jun TANIMOTO

渋滞学における
ボトルネック問題とゲーム理論

　渋滞学は一般語彙としても浸透しつつある[1]。渋滞は、道路上で繰り広げられる、いわゆる交通渋滞だけではなく、建築学との関わりでいえば、人間の流動による混雑、とくに災害時の避難にあってきわめて重要な問題となる。事故や道路工事で車線が減少すると、そこで交通渋滞が発生する。火災が起きると人は避難扉に殺到し、人間の渋滞が発生する。互いに譲り合うことをせず、我先に行こうとすると、掟破りの追い越し、割り込みが頻発し、避難扉の前では「人のアーチ」が発生する。これらの現象を渋滞学ではボトルネック問題とよんでいる。ボトルネックは、道路や避難路という限られた資源（交通容量が一定の資源）を個々の主体(本書ではエージェントとよぶ)が奪い合うことにより生じる。問題は、ボトルネックが起きると、かえって社会全体の効率が低下してしまう点にある。交通渋滞の例でいえば、無理な割り込みを図る車両があると、車線減の狭窄部分で交通流に乱れが生じ、流動が悪化し、そのことで渋滞が起きてしまう。避難路の例では、秩序だって退避行動を取れば、そこそこの流動係数が確保できるのに、一刻もはやく逃げようと個々が利己的に行動すると、人同士の衝突が起きて人のアーチが形成され、かえって流動は悪化してしまう。情報科学ではこのような状況を資源配分問題とよんで、システムにどのような付加的枠組みを入れれば（たとえば、適切な情報を教示するなど）、各エージェントにとって最適ではなくとも社会全体でみたときに効率的な状態にコントロールできるか（これを公平なパレート最適という）を究明することが重要な研究課題とされてきた。

　ここで少し渋滞を離れて、利己的に振る舞うか、協調的に振る舞うか、それによってエージェントの得る利得が変わってくるという状況を切り出して考えてみよう。このようなデフォルメされた場面を考察する道具立てとして数理科学にゲーム理論がある。最も基本的なゲームの構造として、2人2戦略ゲーム（2×2ゲーム）がある。2×2ゲームでは、ふたりのエージェントが同時に協調（C）か裏切り（D）かの離散的2手を繰り出し、その組み合わせにより双方の利得が定まる。ゲームの構造は2×2の利得行列により表される。表1（A）に示すように、自分が協調し、相手も協調の場合の自分の利得をR（Reward）、自分は協調、相手は裏切りをS（Saint）、その逆をT（Temptation）、互いに裏切り合いの利得をP（Punishment）と定義する。表には自分の利得しか書いてないが、相手の利得は自他をそのまま反転させた対称な構造を持つものとする。このP、R、S、T

の大小関係によって、数理科学でいうジレンマの構造を表すことが出来る。代表例として、表1（B）には囚人のジレンマ（PD）とチキン（Chicken）を示す。$T>R>P>S$のときPD、$T>R>S>P$のときチキンとなる。PDでは、相棒を出し抜いて自分だけ自白すると即時釈放される（T）が、互いに自白し合うとともに仲良く刑期3年を食らってしまう（P）。最悪は相手に出し抜かれて刑期5年となる状況である。一方、裏切りを孫や子のことを考えずに化石燃料を浪費する戦略、協調はそれを抑制したエコライフの戦略と考えれば、チキン型のジレンマは環境問題の比喩になっていることがわかる（なぜなら環境破壊のPが最悪の帰結になるから）。PDもチキンもいずれも相手を出し抜いて貪ることができれば最高の利得（T）を得るが、みながそのような意図のもとに行動すると、相対的に低い利得しか得られない（チキンでは最低利得）。お互いが協調戦略を採れば、相対的には高い利得（R）が得られるのにもかかわらず、自分にとっての最良を追求すると裏切り合いに墜ちてしまう、言葉を換えると、自己利得を最大化する状況（T）と公平なパレート最適の状況（R）が一致していない構造になっている。このようなゲーム構造を数理科学ではジレンマという[*1]。

冒頭に述べた交通流動のボトルネック問題は、実は数理科学でいうジレンマゲームと等価なのである。

セルオートマトンによる
交通流動のモデル化[3]

渋滞とジレンマゲームとの関係を明らかにするためには、まず交通流動を適切に解析する枠組みが必要になる。交通流動は、古くはHabermanモデル[4]をはじめ、1次元的な波動伝播問題に置換した数学モデル（古典的巨視モデル）を基礎とするものであった。これらの枠組みは、条件によっては解析的検討が可能になるため、系全体を俯瞰した大局理解には好適であったが、合流や分岐などのボトルネック、系への流出入境界条件設定など実際的な問題への適用性、拡張性という点では限界があった。これに対して、最近の計算機性能の向上を背景にして、セルオートマトン型モデルが数多く開発、提案され、渋滞現象の理解が著しく進んでいる。セルオートマトン型モデルとは、車両エージェント個々の動きを物理学でいう自己駆動粒子の運動とみなし、ひとつのエージェントの運動律をモデル化しておけば、あとはこれをボトムアップに組み上げてマルチエージェントシミュレーションすると、複雑な条件に対しても頑強で可塑的なモデル化が可能になるとの考え方である。古典的巨視モデルの基礎式であ

A 2×2ゲームの利得行列

		相手	
		C	D
自分	C	R	S
	D	T	P

B 囚人のジレンマ
Prisoner's dilemma, Flood, Dresher & Tucker(1950)

		Opponent	
		黙秘（協調）	自白（裏切る）
ego	黙秘（協調）	1年 (R)	5年 (S)
	自白（裏切り）	釈放 (T)	3年 (P)

C チキン
Hawk-Dove game Maynard Smith(1982) Snowdrill game

		Opponent	
		エコライフ	化石燃料依存
ego	エコライフ	サステイナブル社会	エコライフ
	化石燃料依存	快楽追及	環境崩壊

表1 2×2の利得行列の一般表現と例としてのPD、Chickenのジレンマゲーム

る1次元の流れ場の支配方程式、バーガーズ方程式では流動するモノは流体である。実際の交通流動では流体のような連続体にあらざる離散的粒子、車両が流れている。セルオートマトン型モデルでは、現実の交通流動のイメージ同様、個々の車両がエージェントとして流れていく様をモデル化している。セルオートマトン型モデルとバーガーズ方程式とが、超離散化およびオイラー＝ラグランジュ変換という数学的操作を介して等価であることが証明されているので、詳細な条件設定に対応できるセルオートマトン型モデルも巨視的にみた流れ場の物理にしたがうことが保証されているといえる[5]。

ここでは、セルオートマトン型モデルのひとつであるSOV（Stochastic Optimal Velocity：確率最適速度関数）モデルを適用する。SOVモデルでは、時間$t+1$での車両iの速度v_iは以下の漸化式で付与する。

$$v_i^{t+1} = (1-a_i)\,v_i^t + a_i V_i(\Delta x_i^t)$$

$a(0 \leq a \leq 1)$：重みのパラメータ　V_i：最適速度関数

車両速度v_iは前進確率（ホップ確率）、換言すると正規化された流速を表す。右辺第1項は慣性の効果を、第2項は先行車両との車間距離により加速、減速する効果を表す。第2項、すなわち、車間距離Δ_xを引数にとる最適速度関数は、現実の交通流では以下で表される。

$$V(\Delta x) = \frac{\tanh(\Delta x - c) + \tanh c}{1 + \tanh c}$$

c：モデルパラメータ

図1に示すように上流端からαの確率で車両が流入、下流端ではβの確率で車両が流出する開放系境界を適用して、一車線流をシミュレーションしてみる。再現性の検証として、実際の高速道路で観測された基本図（車両密度と流出フラックス[*2]との関係）[6]と比較した結果を図2に示す。実観測データの基本図を見ると、密度とフラックスが比例（傾きが速度を表す）する

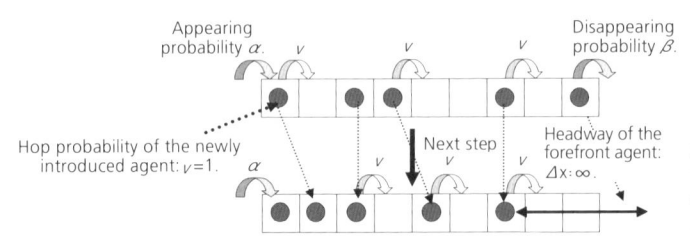

図1 開放系境界条件を適用したSOVモデル。流入端に現れる車両の速度v＝1、流出部先頭車両の車間距離Δx＝∞と仮定。

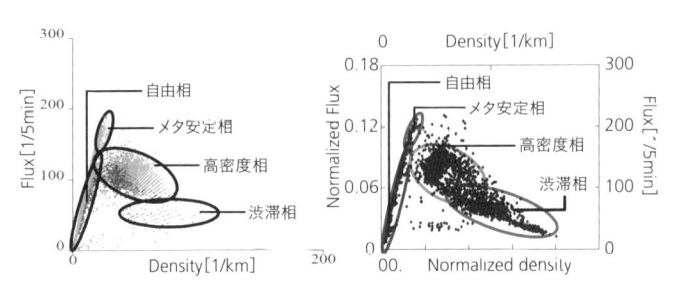

図2 高速道路における実観測データとSOVによるシミュレーション結果に基づく基本図の比較。SOVではa＝0.01、c＝3/2、システム長200セル。

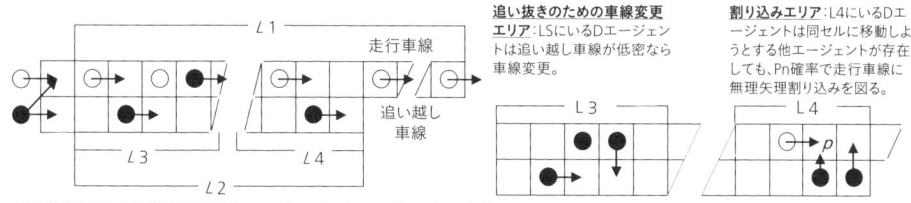

図3 解析対象の合流狭窄部とCエージェント、Dエージェントの定義

自由相、高密度ながらフラックスが大きな状況が達成されるメタ安定相、高密度でフラックスが小さい混雑状況を表す高密度相および渋滞相とが顕れている。SOVモデルの結果では、これら4相のクラスが明確に再現されている。とくに、車間距離が詰まった状態で高速で移動し、流動効率がきわめて高い（フラックスが大きい）メタ安定相は、力学的には不安定な状態で、たとえば、ある車両が気まぐれにブレーキを踏むといったちょっとした擾乱で高密度相へ不可逆に相転移してしまう。シミュレーションでこのメタ安定相が再現されることは基本的要件であるが、開放系SOVでは良好な結果が得られた。

合流狭窄部の交通流にみるジレンマゲームの構造

それではSOVを適用して図3のような2車線から1車線へ合流するボトルネックの流れ場を解析してみよう。ここでは、車両エージェントに協調戦略（Cエージェント、図3の〇）と裏切り戦略（Dエージェント、図3の●）を考える。Cエージェントは走行車線（下流に向かって左側車線）走行を遵守するが、Dエージェントは走行車線か追い越し車線かどちらか低密の方を走行、狭窄部直前で走行車線への割り込みを図る。DエージェントはエリアL_3で追い越し車線に自車と併走する車両がいない安全条件を確認して車線変更する。エリアL_4で割り込みを図るときには、この安全条件を満たせなくとも確率pで無理矢理に侵入を図る。数値実験のパラメータは流入端での車両進入確率α、下流端での流出確率β、全エージェントに対するCエージェントの比率である協調率p_C、無理矢理に割り込む確率pである。

$L_1 = 400$、$L_2 = 200$、$L_3 = 100$、$L_4 = 20$セルとし、$p = 1$の条件で、p_Cを変えながら、αとβに対するフラックスを描いた結果が図4である。3Dグラフで、βに無感度かつαに急勾配を示す領域が自由相、αに無感度かつβに急勾配の低フラックス領域が渋滞相、α、βに無感度でほぼ一定のフラックスを示す図中のフラットな領域が高密度相、自由相と高密度相の間にみえる高フラックスの領域がメタ安定相である。高密度相のフラックスが協調率の低下とともに小さくなっていることがわかる。相対的に密度が高くない自由相やメタ安定相では道路が空いているので協調率の影響は大きく現れない。同様に完全な渋滞相でも走行車線走行を墨守するか、空いている方を走行し割り込みを行うかは社会全体の効率には大きく影響しない。図4中に示した渋滞相の代表点として$\alpha = 0.65$、$\beta = 0.05$を取り上げ、協調率を変えたときのC、Dエージェントの利得と社会平均利得を図5に示した。両戦略の利得としては平均速度、社会

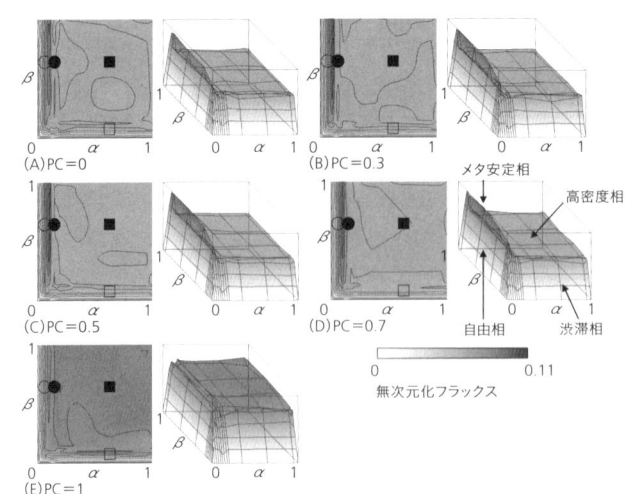

図4 各協調率におけるα、βに対するフラックス。2次元コンター中の
○（自由相α=0.05, β=0.65）、
●（メタ安定相α=0.10, β=0.65）、
■（高密度相α=0.65, β=0.65）、
□（渋滞相α=0.65, β=0.05）
は各相の代表点。

平均利得としてはフラックスを採っている。全員がCエージェントである$p_C=1$の状況が社会平均利得は最も高い。しかし、ほんのわずかでもDエージェントが社会に侵入すると、彼らは常にCエージェントより高い利得を上げられるため、戦略を適応的に変化させるなら協調率は低下し続け、ついには$p_C=0$の状態（全員裏切り）に社会は吸引されてしまう。これは、冒頭に説明した囚人のジレンマゲームの多人数版であるn人型PDの構造である。高密度相では全員がルールを墨守して走行車線を走ることが最も社会効率が良いが、追い抜き割り込みを図るエージェント個人の利得は高いので、この利己的行為は社会のなかで増加していく。僅かでも合流狭窄部の割り込みがあると流動の乱れにより一層の混雑を惹起し、社会効率は著しく低下してしまう。

数理科学で複雑現象にアプローチする

以上で観たように交通流動という流れの物理学が支配する世界に意外にもジレンマの構造が潜んでいることがわかった。囚人のジレンマが存在するのだとすれば、進化ゲーム理論の分野で蓄積されてきた様々な知見に基づき、それを緩和する手だてを講じることができるだろう。本節で紹介した内容はほんの一例にすぎないが、複雑系の数理科学は、とくに人間の意思が介在するような複雑な現象の構造を理解する有効なアプローチになりうる。

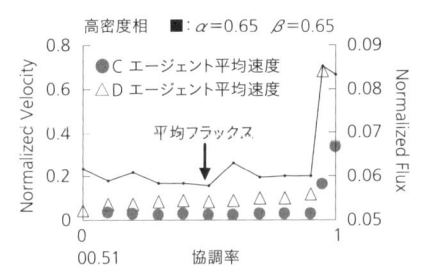

図5 高密度相α=0.65, β=0.65における協調率に対するエージェント平均利得と社会平均利得。●=1が公平なパレート最適、Nash均衡は●=0であることからn-PDのゲーム構造を有することがわかる。

*1 本文で述べたジレンマはチキン型ジレンマであり、2×2ゲームにはもうひとつのジレンマである鹿狩り型ジレンマがある。PDはチキン型と鹿狩り型両方のジレンマが併存するゲームである。数理科学的に厳密な議論は文献[2]参照。
*2 フラックスとは、物理学では単位時間、面積当たりの流速密度を表すが、この場合は単位時間当たりの交通流量を意味する。

構造形態の創生

自然の形態システムと構造

朝山秀一 *Shuichi ASAYAMA* ＋前 稔文 *Toshifumi MAE*

樹形と積層アーチ

　雲、樹木など自然界に存在するものにはフラクタル性が見られる。フラクタル幾何学を用いれば、その形のしくみを持つ建築骨組の形状、つまり自然の持つ形態に近い構造体をつくることができる。その一例として、樹形図を応用した積層アーチがある。樹形図の生成方法は、基本となる線分を縮小、回転、移動して作成した3つの線分にもとの線分を加え、この作業を繰り返し行うことで、図1のようになる。これらの線分を図2のように円弧に置き換えることにより、複数の円弧を組み合わせたフラクタル図形が得られる。

積層アーチの幾何学的関係

　この円弧のフラクタル図形にはいくつかの形状パラメータがあり、それらの組み合わせによって図形の凹凸に変化が見られるので、はじめに、図形と各パラメータの幾何学的関係について触れる。図3は、この図形の半分を示したものであるが、図中のr_0はもととなる円弧の半径、θは円弧の中心角度を6分割した値、εは隣り合う円弧が重ならないための縮小係数である。これらの組み合わせによる縮小、回転、移動を行って2層目の円弧が描かれる。このとき、2層目の円弧ともとの円弧の中心間距離S_0と円弧の縮小率aは次式となる。

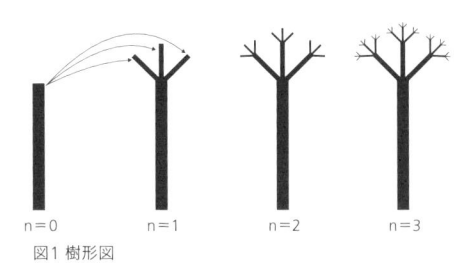

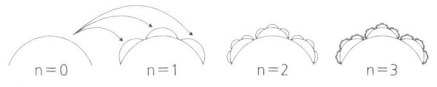

図1 樹形図

図2 円弧によるフラクタル図形

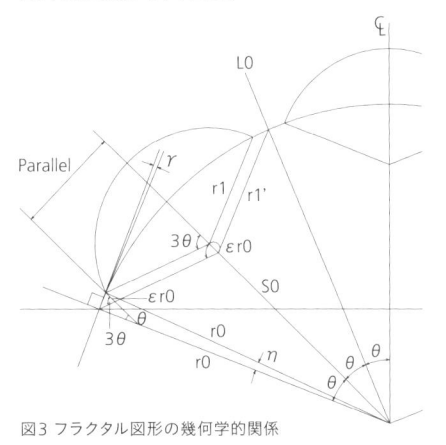

図3 フラクタル図形の幾何学的関係

$$a = \frac{\sin\theta}{\sin 3\theta} - \varepsilon\cos 3\theta - 2\sin\gamma\sin(\gamma + 2\theta)$$
$$\gamma = \frac{1}{2}\sin^{-1}(\sin 2\theta + \varepsilon\sin 3\theta) - \theta$$
$$S_0 = r_0(\cos\theta - \frac{\sin\theta}{\sin 3\theta}\cos 3\theta + \varepsilon)$$

　θ：円弧の中心角度を6分割したもの
　γ：円弧の端部における接線角度　ε：縮小係数

　さらに、縮小率a、角度θ、円弧の中心

間距離S_0からIFSコードを求め［表1］、それを次式に用いることによって円弧によるフラクタル図形を描くことが可能となる。ここであつかう幾何学図形は、もとの図形から3つの円弧をつくるため、i = 1, 2, 3となる。

$$w_i \begin{Bmatrix} x \\ y \end{Bmatrix} = \begin{bmatrix} a11 & a12 \\ a21 & a22 \end{bmatrix} \begin{Bmatrix} x \\ y \end{Bmatrix} + \begin{Bmatrix} a \\ b \end{Bmatrix}$$

表1 円弧のフラクタル図形のIFSコード

W	α11	α12	α21	α22	a	b
W1	$a\cos2\theta$	$-a\sin2\theta$	$a\sin2\theta$	$a\cos2\theta$	$-S_0\cdot\cos(90-2\theta)$	$S_0\cdot\sin(90-2\theta)$
W2	a	0	0	a	0	S_0
W3	$-a\cos2\theta$	$-a\sin2\theta$	$-a\sin2\theta$	$a\cos2\theta$	$S_0\cdot\cos(90-2\theta)$	$S_0\cdot\sin(90-2\theta)$

a：縮小率　θ：円弧の中心角度を6分割したもの
S_0：円弧の中心間距離

こうして得たフラクタル図形をアーチ構造として建築の屋根架構に用いたものが積層アーチである。図4は積層アーチを構造体に適用した場合のイメージ画像で、図5（再掲）はそれを実施設計として住宅の屋根に用いたものである。いずれにおいても、フラクタルに見られる複雑で自己相似的なかたちを視覚的に捉えることができる。

さらに、この樹木と同じ生成過程を持つ積層アーチの力学的特徴を把握するために骨組解析を行った。積層アーチをピンとローラーの単純支持に設定して鉛直荷重を作用させた場合、最下層アーチ中央部には引張応力が生じ、アーチの支持部が左右に広がるのを抑制するタイビームのような役割を果たす。また、風洞実験による風力係数に基づく風荷重を積層アーチに作用させた結果、抗力は角度θやアーチの層数の増加とともに大きくなり、揚力は減少する傾向が見られた［図6(a)］。アーチの角度θと層数の組み合わせによって、抗力と揚力のバランスが良く、風荷重が作用してもローラー支持部の変位量が0に近い積層アーチの構造設計が可能である［図6(b)］。積層アーチは樹木と同様にシンプルな生成方法ながら複雑な形状を持ち、かつ、風に対して強い構造体である。また、それは自然から学んだ建築形態のひとつであり、そこには、自然界に存在する形としてのある種の

図4 3次元CADによる積層アーチの視覚化

図5 積層アーチの家

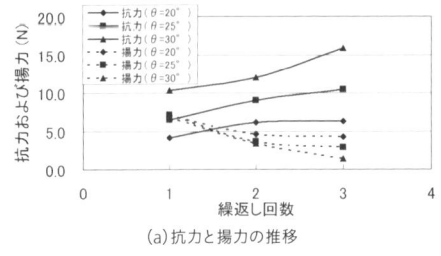

(a)抗力と揚力の推移

(b)支持部の変位量

図6 風荷重の抗力と揚力の推移および支持部の変位

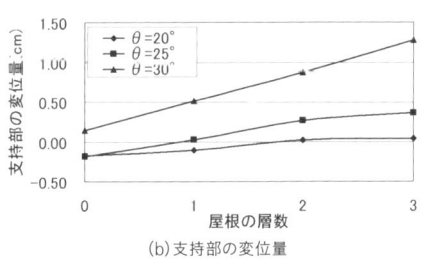

図7 台地と水の立体モデル

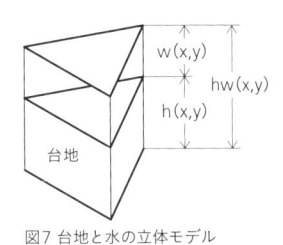

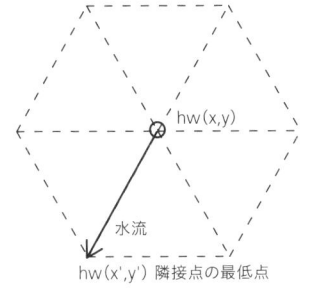

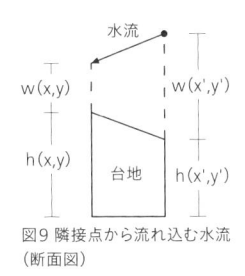

図8 台地上の任意点から隣接点へ流れる水流(平面図)
hw(x',y') 隣接点の最低点

図9 隣接点から流れ込む水流(断面図)

合理性が認められる。

地形と空間構造

地形のような現代建築を考える時、大桟橋国際客船ターミナル（2002年）、アイランドシティ中央公園 中核施設ぐりんぐりん（2005年）などは代表的な作品で、これらは、人工物としての建築に丘のような形を与えて内外に公園的な空間をつくっている。しかし、地形から学ぶことはそれ以外にもある。現代物理学[3]を用いれば、雨で浸食された地形から強度の高い空間構造をつくり、その表皮を流れる雨水のルートを川として把握できる。それは、これまでの建築と違い、山、谷、川などの自然に近い形のしくみを持つ構造とそれを生かした建築に至る新しい道と期待できる。

台地の浸食モデル

稲岡・高安[3]は、雨水で浸食される台地を、基準となる水平面内の正三角形メッシュの頂点 (x, y) に土地の高さを与えた三角柱で表し、その上に水の深さを加えた要素で表した［図7、上段式］。1回の浸食の計算で削り取られる土地の高さは、雨水が流れた隣接点との高低差と水量の関数で表されるとした［図7、下段式］。

$$hw(x, y) = h(x, y) + w_a(x, y)$$
$$\delta h(x, y) = 0.5(J(x, y))/(1 + J(x, y)^a)$$
$$\times \{hw(x, y) - hw(x', y')\}$$
$$J(x, y) = s(x, y)\{hw(x, y) - hw(x', y')\}$$

$h_w(x, y)$：基準水平面から台地の水面までの高さ
$h(x, y)$：土地の高さ　$w(x, y)$：水の深さ
$\delta h(x, y)$：浸食される土地の高さ
a：浸食係数(0.5, 0.8, 1.0, 1.2, 1.5)
$S(x, y)$：水量　(X', Y')：隣接点のx, y座標
$h_w(x', y')$：水が流れた隣接点の水面の高さ

水流の方向を決定する際は、台地上の任意の点 (x, y, h_w) とその周囲6点を比較し、その最小高さ $h_w(x', y')$ が、$h_w(x, y) > h_w(x', y')$ の場合、点 (x, y, h_w) から点 (x', y', h_w') の方向へ水が流れるとした［図8,9］。$h_w(x, y) \leq h_w(x', y')$ の場合、はじめは点 (x, y, h_w) に水が流れ込み、水の深さが、次頁の式の値になると溢れて、点 (x', y', h_w) へ水が逆流するとした。

$$w(x, y) = hw(x', y') - h(x, y) + \varepsilon$$

$w(x, y)$：水の深さ　$h_w(X', Y')$：隣接点の水面の高さ
$h(X, Y)$：土地の高さ　ε：任意の微少量

こうした計算をすべてのメッシュ点について行い得られたものがriver patternである［図10］。浸食がはじまると、やがて台地の各部に湖ができるが［図11］、さらに浸食が進むとひとつの湖にまとまり、その後

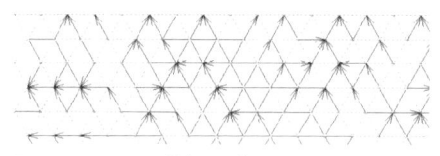

図10 river patternの例（平面図）

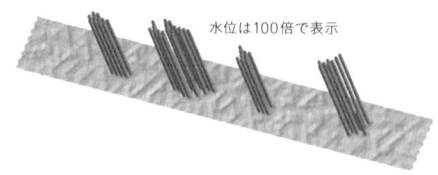

図11 侵食地形と湖の水位
水位は100倍で表示

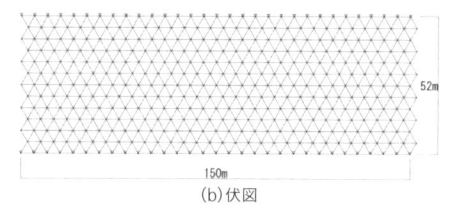

(a)軸組図

(b)伏図

図12 地形の生成アルゴリズムに基づく空間構造

地形のしくみをもつ空間構造
Geographic Structure

　紙をくしゃくしゃに丸めた後、それを広げると、丸める前とそれほど変わらない領域を覆う丈夫な形が得られる。表面の凹凸が丈夫な構造を生み出すためである。同様に、雨水で浸食された地形の凹凸を利用して、丈夫な空間構造をつくることができる[4,5,6]。浸食が進んで川が流れるだけの緩やかな地形を選び、表面を覆う三角形のメッシュの各辺を部材でつなぎ、雨水の溜らない屋根構造の基本モデルをつくる。次に、各節点（メッシュの交点）の高さ方向の座標をn倍したモデルを作成し、骨組を解析した。このモデルでは、各節点の相対的な高さ関係は変わらないので雨水の流れも変わらないことになる。図12は、x方向節点数31、y方向節点数13、節点間距離5m、土地の高さ2m、浸食係数1.0、台地の外周4方向に水が流れると仮定し、5,000回の浸食計算を行って得られた地形を基本につくられた空間構造の軸組図と伏図で、平面の大きさは、52m×150mである。また、基本モデルの最大高さは、90mmである。大スパン構造の設計は、鉛直方向の長期荷重に対するたわみの検定で決まることが多いので、ここでは荷重を自重に積載荷重（1kN／㎡）を加えたものとした。支点の拘束条件は外周の長辺方向の支点をすべてピンで支持した場合をCase1、それに加えて短辺方向の端点の中点をピンで支持した場合をCase2、周囲の支点をすべてピンで支持した場合をCase3とした。構造体の各節点の高さは、基本モデルの30〜600倍（最大高さで、2.7m〜54m）に変化させた。部材の全体積は基本モデル（部材断面450×25の鋼管）と同じになるように、各モデルの断面を定めた。初期モデルに対する高さの倍率と最大鉛直変位の関係を、図13に示す。Case1、Case2、Case3、いずれの拘束方法においても鉛直方向倍率を300倍とした時（構造体の最大高さ27mに相当）に最小変位となった。この時Case1の場合の最大鉛直変位は27.08cm、Case2では4.78cm、Case3では1.93cmで、最大モーメントの値は順に51.9tm、23.65tm、13.08tmとなった。図14は、Case 1の変形とモーメント図で、谷に応力が集中して

いる。使用鋼材量は、フレーム部分が約180kg／㎡で、十分実施設計が可能な範疇である。図15は、その地形的な形態を利用した展示場計画案のCGである。

積層アーチと Geographic Structure が意味するもの

過去の空間構造は、構造全体の幾何学的形態を支配する曲面の方程式が存在し、応力と歪の関係などを応用数学で記述できる連続曲面構造である。積層アーチは、一見、連続曲線の集まりのように見えるが、層を限りなく積み上げた極限では不連続曲線である。また、Geographic Structureは、不連続曲面構造で全体の形態を支配する数式はなく、局所的な形態生成のルールが存在するだけである。それらは、雲と同様、過去には「形がないもの」として数理的にあつかわれることがなかった。しかし、20世紀末のフラクタル幾何学と物理学の発展およびコンピュータのアルゴリズムが、樹形や地形に存在する構造的・形態的合理性を空間構造に利用することを可能にした。これらは、自然環境に近い形態と力学的性質をもつ構造という新たな可能性を示唆している。

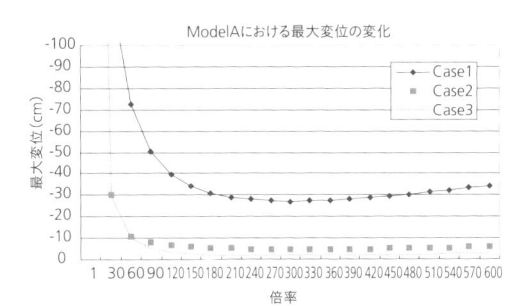

図13 最大鉛直変位と最大高さの倍率

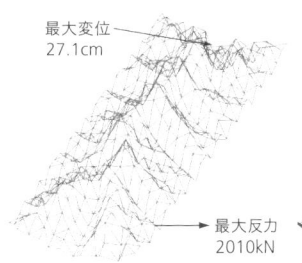

図14 変形図と曲げモーメント分布図

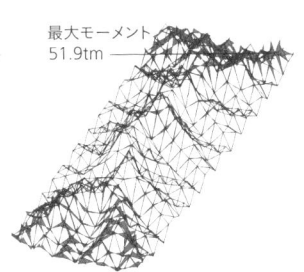

図15 地形のしくみを用いた空間構造のイメージ

構造形態の創生
形と力

大崎 純 *Makoto OHSAKI*

建築における構造体の役割は、建物に作用する自重、風荷重、地震荷重などの外力をスムーズに基礎や支持構造物に伝えることにある。したがって、力の流れがスムーズであることは、建築の設計において最低限満足しなければならない条件である。一方、アーキテクトにとっては、芸術的観点から、あるいは建築計画上の要求から建築の形態が決定されるのが望ましい。

また、アーキテクトの感性を満足させる形態と力学的に優れた形態は必ずしも類似しているとは限らないので、建築を設計する過程では、さまざまな競合する評価尺度を考慮しなければならない。たとえば、大空間を覆う屋根を設計する際、アーキテクトにとっては曲面の滑らかさが重要であっても、フリーハンドで自由な形状を描くことは許容されない。とくに、引張り力に対して抵抗しない礎石造や、曲げに抵抗できない膜材料やケーブルで構成された張力構造では、建築の形は力の流れが見えるような形状に限定され、力学的合理性に逆らった形は美しいとは言えないであろう。

力学的に優れた形を最適化手法によって求めることを形状最適化という。しかし、上述のように、建築ではアーキテクトの要求する形、力学的に合理的な形などのさまざまな評価尺度の間のトレードオフを考慮した設計が必要になる。このように、複数の競合する指標を考えて妥協できる選択を行うことを多目的最適化といい、次のように定式化できる[1]。

目的関数[*1]:
$F_1(x), F_2(x), \cdots, F_p(x) \rightarrow$ 最小化
x : 設計変数[*2]

制約条件:
$x \in$ 設計条件を満たす集合

一般に、複数の目的関数を同時に最小化することはできないので、多目的最適化を実行することは、複数の評価尺度の間のトレードオフを考慮した解[*3]の集合を求めて、そのなかから最も望ましい解を選択する過程に帰着される。本節では、形と力の流れのトレードオフ関係を対象とした研究を、パラメトリック曲線・曲面と多目的最適化をキーワードとして解説する。

曲線状構造の形と力

両端をピン支持されたアーチに外力が作用したとき、軸力と曲げによって生じる応力の和の最大値が最も小さくなるような形を最適化手法[*4]によって求めてみる。アーチを20個の梁要素に分割し、梁要素を接続する節点の水平方向座標を固定して、鉛直方向座標を変数とする。また、断面の形状は円筒であり、中央節点の高さ(ライズ)はスパンの0.15倍とする。すなわち、支点の位置と中央節点の鉛直方向座標は固定する。

最適な形は、想定する外力の種類に依存して変化する。自重のみが作用するときの最適な形は図1（a）のようであり、懸垂線[*5]を上下反転させた形状に近い形である。また、3箇所に集中荷重が作用するときの最適な形は図1（b）のような折線の形状になる。

パラメトリック曲線によるアーチ状トラスの形の最適化

複雑な形状の曲線や曲面の形を最適化するときに、それらを細かい要素で分割し、すべての節点の位置を独立な変数とすることは、最適化のための計算量が過大になることに加えて、形のスムーズさが失われるため望ましくない。したがって、変数の数を限定して、同時に曲線や曲面の滑らかさを維持するために、パラメトリック曲線・曲面を使用するのが望ましい。Bスプライン曲線・曲面などのさまざまなパラメトリック曲線・曲面のなかで、ベジエ曲線は最も単純であり[2]、建築の形状設計に容易に利用できる。

曲線のパラメータをtとすると、n次のベジエ曲線$P(t)$は、次のように定義される。

$$P(t) = R_0 B_0(t) + R_1 B_1(t) + \cdots + R_n B_n(t)$$

R_i：定義頂点[*6]の位置ベクトル
$B_i B(t)$：バーンスタイン基底関数[*7]

たとえば、5次のベジエ曲線は、図2（a）に示すように6個の定義頂点で決定され、それらを移動させると、図2（b）に示すように形状を変化させることができる。また、図3（a）に示すように、アーチ状トラスのような離散的な構造物の形を定義することもできる。まず、下層の曲線をベジエ曲線で定めて、下層節点を離散的に配置する。次に、下層曲線から法線ベクトル[*8]の方向に一定の距離離れた曲線[*9]上に上層節点を配置する。最後に節点間を部材で連結すると、トラスの形状を定義できる。

5次のベジエ曲線で定義された曲線の例を図3（b）に示す。いま、この形状がアーキテクトによって指定されたものとし、

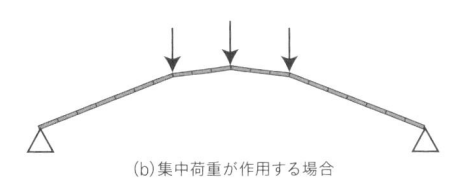

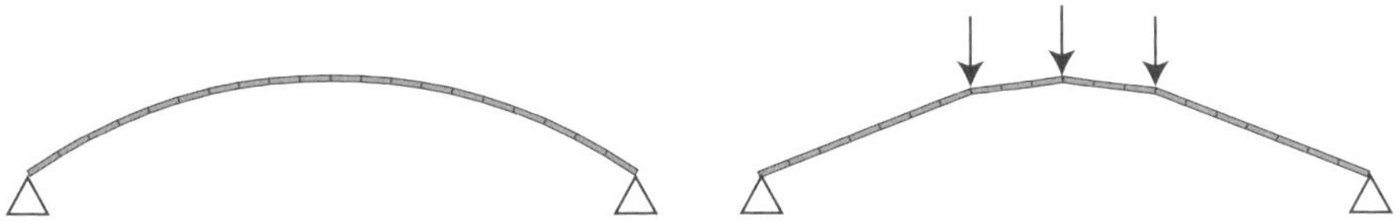

(a)自重が作用する場合　　(b)集中荷重が作用する場合

図1 アーチの最適な形

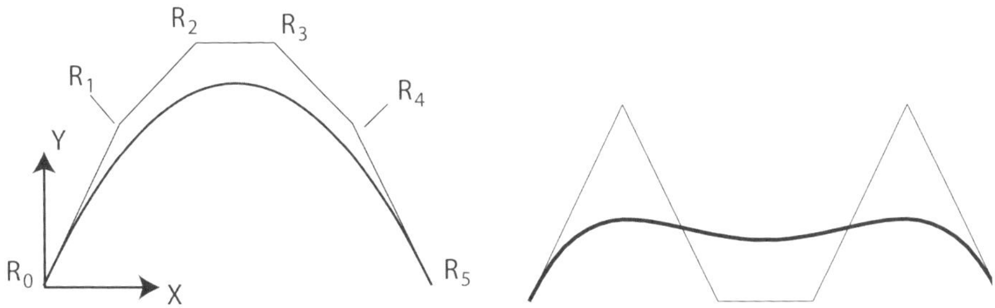

(a)定義頂点　　(b)5次のベジエ曲線で描かれる形の例

図2 5次のベジエ曲線の例

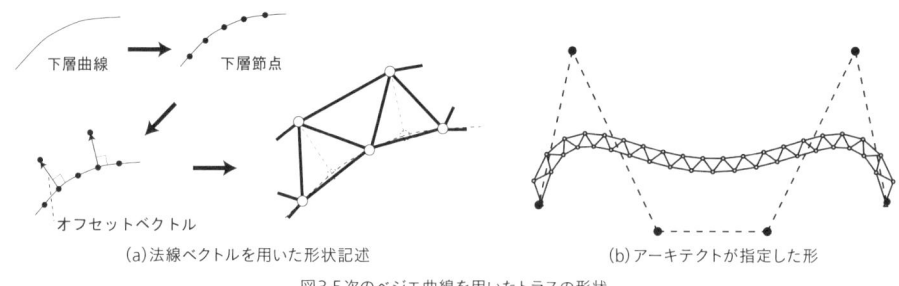

(a) 法線ベクトルを用いた形状記述　　(b) アーキテクトが指定した形

図3　5次のベジエ曲線を用いたトラスの形状

(a) 指定形状に近いことを重視した場合　　(b) 重量最小化を重視した場合

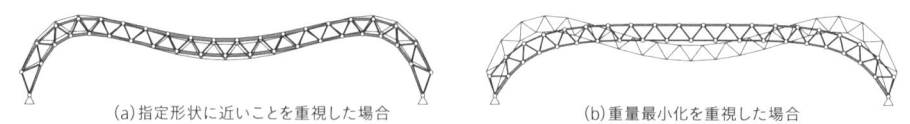

図4　トラスの最適な形

積載荷重と地震荷重に対する応力に関する制約を与えて、図3（b）の形状からの偏差量と重量の最小化を目的関数として最適な形を求める。形状偏差量の最小化を重視した場合は図4（a）のような形が得られる。それに対し、重量最小化を重視した場合は図4（b）のようになる[3]。

曲面構造の形と力

周辺を固定支持されたシェル構造の最適な形を求めてみる[4]。シェルの断面は薄く、面内の力によって外力に抵抗するものとする。また、シェル面の単位面積当たり一定の鉛直荷重が作用するものとする。曲面を多くの三角形要素で分割し、有限要素法といわれる方法で外力に対する応答を求める。建築構造の剛性を測る尺度には、上述のアーチ形状の最適化で用いた応力に代表される局所的な応答量以外に、構造全体の剛性を定める外力仕事[*10]やひずみエネルギーを用いることができる。ここでは、外力仕事を最小とすることにより、最も効率よく外力を境界構造へ伝達できる形を求める。

ふたつの方向の5次のベジエ曲線の積として定義される5次のベジエ曲面[*11]を用いて、正方形の平面を覆う曲面形状を定義する。定義頂点座標は、4隅で固定し、4辺では辺方向と鉛直方向のみ移動可能とする。その他の頂点は3方向に移動可能である。

外力仕事Wを最小化するような剛性最大の形を求めると、図5（a）のようになる。自重に対して最も強いアーチの形が放物線に近いことからも類推できるように、曲面構造の剛性を最大化すると、放物線形状の断面をもつ筒状の曲面をふたつの方向に重ね合わせたような形が得られている。

一方、アーキテクトが希望する形を実現することも重要である。たとえば、4隅を含む正方形平面の中央に中心が存在する球を希望したとすると、曲面上の各点から球の中心までの距離と指定された半径との誤差の総和で定義される丸さの尺度が最小になるようにすれば良い。このような形状を最適化によって求めると図5（b）のようになる。正方形の平面上に球を設計することはできないので、4隅で正方形に接するような曲面が得られている。このときの外

力仕事の値は図5（a）の形状での値の10倍以上となっている。

このように「丸い」ことと「剛性が大きい」ことの間にはトレードオフ関係があり、両者を考慮するために多目的最適化問題を解く必要がある。多目的最適化には手法が多数存在するが、ここでは制約法といわれる方法を用いてトレードオフ解を求めてみる。

図5（a）の剛性最大の解での外力仕事の値は達成しうる最小の値なので、それより少し大きい値をWの上限値として、丸さの尺度を最小化すると、図6（c）のような（a）と（b）の中間的な形状が得られる。また、Wの上限値を逐次変化させると、さまざまな形状が得られる。さらに、曲面上の各点からふたつの曲率中心線との距離の最小値が指定値に最も近くなるような形状を求めると、図5（d）のようなリブをもつ形状が得られる。

インタラクティブな形のデザインツール

上記のように、アーキテクトとエンジニアが希望する形には競合関係がある場合が多い。また、形を決めるための最適化において、実施設計時の制約や施工時のコストなどの多数の評価尺度を考慮することはできない。したがって、建築の形のデザインは、インタラクティブなものとなり、形と力の流れを実感できるようなツールの開発が望まれる。このようなツールを用いて、力の流れが見えるようなデザインを生み出すことも、アルゴリズミック・デザインの魅力のひとつであろう。

図6は、このようなツールのひとつとしての「形力－2」[*12]の実行例を示している[5]。図6（a）のように、ドーナッツ状の曲面形状を選択すると、その曲面は自動的に三角形分割され、三角形で構成された骨組構造が生成される。デフォールトではすべて自動的に処理されるが、部材長や部

(a) 剛性最大の形状

(b) 丸い形状

(c) 剛性と丸さのトレードオフ形状

(d) ふたつの曲率中心線を指定した場合

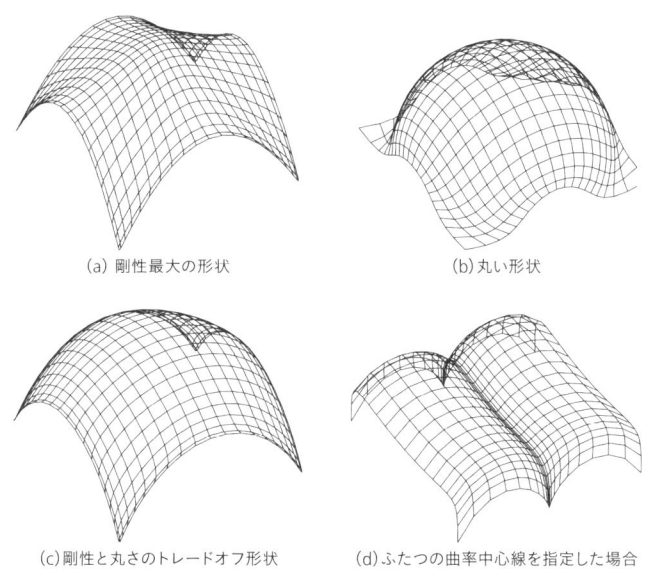

図5 曲面形状の最適化

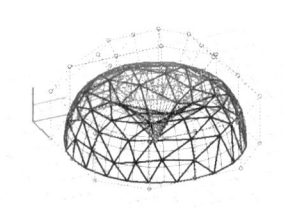

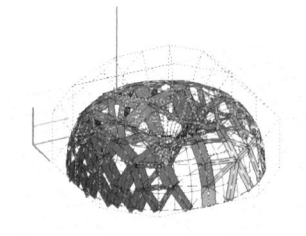

(a) ドーナッツ状骨組

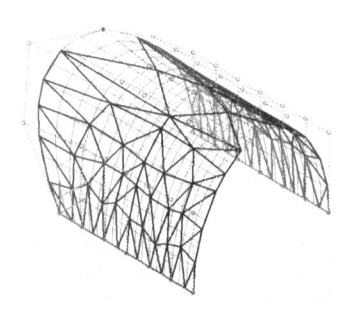

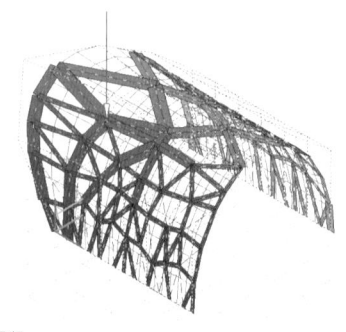

(b) 筒状骨組

図6「形カ-2」で生成された形の例

材間角度の最大・最小値や節点が存在しない領域などを細かく設定することもできる。また、ベジエ曲面の定義頂点を移動させて、形をインタラクティブに変更することも可能である。

骨組構造が生成された後、各部材での応力の最大値が指定された上限値に一致するという条件のもとで断面積を最小化するように最適化を行う。デフォールトとして与えられる風荷重に加えて集中荷重を作用させると、図6(a)右図のような最適な部材幅の分布が得られる。集中荷重は、実際に作用する荷重ではなく、形をコントロールするために与えることも可能である。筒状の曲面を選択し、定義頂点を移動させて曲面形状を変化させ、集中荷重を作用させて最適化を行うと図6(b)のようになり、集中荷重の作用節点付近で部材幅が大きくなっていることが確認できる。

このようなツールを用いると、形をインタラクティブに変化させて、力学的特性とアーキテクトが希望する形のトレードオフを考慮した最適形状を求めることができる。

*1 最適化において、最小あるいは最大にする関数を目的関数という。詳細はⅢ章「最適化」を参照。
*2 設計する際に決定する変数。部材断面積、節点位置など。
*3 パレート最適解あるいは非劣解という。
*4 詳細はⅢ章「最適化」を参照。ここでは逐次2次計画法といわれる手法を用いた。
*5 曲げ剛性のないケーブルを垂らしたときの形状。カテナリーともいう。
*6 制御頂点ともいう。また、これらの点で構成される多角形を定義(制御)多角形という。
*7 ブレンディング関数あるいは重み関数ともいわれ、対応する定義頂点の座標の曲線形状に対する影響度を表す。
*8 曲線上の点を始点として曲線に垂直なベクトルを法線ベクトルという。
*9 ある曲線の特性量を用いて定義される曲線を随伴曲線という。そのなかで、法線ベクトルによって定義される曲線をオフセット曲線という。
*10 構造最適化の分野ではコンプライアンスという。指定された荷重に対してコンプライアンスを最小化すると、変形が小さくなるので剛性が大きい構造が得られる。
*11 テンソル積(直積)ベジエ曲面という。
*12 デザイン&ディレクション:渡辺 誠、最適(高適)化プログラム:大崎 純、アプリケーションプログラム:千葉貴史

構造形態の創生

発見的最適化手法と構造形態

三井和男 *Kazuo MITSUI*

形と強度

　私たちの身のまわりにはたくさんの工業製品がある。ごく日常的な道具、たとえば食器とか家具とか、大きなものでは自動車やジェット機、さらに、その大型ジェット機を格納するハンガーや何万人もの観客を収容するスタジアム、超高層ビルなど。そしてそれぞれが、様々な「形」をもっている。「形」が使いやすさや美しさと密接に関連していることは誰もが認めるところだろう。一方すぐに壊れてしまうようでは困るから「強度」を考慮した設計ももちろん重要である。そして、その「強度」が「形」とまた密接に関連していることも理解できるだろう。たとえば端を手でつかんだ1枚の紙はぐにゃぐにゃに曲がり、自重さえも支えることはできない。しかし、同じ紙を少し湾曲させてつかめば自重といくらかの荷重を支えることができる。

　一方、人工物の世界から一転して自然界を見渡すと、植物でも動物でもなかなか理想的な形をしていることに気づく。たとえば、花びらや貝殻など。薄い材料でできているにもかかわらず、けっこうしっかりできている。その特徴は自由な形であることと、その「強度」の秘密が「形」に由来することの2点である。自然界の「形」のようにもっと自由で合理的なデザインを要求するときには、数理計画法 [*1] のような最適化手法が用いられる場合があるが、この節で注目するのは、古典的な手法ではなくコンピュータを使った新しい方法である。花びらや貝殻が長い時間をかけて進化し、理想的な形を獲得したように、私たちもこの進化に注目して「強度」と「形」の観点から最適なデザインをアルゴリズミックに見つけ出そうというのである。

ESO法

　ESO（Evolutionary Structural Optimization）[1] は、構造から効果のない材料を少しずつ取り除くことによって、構造を最適な形状に誘導しようという単純な進化的構造最適化の一手法である。構造物の崩壊は過度の応力や歪によるものであり、逆に有効でない材料の指標は負担する低い応力と歪である。理想的には、構造のすべての部分で負担する応力が安全なレベルの近傍にあることが望ましい。ESOの材料除去基準によると、低い応力状態にある材料は役立っていないとみなされ、次の段階で構造から取り除かれる。低い応力状態にある材料を少しずつ取り除くことで新しくデザインされた形状は、応力がだんだん一様になっていく。

　ESOでは、まず初めに最終的なデザインの領域を十分カバーするくらい大きい材料の一片を用意し、これを有限要素の細かい正方格子に分割する。荷重条件と境界条

件を与え、有限要素法[2][*2]を用いて応力解析を実行する。その結果、他の部分に比較して応力が小さい部分が材料の一部に存在することがある。このような場合、材料除去基準を用いて有効でない材料が除去される。各点の応力レベルはすべての応力成分の平均値のようなもので測ることができるが、ミーゼスの相当応力[*3]が等方性材料の基準のために用いられることが多く、ESOにおいてもこれが用いられている。σ_x、σ_yを各々x、y方向の直応力成分、τ_{xy}をせん断応力成分とすると、平面応力問題[*4]に対して相当応力は次のように定義される。

$$\sigma^{vm} = \sqrt{\sigma_x^2 + \sigma_y^2 - \sigma_x\sigma_y + 3\tau_{xy}^2}$$

σ_x, σ_y：x, y方向の直応力成分
τ_{xy}：せん断応力成分

各要素の応力レベルは、その要素の相当応力σ_e^{vm}を最も大きい相当応力σ_{max}^{vm}と比較することによって決定される。現在の除去率をRR_iとすると、応力解析が終了した時点で次の条件を満たすすべての要素がモデルから除去される。

$$\frac{\sigma_e^{vm}}{\sigma_{max}^{vm}} < RR_i$$

σ_e^{vm}：要素の相当応力
σ_{max}^{vm}：最も大きい相当応力　RR_i：除去率

応力解析と要素の除去は、現在のRR_iではもうそれ以上除去される要素がないことを意味する定常状態に到達するまでRR_iの同じ値を用いることによって繰り返される。定常状態に到達した段階で進化率ERが導入され、除去率RR_iに加えられる。すなわち、

$$RR_{i+1} = RR_i + ER$$

ER：進化率

この除去率の増加にともなって、応力解析と要素の除去のサイクルが新しい定常状態に到達するまで再び繰り返される。要求される最適形態が見つかるまで、このような進化のプロセスが続けられる。たとえば、最終的な構造に最大値の25％より応力レベルの小さい材料が存在しなくなるまでなどである。図1は左に示される比較的大きな構造から不要な部分を削り取って右の2部材トラスに進化するまでの過程である。

拡張ESO法

ESO法によると構造物は順次、要素を削除され、次第にその体積を減少させたスリムな形状になっていく。ところが、構造物の形状を順次変化させる場合、不要な部分を削り取るのみでなく、場合によっては必要な部分を付加することも必要だろう。このような考えに基づいて開発されたのが拡張ESO法[3]と呼ばれる方法である。これには、(1) 相当応力の等値線と、(2) 双方

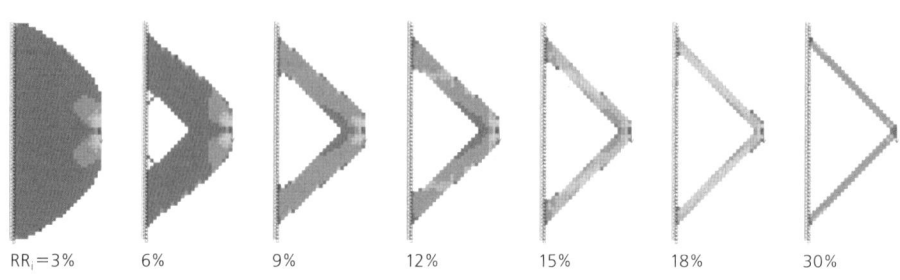

$RR_i = 3\%$　　6%　　9%　　12%　　15%　　18%　　30%

図1　ESO法による構造形態の進化の過程

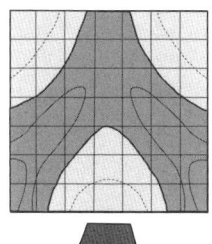

図2 等値線による材料の削除　　　図3 単方向進化　　　図4 双方向進化

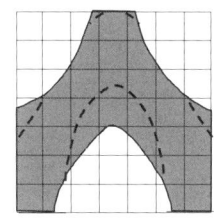

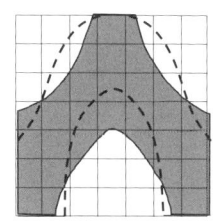

向進化のふたつの新しいアイディアが導入されている。

図2は、相当応力の等値線を描き、指定された等値線を基準に削除を行う様子を模式的に示している。指定の等値線より応力の高い部分は残し、低い部分を削除する。このようにして次の進化のステップで用いる新しい領域を形成し、同じ操作を繰り返すことで構造形態を次第に進化させるというアルゴリズムである。等値線を用いることで滑らかな曲線で構造を表現できる。

前述のESO法は削除のみを繰り返すものである。ある初期形状から出発して削除だけでたどり着くことのできない形状があることは容易に想像がつく。これに対して、拡張ESO法は削除に加えて付加の操作が存在する、いわゆる双方向進化によってESO法の欠点を克服している。図3は等値線によって削除の操作が行われた構造形態についてもう一度応力を計算し、さらに等値線を描いて削除の操作だけを行った場合の新しい構造形態を示している。削除操作のみを繰り返すことでは、一度削除を受けた部分はその後の進化の過程においても復活することはないため、構造形態は進化が進むにつれて次第に小さくなっていく一方である。図4で、破線は与えられた構造形態に等値線を描いたものであるが、場所によっては境界線と等値線とが交わっている部分がある。こうした部分に対しては、外部に領域を付加することで、等値線を閉じた曲線にすることができる。付加を考慮した拡張ESO法は、設計領域全体に大きな構造を設定して、削除のみにより形態を求めるオリジナルのESO法と比較して、設計領域の一部分に小さな構造を設定して計算をはじめられるため、効率的に計算をすすめることもできる。

セルオートマトンの応用

拡張ESO法は等値線を使って材料の削除と付加という双方向の操作を実現した。これはまた、滑らかな曲線または曲面で構造形態を表現することも可能にしている。ESO法で用いられる格子状の要素はそのままに、注目した要素とその近傍から得られる情報によって材料の削除と付加を実現した方法[4]も提案されている。格子状の要

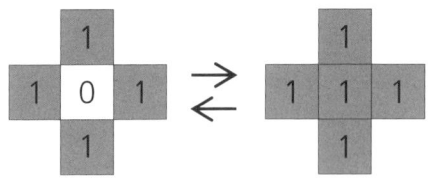

図5 セルの出現と消滅

図6 得られた結果の一例

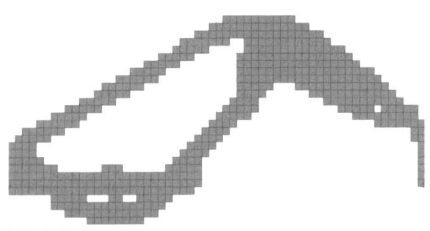

図7 クランク形状

素をセルと呼ぶことにすると、注目したセルと近傍のセルの応力状態によって材料の削除と付加を決定するのであるから、いわゆるセルオートマトンの応用と考えることができる。

設計領域中の各セルに対して図5に示すような上下左右に隣接する4つのセルを近傍と考える。上限応力値 σ^U と下限応力値 σ^L をあらかじめ設定し、相当応力が σ^U を超えるセルが近傍にある場合には図5の左から右に示すように注目する中央のセルの値を1、すなわちそのセル上に材料が出現するとする。また、注目セルの相当応力が σ^L を下回るセルは同図の右から左に示すように近傍の応力にかかわらずセルの値を0、すなわちそのセルから材料が消滅するとする。このようなアルゴリズムによって形状の更新を繰り返す方法である。図6は得られた結果の一例である。

これはまた、アリのフェロモンの探索能力を応用したアルゴリズム[5]へと発展できる。すなわち、相当応力が σ^U を超えるセルが近傍にある場合に、材料を直接に出現させたり消滅させたりするのではなく、注目する中央のセルに単位量1のフェロモンを置くことにする。近傍の影響を考慮しているからフェロモンの拡散を考慮したことになる。また、相当応力が σ^U を超えなければフェロモンが減少するようにプログラムしておく。そして、フェロモンがある一定の濃度を超えたとき、そのセルに材料が出現するというアルゴリズムである。材料の必要性があればまずフェロモンを置く蓄積と、近傍の情報を伝達する拡散と、必要がなくなると減少する揮発という3つの性質によってアリが巣から餌場までの最短路を探索するメカニズムを模倣したものである。このアルゴリズムによっても図1に示されたESO法による解や、図6に示される問題の解を得られることはもちろん、そのような静的な問題だけではなく、動的に変化する問題にも適用することができる。たとえば、地震力を受ける構造物や、外力の方向および大きさが変化する構造物の問題、支持する位置が移動するなど支持条件が変化する構造物の問題などである。図7はクランクのように高速で回転する部品で、慣性力により生じる大きな応力を考慮して

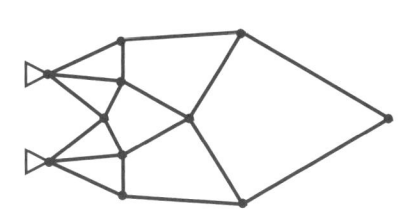

図8 トラス構造

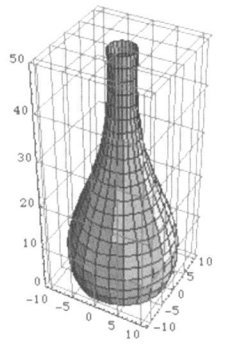

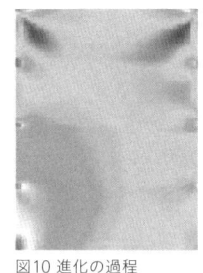

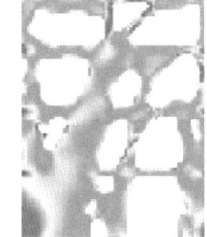

図9 塔状シェル

図10 進化の過程

図11 竣工時の壁面[＊5]

形状をデザインしなければならないような問題を想定して、この手法によって得られた形状である。回転中に応力は時々刻々と変化するからここで紹介したESO法や拡張ESO法は適用できない。

アルゴリズミック・デザインと発見的最適化手法

発見的最適化手法とは最適化問題において「必ず正しい答えが導けるわけではないが、ある程度のレベルで正解に近い解を得ることができる方法」である。ここでは、発見的手法を構造形態の創生に応用した研究のごく一部を簡単に紹介した。その他に、遺伝的アルゴリズムを構造形態の創生に応用した研究[6,7]や、免疫アルゴリズム[8]、シミュレーティッドアニーリング[9]などいろいろな手法が考案されている。図8はシミュレーティッドアニーリングによって得られたトラス構造、また図9は遺伝的アルゴリズムによって得られた塔状シェルである。今後の発展と実用化が期待される手法である。図10と図11は、実際の設計に拡張ESO法が応用された一例である。図10は図11に示されるビルの設計段階で用いられた壁面の進化の過程と応力の等値線を併せて示している[10]。

＊1 1次式で記述される最適化問題で目的関数を最大化または最小化する方法。
＊2 微分方程式の近似解を数値的に得る方法のひとつ。ここでは構造物を小領域に分割し、外力によって生じる変形と応力を計算する。
＊3 強度と破壊に関連した応力状態を示す指標。
＊4 実際の構造物が3次元座標で表現されるのに対し、近似的に2次元の応力場を仮定した問題。
＊5 芥川プロジェクト©松渕得雅

構造形態の創生

感性工学とかたち

堤 和敏 *Kazutoshi TSUTSUMI*

　構造技術者の素朴な疑問——建築家は、建物を設計する際に、どんなイメージ（感性）を抱いてデザインしているのだろうか？また、そのイメージを実現するためにどのような知識、アルゴリズムを使っているのだろうか？

　佐々木睦朗氏は、「現代人の感性は緊張感、躍動感、流動感、軽快感、透明感、浮遊感などで形容される、より自由で解放された人間的な建築空間を求めているとも言える」[1]と述べている。この言葉をヒントに、本節では、感性のひとつの表現形である「浮遊感」を設計イメージとした場合を考える。では、「浮遊感」を実現するための知識、アルゴリズムとは、どのようにしたら得られるのであろうか？　また、「浮遊感」を持ちながらかつ力学的合理性の高い屋根形態とはどんなかたちであろうか？

　この問題に次の2システムを用いて挑戦する[2]。図1にシステムフローを示す。

(1) 感性評価システム

　種々の屋根形態を、バーチャルリアリティ（VR）[3]を用いて映像化し、その屋根形態が「浮遊感」があるかないかのアンケートを行い、その結果を分析し、「浮遊感」と建物形状との関係性（知識、アルゴリズム）を求める。

(2) 形態評価システム

　遺伝的アルゴリズム（GA）を用いて創生した形態に対して感性評価システムから得られた「浮遊感」の評価値、と応力解析結果から得られる「力学的合理性」の評価値を総合的に評価し、その評価値が最大となる形態をGA操作により探索する。

　本節で対象とする屋根形態は、30m×

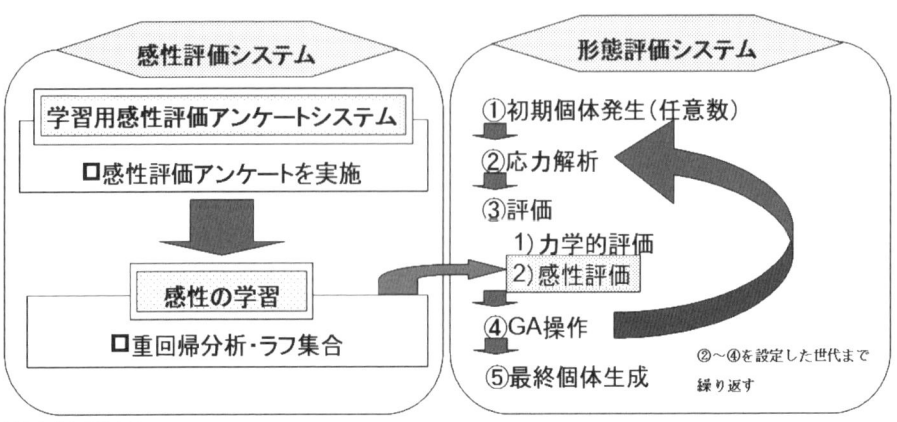

図1 全体システムフロー

| No.6 | No.7 |

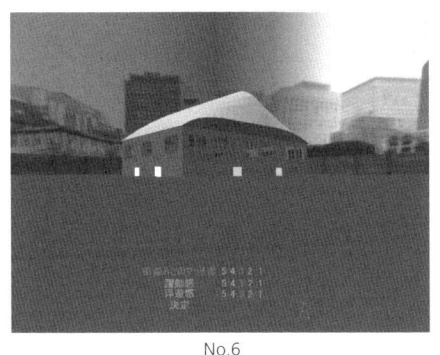

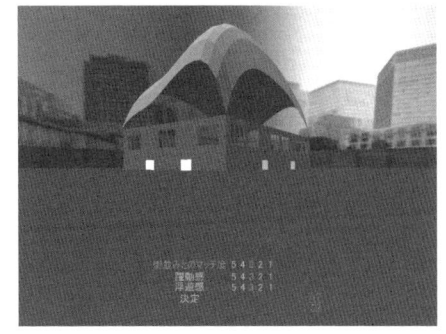

図2 アンケート個体

要因	範囲	属性記号
空間ボリューム	x>=1.5	A
	1.5>x>=1.3	B
	1.3>x	C
変化の度合い	x>=3	D
	3>x>=1	E
	1>x	F
平均ライズ比	x>=0.55	G
	0.55>x>=0.45	H
	0.45>x	I

要因	範囲	属性記号	配属数
開口ライズ比x	x>=0.3	J	15
	0.3>x>=0.1	K	28
	0.1>x	L	9
開口ライズ比y	x>0.2	M	11
	0.2>x>0.1	N	14
	0.1>x	O	27

表1 条件属性一覧

40mの長方形平面を対象とし、短辺・長辺方向それぞれ6個の制御点で自由な曲線を表現することができるNURBS曲線を用いている。この制御点はGAでの遺伝子として利用される。

感性(浮遊感)評価システム

「浮遊感」と建物屋根との関係の分析は、以下の手順で行った。

(1) 制御点の位置(遺伝子座)を変化させて建物形状を自動作成し、VR技術を用いて立体視表示し、「浮遊感」の度合(5段階)についてアンケートを行った。アンケート個体数は52、被験者数は23、アンケートに用いた個体の一部を図2に示す。

(2) 「浮遊感」と建物形状との関係についてラフ集合によって特徴分析を行う。

ラフ集合は1982年にポーランドのZ. Pawlak教授により提案され[4]、対象集合から情報(知識)をラフに抽出する手法として感性工学の分野で広く研究[5,6,7,8]が行われている。「浮遊感」に影響を与える要因として、開口の大きさ、形態の複雑さ、形態の高さを仮定し、「開口ライズ比x」「開口ライズ比y」「平均ライズ比」「変化の度合い」「空間ボリューム」を条件属性として用いた。決定属性は、23人の被験者の評価値に点数をつけ、その平均値を算出し

て、小数点以下を四捨五入したものとした。
条件属性の一覧を表1に示す。

ラフ集合

各個体に対する条件属性と決定属性を用いて、表2に示す決定ルールとC.I.値の算出を行った。C.I.値とは算出された決定ルールと同じ決定クラスの対象数のうちで、そのルールにあてはまる対象数の占める割合のことである。特徴分析には、コラムスコア理論を用いた。コラムスコアは、決定ルール条件部を属性値単位に分解し、ルール条件部が高評価であればあるほど含まれる属性値に高得点を与えながら、すべてのルール条件部について得点を合算したもので、個々の属性値の決定クラスへの一種の寄与程度を表している。算出された決定ルールとC.I.値を用いてコラムスコアを算出した結果を表3に示す。アミがけされているセルは、各決定属性に対してコラムスコアが最大となる条件属性を示している。コラムスコアより得られた特徴分析を以下に示す。

浮遊感を感じない
・空間ボリュームが小さい（1.3以下）。
・やや複雑な形状（変化の度合い1～3）。
・開口ライズ比は、x方向・y方向ともに小さい（0.1以下）。

どちらでもない
・空間ボリュームはやや大きい（1.5以上）。
・複雑な形状か、シンプルな形状のどちらか（変化の度合い3以上または1以下）。
・平均ライズ比は小さい（0.45以下）。
・開口ライズ比は、x方向・y方向ともに小さい（0.1以下）。

浮遊感を感じる
・空間ボリュームが大きい（1.5以上）。
・シンプルな形状（1以下）。
・平均ライズ比は大きい（0.55以上）。
・開口ライズ比は、x方向・y方向ともに大きい（0.2以上）。

ラフ集合によるイメージ推定

算出されたコラムスコアを用いてイメージ推定を行った。推定精度の算出方法は、算出されたコラムスコアを得点とし、アンケート個体すべてにおいて、全条件属性に対する決定属性別の総計を算出し、総計の

決定属性2		決定属性3		決定属性4	
決定ルール	C.I.値	決定ルール	C.I.値	決定ルール	C.I.値
C O	0.5	A K	0.29	M	0.47
E L O	0.5	K O	0.29	A J	0.41
B E O	0.5	B I L	0.29	G	0.35
		D I O	0.29	F J	0.24
		D I O	0.29	A F	0.18
		B F O	0.29	I N	0.12
		F H L	0.29	D N	0.12
		B D O	0.29	B K	0.12
		A I	0.14	A E	0.12
		B F I	0.14	E J	0.12

表2 決定ルールとC.I.値

条件属性	決定属性2	決定属性3	決定属性4
A	0	0.21	0.41
B	0.17	0.67	0.06
C	0.25	0	0.09
D	0	0.38	0.08
E	0.33	0	0.18
F	0	0.33	0.21
G	0	0	0.35
H	0	0.29	0.05
I	0	0.45	0.06
J	0	0.10	0.41
K	0	0.33	0.12
L	0.17	0.38	0.05
M	0	0	0.47
N	0	0	0.24
O	0.58	0.62	0

表3 コラムスコア

一番高い決定属性をその個体の推定値とした。推定値と実際値の一致した数は、全体の56%であった。

形態評価システム

力学的評価はFEM解析により求められる各要素iの要素相当応力（σ_i）に屋根の形態（断面数量）も考慮して求められた相当応力（σ_e）を用いる。要素相当応力（σ_i）は下式で表される。

$$\sigma_i = \sqrt{\sigma_{xi}^2 + \sigma_{yi}^2 - \sigma_{xi}\sigma_{yi} + 3\tau_{xyi}^2}$$

σ_x, σ_y：各々x, y方向の直応力成分
τ_{xy}：せん断応力成分

$$\sigma_e = \frac{\Sigma \sigma_i \cdot A_i}{A_0}$$

A_i：各要素面積　A_0：投影面積

感性評価は、屋根形状から得られる各決定属性ごとのコラムスコアのなかで最大となる決定属性に対する評価値を用いる。総合評価は、感性評価が高いもののなかで力学的評価が高いもの（相当応力が小さい）を選択するという考えから、感性評価値が4.0以上の場合は力学的評価を総合評価とし、その他の場合は500という大きな値とし、総合評価が小さいほどGA操作における適応度が高い形態とした。

GAの実行・結果

GAは、繰返世代数を100世代、初期個体数を20個体とし、個体の多様性を高めるために、交叉率を100%、交叉は多点交叉、突然変異率は0.05とした。また、ルーレット選択・エリート保存を行っている。GAの実行は下記の3パターン行った。初期形態および、それぞれの結果を図3（a）〜（d）に示す。

(1) 感性評価のみを対象とした実行結果

感性評価のみでシステムを実行した場合、最終個体はすべて短辺方向・長辺方向ともに開口がある形態となっている。ラフ集合での特徴分析に一致している。

(2) 力学的評価のみを対象とした実行結果

力学的評価のみでシステムを実行した場合、最終世代の個体はすべて長辺方向、短辺方向ともに屋根が閉じた形態となっている。

(3) 総合評価を対象とした実行結果

総合評価でシステムを実行した場合、短辺方向が閉じていて長辺方向に開口のある形態が生成された。これは力学的評価のみでシステムを実行した場合に生成される両方向が閉じた形態と感性評価のみでシステムを実行した場合に生成される両方向に開口のある形態を組み合わせた形態となっている。感性評価と力学的評価をバランス良く表現しており、総合評価がシステムに良く反映されていることがわかる。

感性工学とアルゴリズミック・デザイン

設計者のイメージを具体的な「かたち」に表現する手法として感性工学は有効な手法である。建物の形状とその形状から受けるイメージとの関係をラフ集合や重回帰分析等により知識（アルゴリズム）化することにより、イメージにふさわしい形状を簡単にコンピュータで表現することができる。単に、設計者のイメージを表現するだけならば、設計者自身がCADで表現すれば十分であり、イメージの知識化は不要である。しかし、設計者のイメージに何らかの付加価値（たとえば力学的合理性等）を付与する場合には、設計者のイメージを壊さないで、付加価値を最大化するシミュレーショ

(a) 初期個体	No-2 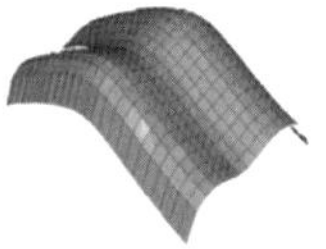	No-3 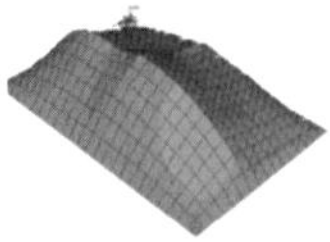
(b) 最終個体 (感性評価のみ)	No-4 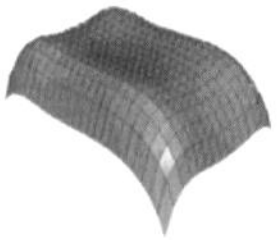	No-7 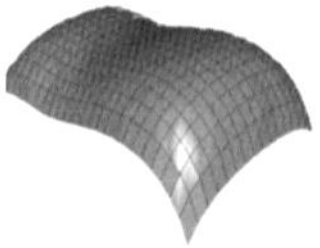
(c) 最終個体 (力学的評価のみ)	No-6 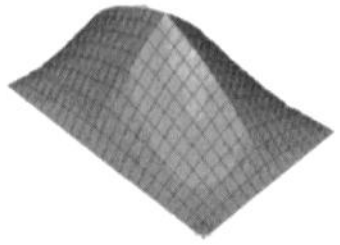	No-19 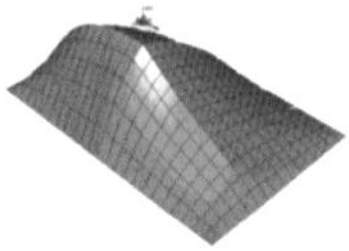
(d) 最終個体 (総合評価)	No-10 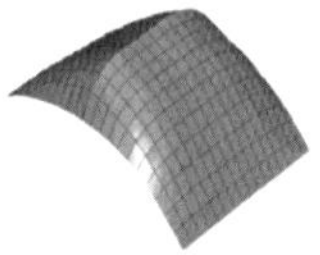	No-13 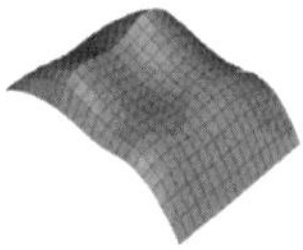

図3 初期個体と各最終個体

ンが必要となる。このシミュレーションでは、コンピュータ処理が必要であり、設計者のイメージをコンピュータで表現し、そのイメージを評価する手法が必要となる。ここに感性工学の重要性・意義がある。

本稿では、「浮遊感」を対象とした例を紹介したが、他のイメージ（緊張感、躍動感、流動感、軽快感、透明感、等）についても同様な手法で展開可能である。

感性工学は、アルゴリズミック・デザインの重要な要素技術であり、アルゴリズミック・デザインで設計されたものに「意味」や「付加価値」を付与するのに有効であり、今後の発展が期待される。

アルゴリズミック・デザインと建築教育の状況

池田靖史 Yasushi IKEDA ＋ 木村 謙 Takeshi KIMURA

　1990年以降の建築デザインの分野へのコンピュータやネットワーク技術の浸透は他の分野に勝るとも劣らないほど激しかった。またそこには、ものづくりの分野ならではの実体性や身体的間隔との関係についての葛藤もあり、現在も建築専門教育機関のほとんどはその波にもまれていると言っていい。学生がまったく鉛筆を持たなくなり、スタディの最初からいきなりモニタに向かって3次元のボリュームを描きはじめ、ネットワークからダウンロードした他の建物のデータ等を上手に活用してそれぞれの作品をつくってしまうことの教育上の是非は一言では決められない。ごく一般的な2次元CADの製図ツールとしての教育はほぼ共通化しているものの、学校によっては実務の即戦力として徹底して操作のスキルを磨かせる考えもあれば、あえてコンピュータから距離を置かせて身体的な空間感覚やスケッチによるコミュニケーション等を重視する考えもある。そうした動向のなかではアルゴリズミック・デザインは、最も先端的なコンピュータの利用であり、世界的にもまだ一部の教育機関でしか導入は行われていない。基礎的な建築教育というよりは先端性の高い建築教育と考えられる。しかし概して建築の潮流を先取りして高度な人材を提供したいと考える建築教育機関ほど、この手法への期待は大きく、その本質を十分に理解した指導者を揃えようとしている。ロンドンのAAスクールでコンピュータによるデザインを標榜していたパトリック・シューマッハが曲面に関して天才的感性をもつ建築家ザハ・ハディドをコンピューテーションによって支援することでそのパートナーとなった例は象徴的である。同時にこの分野が発展途上の現時点では、教育にあたる側にとってそのデザイン手法自体が研究プロジェクトとしての価値も高い。

コロンビア大学を中心とした
ブロッブ系デザインからの発展

　日本を別にして、アルゴリズミック・デザインの先進国である米国では、アルゴリズミック・デザインを強く意識した設計演習スタジオで実践的に教えているアートスクールの系統、とアルゴリズミック・デザインを論理化して講義等で解説している工学的系統とがある。SCI-Arcなどカリフォルニアでの教育も前者の色が濃いが、ニューヨークのコロンビア大学は1990年代から、建築の意匠デザインのサイドで最も積極的にデジタルな設計手法の可能性の追求をはじめた学校であり、カリフォルニアから呼んだグレッグ・リンを中心に映像産業との連携で急速に向上してきたCG（コンピュータグラフィクス）技術をいちはやく建築デザインへと昇華させて、誰もが目をみはる大胆で新鮮な立体造形のCGイメー

ジを発信してきた。その結果ブロブ系（グニャグニャ系）と呼ばれるコンピューテーションを武器にしたデザイナーや研究者を多く輩出し、かなり強い方針でデジタルデザインを進める総本山といってもよい。その一方で理論より感性が先行した派手なデザインが実社会にどの程度の意味を持つのか、困難な実現性やそれに見合う価値についての批判を受ける意味でもその先頭に立っていた。ここもデザイン演習が中心で、基本的に Advanced Architecture Studio という設計スタジオを通じての教育になる。この数年、たとえば「群衆行動の状態をシミュレーションで形態に反映してスタジアムを設計する」といったように抽象性の高い課題ではあるが、社会的なアクティビティと形態生成の関係に焦点をあてて、感覚的造形から明快な意義を持つアルゴリズム性の重視に傾いている［図1, 2］。

アイビーリーグの工学的デザイン戦略

ビジュアルインパクト重視のアートスクール系とは違う、米国におけるもうひとつの流れは、学生に生成プログラムの作成を要求するような、情報工学技術の系統である。それは70年代に shape grammars（形態文法）と呼ばれる形態生成の幾何学を発表したジョージ・スティニーのように計算機科学そのものの開発とも重なる歴史を持っている（第Ⅲ章「生成文法」参照）。この系統で早くから米国東海岸で情報技術と現代社会の転換について先進的な研究をしてきたのはMITのウイリアム・ミッチェルとメディア・ラボを中心にしたグループである。こちらはデザイナーよりも純粋な研究者が多く、実体的な建築生産に結びつけるためのデジタル・ファブリケーション技術の研究なども総合して、より工学的にアルゴリズミック・デザインを新しい教育に位

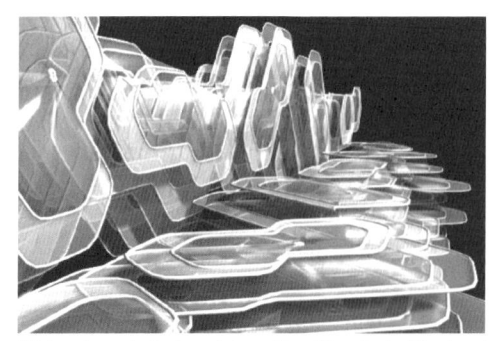

図1 L-system: student work from Algorithms in Architecture / Michael Hansmeyer student of Columbia University 2003

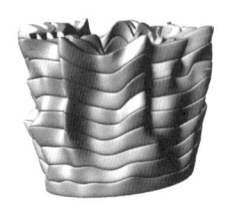

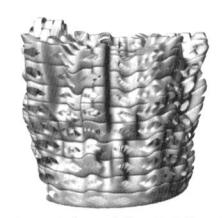

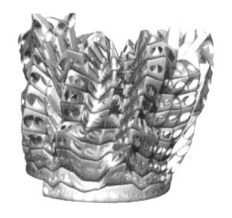

図2 A sample Image of student work from (n)certainties: Studio program at Columbia University 2007 Instructed by Francois Roche / Marc Forne

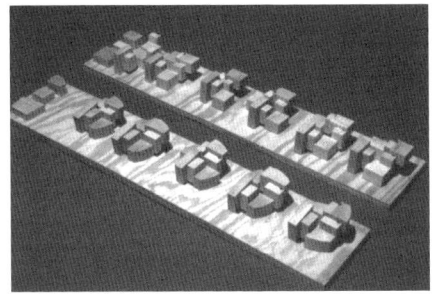

図3 Design Exploration for Courtyard House Designs using Shape Grammars(Jin-Ho Park) Instructed by Prof. Terry Knight, MIT

置づけようとしている［図3］。他にもペンシルバニア大学ではアルゴリズムを使った構造体を積極的に提案している著名な構造家セシル・バルモンドを教授に招いて急速にこの分野を強化し「非線形システム研究組織」を発足させたし、建築生産手法としてのアルゴリズミック・テクトニクスを意識したプログラムをめざすようだ。イェール大学も同様で、米国全体を俯瞰するとアート系と工学系がともに設計のアルゴリズムという論点を巡ってデザイン教育を融合しつつあるように見える。

ハーバード大学GSDの Algorithmic Architecture

こうした米国におけるアルゴリズミック・デザインの位置を決定づけたのは、世界の建築教育を左右するハーバード大学GSDの動向である。比較的コンピュータデザインには遅れを取っていた状態から一気に方針転換し、UCLAから移ったコスタス・タルジディスが2005年から、ずばりAlgorithmic Architectureという授業［図4］を中心にアルゴリズミック・デザインを現代建築デザインの本拠地に定着させた。その内容はアルゴリズミックなプログラムの基礎と実践的な建築の問題の幾何学的な解決の間をつなぐデザインの理論について説いている。明快でありながら根元的であるゆえに少々哲学的な印象を覚えるほどである。つまり建築デザイン業界をリードする武器となるような新しいデザインメソッドを提供し続けるこの学校の方針として、コンピュータ・デザインを現代建築のひとつの柱として説明できるだけの理論武装を準備することが示されたのである［図5］。

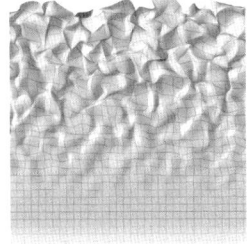

図4 Algorithmic Architecture Kostas Terzidis / Hervard GSD 2006

図5 Student work Skyscraper by Alex Hirsig and Catherine Huang: Instructed by Kostas Terzidis / Hervard GSD

図6 Josie Kressner / Advanced Concepts in Architectural Computing : Pattern Formation at Washington University in St. Louis Spring 2008 Instructed by Dimitris Gourdoukis.

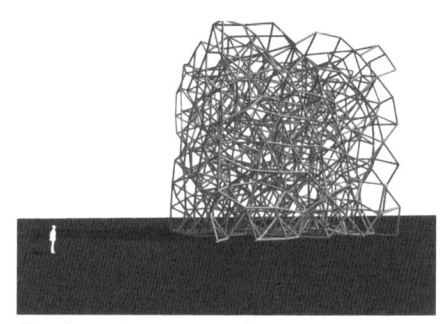

図7 John Harding , student of Paul Coates and Christian Derix: The MSc Computing & Design programme of Center for Evolutionary Computing Architecture at University of East London

　この動きを受けて米国ではアルゴリズミック・デザインの授業が一気に出て来ることが予測される。実際にセントルイスのワシントン大学でDimitris Gourdoukisにより2007年からはじまった授業［図6］などがその一例である。

　世界的にもこの動きが加速すると見られ、ヨーロッパでも東ロンドン大学のKey Center for Evolutionary Architectureの自己組織的なアルゴリズム建築をメインに据えたプログラム［図7］や、またスイスのETHの活動等［図8］がある。また日本の第一人者渡辺誠も台湾の淡江大学に出講している。

日本国内のアルゴリズミック・デザイン教育

　日本では本書の著者の何人かもこうした教育に取り組んでいる。渡辺誠が横浜国立大学の大学院生と行った「誘導都市」（第Ⅲ章参照）の研究が先駆的であった。建築系の授業としてアルゴリズミック・デザインの教育に早くから着手したのは早稲田大学創造理工学部である。渡辺仁史、木村謙により行われた一連の「デジタルエスキス」の授業［図9］では、設計の過程をシステムとしてとらえて解析し、そこから新たな着想を生み出すこと、さらにそれをCAD上でスクリプティングという形でアルゴリズミック・デザインに置き換え「デジタルエスキス」として経験させる一連の授業が行われていた。その後では東京電機大学未来科学部・工学部で朝山秀一による「アルゴリズミック・デザイン」という名の科目があり、これはふたり1組のチームが設計担当とプログラム担当に分かれ作品制作を進める意欲的な取り組みである。さらに科目「コンピュータ・デザイン」で外部講師によるアルゴリズミック・デザインの演習も開講している。他にも慶應義塾大学の環境情報学部も建築系からメディアアートにまたがったアルゴリズミック・デザインの科目が複数ある。松川昌平や中西泰人らのアルゴリズミックに空間をデザインするための演習や筆者自身による「都市空間設計と情報技術」などもそうである［図10］。

　建築系の学部・学科の他にも、多摩美術大学情報デザイン学科情報デザイン関連の

図8 Algorithmic Extension of Architecture /Toni Kotnik CAAD (Computer Aided Architectural Design) ETH Zürich Instructed by Prof. Ludger Hovestadt

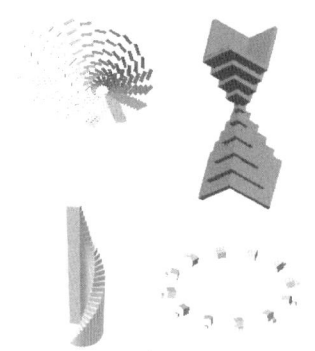

図9 早稲田大学、渡辺仁史＋木村 謙「デジタルのエスキス」授業の作品例

学科においてメディアアートを中心としたアルゴリズミック・デザインに関する講義が存在するが、日本では実作活動に比べるとまだ建築のアルゴリズミック・デザインを正面に掲げた教育プログラムはそう多くないと言わざるをえない。

その一方で、近年の卒業制作等の製図課題では、単位的な空間要素を定義し、それに対してアルゴリズミックにルールを適用して全体の配列等を決定していく指向の作品がかなり多く見られるようになってきている。プログラミング等の素養がないためにこれらのほとんどは、コンピュータの反復計算能力を利用したアルゴリズミック・デザインではなく、要素にルールをあてはめるデザイナーの根気ある作業の集積結果である。デザインの動向や新たな可能性に敏感な学生の反応であり、その指向を支援できる教育プログラムの不足は今後の課題である。通常の建築デザイン志望の学生がひとつの科目だけでプログラミングを習得し自分でできるレベルになるのはかなり難しい。複数の関連科目で総合的なカリキュラムを組めるようにすべきだろう。形のジェネレータの項で紹介したようなプログラミング言語の習得なしにアルゴリズミック・デザインが可能になるようなツールやインターフェースの開発によって、もっと気軽に各自のデザインに取り入れるようになることが期待される。

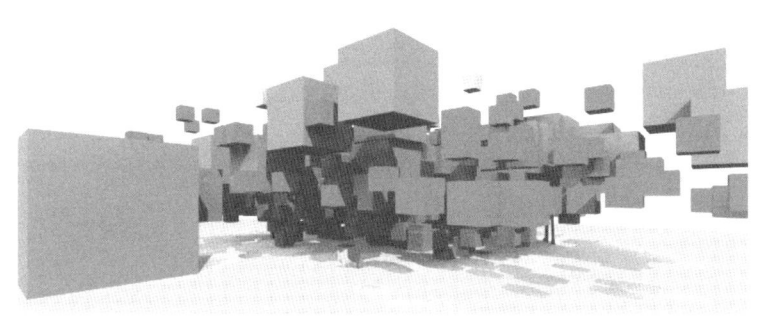

図10 慶應義塾大学「都市空間設計と情報技術」Growing Object演習課題(池田靖史／酒井康史)

参 考 文 献

第Ⅰ章 ［展 望 篇］

◆アルゴリズミック・テクトニクス

　池田靖史「自己組織性のある建築・都市のデザインに関する研究」東京大学学位審査論文、2007

◆複雑系とアルゴリズミック・デザイン

　堀池秀人『まちの遺伝子――「まちづくり」を叱る』鹿島出版会、2008
　合原一幸『カオスの数理と技術』放送大学教育振興会、1997
　合原一幸『カオス』講談社、1993
　池田研介、津田一郎、松野孝一郎『複雑系の科学と現代思想 カオス』青土社、1997
　金子邦彦、津田一郎『複雑系のカオス的シナリオ』朝倉書店、1996
　J・グリック『カオス』大貫昌子訳、新潮社、1992

第Ⅲ章 ［技 術 篇］

◆最適化

1　大森博司、崔 昌禹「等値線を利用した拡張ESO法による構造形態の創生」『日本建築学会構造系論文集』539号、2001、pp.87-94
2　田川浩、大崎 純「一様部材断面積を有する平面トラスのトポロジー節点位置同時最適化」『日本建築学会構造系論文集』521号、1999、pp.73-80
3　三井和男、登坂宣好「遺伝的アルゴリズムの空間構造形態解析への応用」『日本建築学会構造系論文集』484号、1996、pp.75-83
4　山本憲司、皆川洋一、大森博司「RS座屈荷重係数を目的関数とした単層ラチスドームの形状最適化」『構造工学論文集』Vol.54B、2008、pp.345-352
5　青木義次「プラン作成と遺伝進化とのアナロジー――室配置問題の遺伝進化アルゴリズムによる解法」『日本建築学会計画系論文集』481号、1996、pp.151-156
6　青木義次、村岡直人「遺伝的アルゴリズムを用いた地域施設配置手法」『日本建築学会計画系論文集』484号、1996、pp.129-135
7　鳶 敏和、山口太朗「機器配置・配管の自動化と3次元表示」『計算工学講演会論文集』Vol.6、No.1、2001、pp.113-116
8　井上武士、古橋 武、中村 真、鳶 敏和「機械室設備の設計図・施工図作成支援システムの開発――対話型進化計算による機器配置支援」『空気調和・衛生工学会論文集』No.86、2002、pp.1-10
9　田川和正、河村 廣、谷 明勲「対話型進化計算法を用いた建築物内装デザインシステムの開発」『第26回情報・システム・利用・技術シンポジウム論文集』2003、pp.43-48
10　堤 和敏、伊藤直樹、長澤佐知子「構造骨組みの美しさを考慮した加えたラチスドームの感性最適設計システムの研究」『第26回情報・システム・利用・技術シンポジウム論文集』2003、pp.213-216
　これらのほか『建築システム最適化シンポジウム』日本建築学会建築システム最適化特別研究委員会、2003

◆セルオートマトン

1　森下 信『セルオートマトン』養賢堂、2003
2　今野紀雄『図解雑学 複雑系』ナツメ社、2006
3　市川惇信『複雑系の科学』オーム社、2002
4　日本建築学会編『複雑系と建築・都市・社会』技報堂出版、2005

◆マルチエージェントシステム

1　大内 東、山本雅人、川村秀憲『マルチエージェントシステムの基礎と応用――複雑系工学の計算パラダイム』コロナ社、2002
2　S. J. Russell、P. Norvig『エージェントアプローチ人工知能 第2版』古川康一監訳、共立出版、2008
3　S. Camazine, et al.: *Self-Organization in Biological Systems*, Princeton University Press, 2001.
4　M. Dorigo: *Optimization, Learning and Natural Algorithms*, Ph.D. Thesis, Politecnico di Milano, Italy, 1992.
5　J. Kennedy, R. Eberhart: *Particle Swarm Optimization*, Proceedings of IEEE the International Conference on Neural Networks, 1995.
6　海老原学、掛川秀史「オブジェクト指向に基づく避難・介助行動シミュレーションモデル」『日本建築学会計画系論文集』467号、1995、pp.1-12
7　岩田伸一郎、宗本順三「自律的な大学組織の相制関係に基づいた施設配置計画法」『日本建築学会計画系論文集』572号、2003、pp.99-106

◆遺伝的アルゴリズム／プログラミング

1 J. H. Holand: *Adaptation in Natural and Artificial Systems*, University of Michigan Press, 1975.
2 J. R. Koza: *Genetic Programming: on the Programming of Computers by Means of Natural Selection*. The MIT Press, Cambridge, 1993.
3 樋口隆英、筒井茂義、山村雅幸「実数値GAにおけるシンプレックス交叉の提案」『人工知能学会誌』16(1)、2001、pp.146-155
4 中山弘隆、岡部達哉、荒川雅生、尹 禮分『多目的最適化と工学設計――しなやかシステム工学アプローチ』現代図書、2008
5 北野宏明編『遺伝的アルゴリズム』全4巻、産業図書、1993/1995/1997/2000
6 岩田伸一郎、宗本順三、吉田 哲、阪野明文「移動コストを評価関数とした廊下パターンと室配置へのGA適用――『An approach to the optimum layout of single-storey buildings』における病院手術棟を事例として」『計画系論文集』518号、1999、pp.329-333
7 S. Sato, T. Hayashi, A. Takizawa, A. Tani, H. Kawamura, Y. Ando: *Acoustic design of theatres applying genetic algorithms*, Journal of Temporal Design in Architecture and the Environment 4(4), 2004, pp.41-51.
8 安藤大地、P. Dahlstedt、M. G. Nordahl、伊庭斉志「対話型GPを用いたクラシック音楽のための作曲支援システム」『芸術科学会論文誌』4(2)、2005、pp.77?87
9 瀧澤重志、河村 廣、谷 明勲「対話型進化計算法による家具デザイン――遺伝的プログラミングによる被験者の嗜好の定量化と予測」『日本建築学会・情報システム技術委員会 第23回情報システム利用技術シンポジウム論文集』2000、pp.175-180

◆ニューラルネットワーク

1 甘利俊一『神経回路網の数理』産業図書、1978
2 堤 和敏、小笠原常之、沼尻和世「街並み評価システムの開発」『第24回情報システム利用技術シンポジウム』2001、pp.7-12
3 堤 和敏「ニューラルネットワークを利用した鉄骨造弾性立体骨組の性能指定最小重量設計法」『日本建築学会構造系論文集』496号、1997、pp.137-141
4 井上賀介、谷 明勲、河村 廣、瀧澤重志「ニューラルネットワークを用いた建築構造物の損傷推定――同一観測点で観測された地震波に対する推定精度について」『第24回情報システム利用技術シンポジウム』2001、pp.139-144
5 佐々木啓介、堤 和敏「学習付き対話型GAを用いた形態創生に関する研究――折板と自由曲線の融合」『コロキウム構造形態の解析と創生』2006、pp.33-38
6 D. Rumelhart, G. Hinton, R. Williams: *Learning representations by back-propagation errors*, Nature 323, 1986, pp.533-536.
7 F. Rosenblatt: *The perceptron: a probabilistic model for information storage and organization in the brain*, Psychological Review 65, 1958, pp.386-408.
8 J. Hopfield: *Neural networks and physical systems with emergent collective computational abilities*, Proceedings of the National Academy of Sciences 79, 1982, pp.2554-2558.
9 本間俊雄「空間構造の形態発想支援に関するシステム開発の試み」『計算工学講演会論文集』7(2)、2002、pp.883-886
10 尾鷲ική也、堤 和敏「感性を考慮した形態創生における学習付対話型GAの有効性に関する研究」『日本建築学会大会学術講演梗概集 A-2』2007、pp.457-458

◆カオス

1 T. Y. Li, J. A. Yorke: *Period 3 Implies Chaos*, American Monthly 82, 1975, pp.985-992.
2 上田皖亮、西村和雄、稲垣耕作『複雑系を超えて』筑摩書房、1999
3 J. M. T. Thompson、H. B. Stewart『非線形力学とカオス』武者利光監訳、橋口住久訳、オーム社、1988
4 早間 慧『カオス力学の基礎』現代数学社、1994

◆フラクタル

1 B. B. Mandelbrot: *The Fractal Geometry of Nature*, W. H. Freeman and Co., 1982.
2 高安秀樹『フラクタル』朝倉書店、1986、pp.5-14
3 M. F. Barnsley: *Fractals everywhere*, Academic Press, 1988, pp.50-117.
4 石村貞夫、石村園子『フラクタル数学』東京図書、1990
5 日本建築学会編『複雑系と建築・都市・社会』技報堂出版、2005

◆自己組織化

1 S・ジョンソン『創発――蟻・脳・都市・ソフトウェアの自己組織化ネットワーク』山形浩生訳、ソフトバンククリエイティブ、2004
2 A. M. Turing: *The Chemical Basis of Morphogenesis*, Phil. Trans. R. Soc. London B237, 1952, pp.37-72.
3 三池秀敏、山口智彦、森 義仁『非平衡系の科学3 反応・拡散系のダイナミクス』講談社、1997
4 I・プリゴジン、I・スタンジェール『混沌からの秩序』伏見康治・伏見 譲・松枝秀明訳、みすず書房、1987
5 P. Bak: *How Nature Works: The Science of Self-Organized Criticality*, Copernicus Books, 1996.
6 T・コホーネン『自己組織化マップ――改訂版』徳高平蔵・大薮又茂・堀尾恵一・藤村喜久郎・大北正昭監修、シュプリンガーフェアラーク東京、2005

7 T. C. Schelling: *Micromotives and Macrobehavior*, W. W. Norton and Co., 1978.
8 P・クルーグマン『自己組織化の経済学──経済秩序はいかに創発するか』北村行伸・妹尾美起訳、東洋経済新報社、1997
9 C・アレグザンダー『パタン・ランゲージ──環境設計の手引』平田翰那訳、鹿島出版会、1984

◆生成文法

1 J・ホップクロフト、R・モトワニ、J・ウルマン『オートマトン 言語理論 計算論』全2巻、第2版、野崎昭弘・高橋正子・町田 元・山崎秀記訳、サイエンス社、2003
2 T. A. Sudkamp: *Langiage and Machines*, Addison-Wesley, 1988.
3 G. Stiny, J. Gips: *Shape grammars and the generative specification of painting and sculpture*. IFIP Congress 1971. North Holland Publishing Co., 1971.
4 青木義次、大佛俊泰「スキーマグラマーによる空間分析の方法論と都市プランへの応用──建築空間分析のためのスキーマグラマーに関する研究 その1」『日本建築学会計画系論文報告集』446号、1993、pp.99-109

◆AI

1 Allen Newell, Herbert A. Simon: *Human Problem Solving*. Prentice Hall Inc., 1972.
2 J・ホーキンス、S・ブレイクスリー『考える脳 考えるコンピュータ』伊藤文英訳、ランダムハウス講談社、2005
3 Marvin Minsky: *A framework for representing knowledge*. In Patric Winston eds. *The Psychology of Computer Vision*. McGraw Hill, 1975.
4 F・ヘイズ＝ロス、D・ウォーターマン、D・レナート編『エキスパート・システム』AIUEO訳、産業図書、1985
5 橋田浩一『知のエンジニアリング：：複雑性の地平』ジャストシステム、1994
6 橋田浩一、松原 仁「知能の設計原理に関する試論──部分性・散漫・フレーム問題」『日本認知科学会年報「認知科学の発展」』Vol. 7、1994、pp.159-201
7 溝口理一郎「工学のオントロジー」『環境のオントロジー』春秋社、2008
8 J・J・ギブソン『生態学的視覚論──ヒトの知覚世界を探る』古崎 敬・古崎愛子・辻 敬一郎・村瀬 旻訳、サイエンス社、1985
9 佐々木正人『アフォーダンス──新しい認知の理論』岩波書店、1994
10 R・ブルックス「表象なしの知能」柴田正良訳、『現代思想』1990年3月号、pp.85-105.
11 Jon Barwise and John Perry: *Situations and Attitudes*. MIT Press, 1983.
12 中島秀之「状況に依存した推論」『人工知能学会誌』7(3)、1992、pp.392-398
13 H・R・マトゥラーナ、F・J・ヴァレラ『オートポイエーシス──生命システムとは何か』河本英夫訳、国文社、1991
14 河本英夫『オートポイエーシス』青土社、1995
15 L・ベルタランフィ『一般システム論──その基礎・発展・応用』長野 敬・太田邦昌訳、みすず書房、1973
16 村田晴夫「一般システム理論における有機体の思想──ベルタランフィとホワイトヘッド」『生命とシステムの思想』岩波書店、1994、pp. 265-294
17 V・ヴァイツゼッカー『ゲシュタルトクライス──知覚と運動の人間学』木村 敏・濱中淑彦訳、みすず書房、1975(新装版1995)
18 多田富雄『免疫の意味論』青土社、1993
19 H・マトゥラーナ、F・バレーラ『知恵の樹──生きている世界はどのようにして生まれるのか』管 啓次郎訳、ちくま学芸文庫、1997
20 Herbert A. Simon: *The Sciences of the Artificial*. MIT Press, third edition, 1996.
21 中島秀之、有馬 淳、佐藤理史、諏訪正樹、橋田浩一、浅田 稔「新しいAI研究を目指して」『人工知能学会誌』11(5)、1996、pp.37-48
22 中島秀之「科学・工学・知能・複雑系──日本の科学をめざして」『科学』71(4/5)、岩波書店、2001、pp.620-622
23 中島秀之「構成的情報学とAI」『人工知能学会論文誌』21(6)、2001、pp.502-513
24 中島秀之、諏訪正樹、藤井晴行「構成的情報学の方法論からみたイノベーション」『情報処理学会論文誌』49(4)、2008、pp.1508-1514
25 木村 敏『あいだ』弘文堂、1988

第 Ⅳ 章 ［研 究 篇］

建築・都市のデザイン

◆誘導都市

Makoto Sei Watanabe: *MAKOTO SEI WATANABE*, L'ARCAEDIZIONI, 1998(イタリア)
渡辺 誠『建築は、柔らかい科学に近づく』建築資料研究社、2002
Makoto Sei Watanabe: *INDUCTION DESIGN*, Birkhauser, 2002(スイス)
Makoto Sei Watanabe: *INDUCTION DESIGN*, Testo & Immagine, 2002(イタリア)
Makoto Sei Watanabe: *MAKOTO SEI WATANABE*, EDIL STAMPA, 2007(イタリア)
渡辺 誠、中野泰宏、大戸裕子「設計与条件の充足と配列の自由度の両立を、コンピュータプログラムで可能にする研究──集合住宅の日照条件を例として」『日本建築学会大会学術講演梗概集 E-1』1995、pp.531-532
三井島文子、渡辺誠、北出健展「より良好な街区を生成する方法を、コンピュータプログラムで可能にす

る研究──『アクセス性』と『おもしろさ』に注目して」『日本建築学会大会学術講演梗概集 E-1』1996、pp.477-478

渡辺 誠「機能・設計配置における最適化を、コンピュータプログラムで可能にする研究──要素間の「最適距離」に注目して」『日本建築学会大会学術講演梗概集 E-1』1997、pp.563-564

中野泰宏、渡辺 誠「設計与条件の充足と配列の自由度の両立を、コンピュータプログラムで可能にする研究──集合住宅の日照条件を例として2」『日本建築学会大会学術講演梗概集 E-1』1997、pp.565-566

渡辺 誠、矢野隆次郎「自動空間生成プログラムの実施──コンピュータプログラム・ジェネレイテッド・デザイン」『日本建築学会大会学術講演梗概集 A-2』2000、pp.457-458

渡辺 誠「建築CADの進化と普遍化過程──コンピュータデザインの可能性」『建築雑誌』1994年9月号

渡辺 誠「情報化時代の建築設計のあり方に関する提言」『建築雑誌』2005年5月号

『Annual Inter Communication '95』NTT出版、1995

『Inter Communication』No.12、NTT出版、1995

『10+1』No.7、INAX出版、1996

『日経アーキテクチュア』503号、日経BP社、1994

『日経アーキテクチュア』620号、日経BP社、1998

『CAD&CGマガジン』2008年4月号、エクスナレッジ

『Inter Communication』2001春号、NTT出版

『ARCH+』2002年5月号(ドイツ)

◆デザインの定式化とそのアルゴリズム

1 M. Davis: *Computability and Unsolvability*. Dover, 1958.

2 藤井晴行「充足問題を解く行為としてのデザイン」『日本建築学会大会学術講演梗概集 E-1』2005、pp.593-594

3 藤井晴行「建築と科学的探究の共通性と差異」『日本建築学会大会学術講演梗概集 E-1』2008、pp.601-602

建築・都市の解析とシミュレーション

◆建築の幾何学的解析

1 高安秀樹『フラクタル』朝倉書店、1986

2 小林盛太『建築美を科学する』彰国社、1991

3 石村貞夫、石村園子『フラクタル数学』東京図書、1990

4 佐藤祐介、新宮清志「修正ボックス・カウント法による建築平面形態の特徴分析」『日本ファジィ学会誌』14巻2号、2002、pp.198-207

5 Y. Sato, K. Shingu: *Characteristics Analysis of Two-Dimensional Configuration Using Modified Box-Count Method*, Journal of Advanced Computational Intelligence and Intelligent Informatics, Vol.9 No.3, 2005, pp.337-342

6 新宮清志、佐藤祐介「6.4美観評価 修正ボックス・カウント法による平面形態の特徴分析」『やさしくわかる建築・都市・環境のためのソフトコンピューティング』日本建築学会編、丸善、2005、pp.169-178

7 佐藤祐介、新宮清志、杉浦 巌「フラクタル次元による茶室空間の美の分析」『日本ファジィ学会誌』12巻5号、2000、pp.696-701

◆都市現象とシミュレーション

1 西成活裕『クルマの渋滞アリの行列』技術評論社、2007

2 S・ストロガッツ『Sync(シンク)』早川書房、2005

3 奥 俊信「主に空地を介した土地利用移転によって形成される土地利用パターンの特徴」『日本建築学会環境系論文集』617号、2007、pp.87-94

4 Michael Batty: *Cities and Complexity*, The MIT Press, 2005.

◆交通流動のジレンマゲーム

1 西成活裕『渋滞学』新潮選書、2006

2 Jun Tanimoto, Hiroki Sagara: *Relationship between dilemma occurrence and the existence of a weakly dominant strategy in a two-player symmetric game*, BioSystems 90(1), 2007, pp.105-114.

3 山内敦夫、谷本 潤、相良博喜、萩島 理「2車線合流狭窄部の交通流に見るジレンマゲームに関する研究」『情報処理学会研究報告』2008-ICS-151、2008、pp.109-114

4 R・ハーバーマン『交通流の数学モデル』中井暉久訳、現代数学社、1981

5 西成活裕「交通流のセルオートマトンモデルについて」『応用数理』12 (2)、2002、pp.26-37

6 杉山雄規「交通流の物理」『ながれ』22、2003、pp.95-108

構造形態の創生

◆自然の形態システムと構造

1 朝山秀一、前 稔文「フラクタル幾何学に基づく積層アーチの自動形状生成とその応用に関する研究」『日本建築学会構造系論文集』557号、2002、pp.181-189

2 前 稔文、朝山秀一、河井宏允「フラクタル幾何学に基づく積層アーチの風荷重に対する力学的性質に関する研究」『日本建築学会環境系論文集』576号、2004、pp.87-94

3 Hajime Inaoka and Hideki Takayasu: *Water erosion as a fractal Growth process*, Physical Rev. E, 47, 1993, pp.899-910.

4 池田義文、小林竜一、前 稔文、朝山秀一「台地の形成過程と不定形骨組の概要──台地の侵食アルゴリズ

ムを用いた屋根架構の生成」『第28回情報・システム・利用・技術シンポジウム』2005、pp.255-258
5 小林竜一、朝山秀一、池田義文「不定形建築骨組の基本形状生成および適応例――台地の侵食アルゴリズムを用いた不定形骨組の形状生成 その2」『日本建築学会大会学術講演梗概集 A-2』2006、pp.501-502
6 朝山秀一、小林竜一、田中規之「台地の侵食アルゴリズムを用いた不定形空間構造の最適形態」『第30回情報・システム・利用・技術シンポジウム』2007、pp.137-140

◆形と力
1 中山弘隆、岡部達哉、荒川雅生、尹 礼分『多目的最適化と工学設計――しなやかシステム工学アプローチ』現代図書、2007
2 G. Farin『CAGDのための曲線・曲面理論――実践的利用法』山口泰訳、共立出版、1991
3 M. Ohsaki, T. Nakamura, Y. Isshiki: *Shape-size optimization of plane trusses with designer's preference*, J. Struct. Engng., ASCE, Vol. 124, No. 11, 1998, pp.1323-1330.
4 M. Ohsaki, T. Ogawa, R. Tateishi: *Shape optimization of curves and surfaces considering fairness metrics and elastic stiffness*, Struct. Multidisc. Optim., Vol. 27, 2004, pp. 250-258.
5 http://www.makoto-architect.com/KEIRIKI-1/keiriki.htm

◆発見的最適化手法と構造形態
1 Y. M. Xie and G. P. Steven: *Evolutionary structural Optimization*, Springer-Verlag, 1977.
2 H・T・Y・ヤング『よくわかる有限要素構造解析入門』技法堂出版、1996
3 大森博司、崔 昌禹「等値線を利用した拡張ESO法による構造形態の創生」『日本建築学会構造系論文集』539号、2000、pp.87-94
4 三井和男「セルオートマトンによる構造システムの自律的生成と最適化」『日本建築学会構造系論文集』555号、2002、pp.101-105
5 三井和男「周期的に変動する条件下における構造形態創生のための発見的手法」『日本建築学会構造系論文集』593号、2005、pp.73-79
6 大崎 純「遺伝的アルゴリズムに基づく不連続コスト関数を有する構造物の最適設計法」『日本建築学会構造系論文集』464号、1994、pp.119-127
7 三井和男、登坂宣好「遺伝的アルゴリズムの空間構造形態解析への応用」『日本建築学会構造系論文集』484号、1996、pp.75-83
8 本間俊雄、加治広之、登坂宣好「免疫アルゴリズムによる構造システムの最適化と解の多様性」『日本建築学会構造系論文集』588号、2005、pp.103-110
9 田川浩、大崎 純「一様部材断面積を有する平面トラスのトポロジー節点位置同時最適化」『日本建築学会構造系論文集』521号、1999、pp.73-80
10 大森博司、風袋宏幸、飯嶋俊比古、武藤 厚、長谷川泰稔「構造形態創生法によるオフィスビルの設計」『日本建築学会技術報告集』20号、2004、pp.77-82
これらのほか 三井和男、大崎 純、大森博司、田川 浩、本間俊雄『発見的最適化手法による構造のフォルムとシステム』コロナ社、2004

◆感性工学とかたち
1 佐々木睦朗『FLUX STRUCTURE』TOTO出版、2005
2 佐々木啓介、堤 和敏「ラフ集合を用いた建築屋根の感性学習と特徴分析に関する研究」『日本建築学会技術報告集』23号、2006、p.449-452
3 青砥哲郎、嶋田裕希、大倉典子ほか「バーチャル豊洲キャンパス提示システムの構築」『芝浦工業大学研究報告理工系編』第49巻1号別冊、2005
4 Z. Pawlak : Rough sets, Internat. J. Inform. Comput. Sci., Vol.11, No.5, 1982, pp.341-356
5 森 典彦、田中英夫、井上勝雄『ラフ集合と感性』海文堂、2004
6 井上勝雄、黒坂英里、岡田 明「ラフ集合を用いたパッケージデザインの嗜好分析」『第17回ファジィシステムシンポジウム講演論文集』2001、pp.639-642
7 井上卓也、原田利宣「自動車フロントマスクデザインの分析・企画へのラフ集合の応用」『第17回ファジィシステムシンポジウム講演論文集』2001、pp.647-650
8 齋藤篤史、宗本順三、松下大輔「感性評価に基づく形態要素のラフ集合を用いた組合せ推論の研究」『日本建築学会計画系論文集』594号、2005、pp.85-91

◆アルゴリズミック・デザインと建築教育の状況
木村 謙、渡辺仁史「スクリプティングによるデザイン教育」『日本建築学会計画系論文集』580号、2004、pp.65-71
G. Stiny, J. Gips: *Shape Grammars and the Generative Specification of Painting and Sculpture*, IFIP Congress, 1971.
Kostas Terzidis: *Algorithmic Architecture*, Architectural Press, 2006.
渡辺仁史『建築デザインのデジタルエスキス』彰国社、2000

図版・写真 提供

渡辺 誠／アーキテクツ オフィス
　p.29、33、35、37、61、64、69、70
000studio
　p.31、67中・下
フータイアーキテクツ
　p.38上
大森博司／名古屋大学環境学研究科
　p.38下
磯崎新アトリエ／Arata Isozaki & Associates
　p.41上・中
佐々木睦朗構造計画研究所
　p.41下
和田 惠
　p.43
鈴木研一（撮影）
　p.45上
IKDS
　p.45下右
小泉アトリエ
　p.47
石上純也建築設計事務所
　p.49
kuramochi+oguma
　p.51上
伊東豊雄建築設計事務所
　p.51中・下、53
濱野慶彦／エーエーラボ
　p.55右、95右
シーラカンスK&H
　p.55
朝山秀一／東京電機大学
　p.57

前田紀貞アトリエ＋Proxy
　p.59
大橋富夫（撮影）
　p.63上
東京大学生産技術研究所加藤信介研究室
慶應義塾大学理工学部村上周三研究室
　p.63
阿野太一（撮影）
　p.67上
Andrew KUDLESS／ATSYS
（http://www.materialsystems.org/?page_id=229）
　p.71上
ARM：Howard RAGGATT
Photographer：John GOLLINGS
　p.71下
Tom WISCOMBE：EMARGENT
　p.72上
no.mad（http://www.nomad.as/asp%2Dhtml/）
　p.72下
ZAHA HADID ARCHITECTS
　p.73
Peter MEYER／Hermetic Systems
　p.100、101
慶應義塾大学池田靖史研究室（岩瀬隆太、半田貴昭）
　pp.120-123
福田一志
　p.125
宮本里見
　p.126

第I章 展望篇、第III章 技術篇および第IV章 研究篇の図および写真で表記なきものは各筆者の提供

執筆者略歴

朝山秀一 Shuichi ASAYAMA
東京電機大学建築学科教授、工学博士、1952年生。研究分野：自然の形態システムを用いた建築構造、建築振動学、コンピュータ科学の建築・都市分野への応用を行う。

五十嵐太郎 Taro IGARASHI
東北大学大学院工学研究科准教授、都市・建築学専攻、1967年生。研究分野：主に社会や関連する表現領域との関係から、現代の建築・都市論を展開する。

池田靖史 Yasushi IKEDA
建築家、慶應義塾大学大学院政策・メディア研究科教授、IKDS代表、1961年生。研究分野：自己組織性のある建築や都市のシステムを研究し、デザインへの応用を試みる。

大崎 純 Makoto OHSAKI
京都大学大学院工学研究科准教授、建築学専攻、1960年生。研究分野：計算力学と構造最適化の手法を用いて、トラスや空間構造物の新しい形態を見出す。日本建築学会賞（論文部門、2008年）。

奥 俊信 Toshinobu OKU
大阪大学大学院工学研究科教授、地球総合工学専攻、1948年生。研究分野：都市景観を構成する色や形、乱雑さや都市施設の利用を、複雑系の方法を用いて解析し、感性や行動との関係を明らかにする、等。

木村 謙 Takeshi KIMURA
エーアンドエー在籍、早稲田大学客員講師、1968年生。研究分野：アルゴリズミック・デザインやシミュレーションなど設計とデジタル環境の関わりをテーマとしている。

佐藤祐介 Yusuke SATO
日本防災研究所在籍、1975年生。研究分野：複雑系科学の応用により、建築物の平面プランや形態・意匠における複雑さを定量化する手法を構築する。

新宮清志 Kiyoshi SHINGU
日本大学理工学部教授、海洋建築工学科、大学院情報科学専攻、1946年生。研究分野：シェル・空間構造、ファジィ理論等による知的制御、建築物の美的評価・形態解析。日本ファジィ学会論文賞受賞。

瀧澤重志 Atsushi TAKIZAWA
京都大学大学院工学研究科助教、建築学専攻、1972年生。研究分野：データマイニングによる街頭犯罪の空間分析や不動産分析の他、建築・都市空間構成のメタヒューリスティクスを用いた最適化等。

谷本 潤 Jun TANIMOTO
九州大学大学院総合理工学研究院教授、1965年生。研究分野：ヒートアイランド解析を主とする都市気候学、および数理科学アプローチによる人間―環境―社会システム学。

堤 和敏 Kazutoshi TSUTSUMI
芝浦工業大学システム工学部教授、1952年生。研究分野：遺伝的アルゴリズムやラフ集合を用い、力学的合理性と感性とを融合した形態創生法について研究。

中島秀之 Hideyuki NAKASHIMA
公立はこだて未来大学、学長、1952年生。人工知能、特に知能の状況依存性に興味を持つ。近年は人工知能を含む構成的研究分野の方法論の定式化に挑む。

藤井晴行 Haruyuki FUJII
東京工業大学大学院理工学研究科准教授、建築学専攻、1967年生。研究分野：複雑系科学に基づく人間―環境―社会系モデルの研究。

堀池秀人 Hideto HORIIKE
建築家、堀池秀人都市・建築研究所主宰、1949年生。1991年AIA賞（デザイン賞、米国）、2002年デダロ・ミノス賞グランプリ（伊）、2005/2006年日本建築家協会賞他。

前 稔文 Toshifumi MAE
大分工業高等専門学校都市システム工学科助教、1974年生。研究分野：自然界に見られるかたちや現象のシステムを建築のかたちに適用し、新たな建築的形態を模索する。

三井和男 Kazuo MITSUI
日本大学教授、生産工学部創生デザイン学科、1954年生。研究分野：主に建築分野における構造の最適化をテーマとして、自己組織化による構造形態の創生をめざしている。

渡辺 誠 Makoto Sei WATANABE
渡辺 誠／アーキテクツ オフィス代表、淡江大学（台北）講座教授、1952年生。研究分野：設計活動と平行してアルゴリズミック・デザインの研究と実施を行う。日本建築学会賞（作品賞、2002年）他。

（五十音順）

関 係 委 員 会・編 集 担 当 者

日本建築学会
情報システム技術委員会

委員長	**新宮清志**
幹事	**加賀有津子**[1]
	鳶 敏和[2]
	三井和男
委員	（略）

複雑系科学応用小委員会（○は本書編集委員）

主査	**朝山秀一**○
幹事	**奥 俊信**
	瀧澤重志
委員	**池田靖史**○
	大崎 純
	木村 謙
	佐藤祐介
	新宮清志
	谷本 潤
	堤 和敏
	藤井晴行
	堀池秀人○
	前 稔文
	三井和男
	渡辺 誠○
編集協力 （海外篇）	**松永直美**[3]

五十音順・下記以外の所属は執筆者略歴に明記
1 大阪大学大学院工学研究科准教授
2 有明工業高等専門学校教授
3 レモン画翠副社長／大阪大学大学院工学研究科博士課程

アルゴリズミック・デザイン
建築・都市の新しい設計手法

2009年3月30日　第1刷発行©
2014年5月20日　第2刷

編者	日本建築学会
発行者	坪内文生
発行所	鹿島出版会
	〒104-0028 東京都中央区八重洲2-5-14
	電話：03-6202-5200
	振替：00160-2-180883
ブックデザイン	伊藤滋章
印刷・製本	壮光舎印刷

落丁・乱丁本はお取り替えいたします。
本書の無断複製（コピー）は著作権法上での例外を除き禁じられています。また、代行業者等に依頼してスキャンやデジタル化することは、たとえ個人や家庭内の利用を目的とする場合でも著作権法違反です。

ISBN978-4-306-04523-1 C3052

本書の内容に関するご意見ご感想は下記までお寄せ下さい。
URL：http://www.kajima-publishing.co.jp
E-mail：info@kajima-publishing.co.jp